# 职场
# 沟通与礼仪

张岩松／主　编
焦素莉　孙小杰／副主编

清华大学出版社
北京

## 内 容 简 介

本书贴近职场实际，着力突出了职业教育教学特点，注重教学内容的实用性、操作性，将职场沟通与职场礼仪两方面内容进行了有机融合，在编写体例及内容的选择上进行了创新，具体包括职场沟通技能、职场工作沟通、职场形象礼仪、职场交际礼仪和职场服务礼仪共五章内容。每章对相关基本知识进行了认真梳理，并在其间穿插了"小案例""小故事""小贴士""小训练""小幽默"等板块，以增强启发性、互动性和趣味性。此外，在每章前设计了"课程思政要求""学习目标""引导案例"，每章后设计了"案例讨论""实训项目""课后练习"等栏目，方便学生做中学、学中做，学做结合，更好地运用职场沟通和职场礼仪知识，自信、自如地进行沟通，礼貌、得体地与人交流，塑造出职业人的良好形象。

本书可作为高职高专院校学生职场沟通与礼仪公共基础课教材，也可作为各界人士进行职场沟通与礼仪训练的培训教材和参考用书。

本书封面贴有清华大学出版社防伪标签，无标签者不得销售。

版权所有，侵权必究。举报：010-62782989，beiqinquan@tup.tsinghua.edu.cn。

**图书在版编目(CIP)数据**

职场沟通与礼仪/张岩松主编．—北京：清华大学出版社，2021.9（2022.8重印）
ISBN 978-7-302-57356-2

Ⅰ.①职… Ⅱ.①张… Ⅲ.①人际关系学-高等职业教育-教材 ②心理交往-礼仪-高等职业教育-教材 Ⅳ.①C912.1

中国版本图书馆 CIP 数据核字(2021)第 017959 号

责任编辑：张龙卿
封面设计：范春燕
责任校对：李 梅
责任印制：宋 林

出版发行：清华大学出版社
网　　址：http://www.tup.com.cn，http://www.wqbook.com
地　　址：北京清华大学学研大厦A座　　邮　编：100084
社 总 机：010-83470000　　邮　购：010-62786544
投稿与读者服务：010-62776969，c-service@tup.tsinghua.edu.cn
质量反馈：010-62772015，zhiliang@tup.tsinghua.edu.cn
印 装 者：三河市铭诚印务有限公司
经　　销：全国新华书店
开　　本：185mm×260mm　　印　张：13.25　　字　数：310千字
版　　次：2021年10月第1版　　印　次：2022年 8 月第2次印刷
定　　价：49.00元

产品编号：090928-01

# 前　言

目前，很多用人单位对大学毕业生的沟通能力、礼仪素养的要求高于对其专业技能的要求，因此大学生在进行专业知识与技能学习的同时，还需要掌握职场沟通的方法和技巧，谙熟职场礼仪，才能更好地发挥专长，获得就业优势，提高职场竞争力。有鉴于此，我们编写了本书。

本书在编写体例及内容的选择上一改以往同类教材以灌输理论知识为主的做法，着力突出职业教育教学特点，既注重基础性知识、技能的铺垫，又注重突出教学内容的实用性和操作性，便于学生做中学，学中做，学做结合，从而塑造良好的职业形象。

本书是大连职业技术学院"现代交际礼仪"国家精品课程建设成果之一，由张岩松担任主编，焦素莉、孙小杰担任副主编。张岩松编写第一章，焦素莉编写第二章和第四章，孙小杰编写第三章和第五章并制作完成了PPT课件、课后练习答案等。全书由孙小杰统稿。

本书在编写过程中参考了大量书刊和网络资料，吸收了国内学者最新的研究成果，在此向各位专家、学者表示衷心感谢。

因时间、条件所限，对书中的疏漏之处，敬请读者朋友指正。

编　者

2021年5月

# 目　　录

## 第一章　职场沟通技能 …………………………………………………1
### 第一节　寒暄 …………………………………………………………2
一、寒暄的原则 ……………………………………………………3
二、寒暄的常用方式 ………………………………………………4
三、寒暄的基本规范 ………………………………………………5
### 第二节　倾听 …………………………………………………………7
一、倾听的作用 ……………………………………………………7
二、倾听的障碍 ……………………………………………………8
三、有效的倾听 ……………………………………………………13
### 第三节　说话 …………………………………………………………18
一、说话的原则 ……………………………………………………18
二、说话的技巧 ……………………………………………………22
案例讨论 ………………………………………………………………27
实训项目 ………………………………………………………………29
课后练习 ………………………………………………………………31

## 第二章　职场工作沟通 …………………………………………………33
### 第一节　与领导沟通 …………………………………………………35
一、与领导沟通的基本原则 ………………………………………35
二、与领导沟通的方法 ……………………………………………36
三、请示与汇报工作的技巧 ………………………………………39
四、与不同类型的领导相处 ………………………………………42
### 第二节　与同事沟通 …………………………………………………44
一、与同事沟通的基本要求 ………………………………………44
二、与同事沟通的方法 ……………………………………………46
三、与同事日常沟通的禁忌 ………………………………………48
四、与不同类型的同事相处 ………………………………………50
### 第三节　与下属沟通 …………………………………………………51
一、与下属沟通的意义 ……………………………………………52
二、与下属谈心的技巧 ……………………………………………53
三、调解下属矛盾的技巧 …………………………………………55
案例讨论 ………………………………………………………………57
实训项目 ………………………………………………………………60
课后练习 ………………………………………………………………61

## 第三章　职场形象礼仪…………………………………………………63

### 第一节　职场仪容礼仪…………………………………………64
一、化妆…………………………………………………64
二、饰发…………………………………………………71
三、护手…………………………………………………73

### 第二节　职场服饰礼仪…………………………………………74
一、男士西装的穿着……………………………………75
二、女士西装套裙的穿着………………………………79
三、制服的穿着…………………………………………83

### 第三节　职场仪态礼仪…………………………………………84
一、体态…………………………………………………85
二、表情…………………………………………………92
三、手势…………………………………………………96

案例讨论…………………………………………………………100
实训项目…………………………………………………………102
课后练习…………………………………………………………104

## 第四章　职场交际礼仪…………………………………………………105

### 第一节　职场见面礼仪…………………………………………106
一、称呼…………………………………………………106
二、介绍…………………………………………………108
三、握手…………………………………………………113

### 第二节　职场接待礼仪…………………………………………116
一、准备…………………………………………………116
二、迎宾…………………………………………………116
三、陪同…………………………………………………118
四、送别…………………………………………………120

### 第三节　职场拜访礼仪…………………………………………121
一、预约…………………………………………………121
二、准备…………………………………………………122
三、登门…………………………………………………123
四、告辞…………………………………………………124
五、拜访过程应注意的礼仪……………………………124

### 第四节　职场通信礼仪…………………………………………125
一、电话…………………………………………………125
二、手机…………………………………………………129
三、网络…………………………………………………130

案例讨论…………………………………………………………136
实训项目…………………………………………………………139
课后练习…………………………………………………………140

## 第五章　职场服务礼仪 …… 142
### 第一节　酒店服务礼仪 …… 142
　　一、前厅服务 …… 143
　　二、客房服务 …… 149
　　三、餐厅服务 …… 152
### 第二节　旅游服务礼仪 …… 160
　　一、旅行社服务 …… 160
　　二、导游服务 …… 165
### 第三节　老年服务礼仪 …… 177
　　一、老年生活照料 …… 177
　　二、老年心理健康服务 …… 181
　　三、祝寿 …… 186
### 第四节　快递服务礼仪 …… 189
　　一、揽收服务 …… 189
　　二、投递服务 …… 191
### 案例讨论 …… 194
### 实训项目 …… 196
### 课后练习 …… 200

## 参考文献 …… 204

# 第一章　职场沟通技能

聪明的人，借助经验说话；而更聪明的人，是根据经验不说话。

——古希腊民谣

每一个人都需要有人和他开诚布公地谈心。一个人尽管可以十分英勇，但他也可能十分孤独。

——[美]海明威

## ➲ 课程思政要求

- 进行社会主义核心价值观教育；
- 进行爱国主义教育；
- 开展诚信教育、法律意识教育和道德意识教育；
- 塑造职业形象，提高职业素养；
- 促进学生全面发展。

## 学习目标

把握寒暄的原则，了解寒暄的常用方式，遵守寒暄的基本规范；认识倾听的重要性，明确阻碍倾听的因素并注意克服，运用倾听的策略实现有效的倾听；掌握说话的原则，熟练运用说话的技巧。

## 引导案例

**经理室的对话**

小王是一家科教设备公司的推销员，他希望通过勤奋的工作创造良好的业绩。一天他急匆匆地走进一家公司，找到经理室，于是就有了以下的一段对话。

小王："您好，李先生。我叫王乾，是科教设备公司的推销员。"

经理："哦，对不起，这里没有李先生。"

小王："你是这家公司的经理吧？我找的就是你。"

经理："我姓于，不姓李。"

小王："对不起，我没听清秘书说你是姓李还是姓于，我想向你介绍一下我们公司的彩色复印机……"

经理："我们现在用不着彩色复印机。"

小王："噢，是这样啊。不过，我们还有别的型号的复印机，这是产品目录，请过目。(接着，掏出香烟和打火机)你来一支。"

经理："我不吸烟，我讨厌烟味，而且我们公司是无烟区。"

小王：……

**思考题：**

(1) 小王与经理的沟通存在哪些问题？

(2) 如何才能与他人进行有效的沟通？

高效的沟通直接影响着职场团队的工作效率，而具有很强实用性的职场沟通技能，是职场中人提高沟通能力的重要一环。掌握职场沟通技能，已经成为建立和维持良好的职场人际关系，增进职场沟通效果的关键因素。

## 第一节 寒 暄

在人际交往中，寒暄是一个非常重要的方面，因为人们经常见面，不可能总有很多话题要谈，也没有多余的时间一见面就没完没了地聊天。而一旦见了面，如果因为嫌麻烦而不打招呼又会显得不近人情，更无法缓解人们相遇时下意识的紧张情绪。因此，寒暄在人际交往中十分必要。

在职场中，为了确保职场沟通目标的实现，职场人士一定要与客户协调关系，拉近与客户的距离，最好的方式就是寒暄。所谓寒暄，并不是指随便说一些话题，而是要针对客户顺利打开话题，要让客户觉得和你有话可谈，甚至可以和你成为知己。

### 小案例

#### 小洁的寒暄

小洁毕业后到了一家影楼工作。不管是在生活还是工作中，很多来拍照片的客户都非常喜欢她。有一天，她正在擦拭相框的时候，大厅里来了一位客户，于是她赶紧热情地迎了上去。

小洁："您好！请您到这边坐，您是准备拍结婚照吗？"

客户："嗯，是的。"

小洁："您是朋友介绍过来的，还是无意中看到进来的呢？"(为寒暄收集资料)

客户："哦，我是路过就进来看看。"

小洁："那您的婚期在什么时候呢？"(收集资料)

客户："下个月底。"

小洁："女士，您算是比较有计划的人，知道提前一个月来拍照，拍完到取件大概需要20多天，我给您推荐的是目前最好的优惠套系，可以说是物美价廉，我来给您介绍。"(寒暄)

小洁："这套很便宜哦！您能订到这一套真是有福气！来，我先帮您把订单写一写。"

客户："我今天没和男朋友一起来，所以想先询问一下男朋友的意见，和他商量一下。"

小洁："也对，应该询问男朋友的意见，您真是既细心又懂得尊重男朋友。其实拍结婚照这样的事情一般男朋友都是没意见的,您那么尊重他,我想他也会尊重您的意见。这样好了,这个套系您很喜欢,但优惠的套系剩下的不多了,要不我先给您保留这个优惠的套系,您先不告诉男朋友您预订了,明天或后天您再带他来看一看,我再做一次介绍,如果您男朋友没意见最好;如果他有意见,我还可以再详细地介绍一下。您看这样行吗?"

客户:"好的,我明天带男朋友一起过来。"

【点评】在此案例中,销售员小洁在开始推销时,就在寒暄中占据了谈话的主动权,对顾客的心理进行了全方位的把握,从而收集了客户的资料,然后再有针对性地为顾客选择合适的产品和服务,并向顾客进行介绍。当客户提出要和男朋友商量时,小洁更是抓住了客户的"捡便宜"心理,稳住了客户。

调查显示,在成功的寒暄中,提起对方的爱好占72%;提起对方的工作占56%;提起时事问题占36%;提起孩子等家庭之事占34%;提起影艺运动占25%;提起对方的故乡及所读的学校占18%;提起健康占17%;提起理财技术及街谈巷议占14%。

寒暄是一种分享感情或营造友好气氛的语言方式,是一种广泛用来传达关心和友爱的社交方式。职场交际、职场沟通离不开寒暄。

## 一、寒暄的原则

对于职场人士来说,寒暄的行为应遵循以下几个基本原则。

### 1. 亲疏原则

寒暄行为是否发生与沟通各方的人际关系亲疏相关联,关系亲密的人之间不太需要寒暄;关系较一般的更需要寒暄,以满足礼节上的要求。从这一意义上,可以说寒暄标志着不是特别亲密的人际关系。

### 2. 合作原则

寒暄的参与者遵循特殊的合作原则,对语义内容的质和量均无明确的要求,即使是虚假的命题或不真实的信息也可以予以默认,对方说什么都可以附和。

### 3. 直白原则

在说话的风格上一般采用直接、明确的表达方式,不用晦涩的语言,说话不拐弯抹角。不排除幽默,但仅限于无功利性暗示意义的幽默。因为寒暄的内容不那么重要,所以说的话也应该很容易让人明白。寒暄作为一种礼节性的行为,在一定意义上也可以说是没话找话。这种情况下,相应的言语策略的规定性不强,可选择的余地也比较大,因此也就使得沟通双方有时反而不好确定选择什么策略,造成不知说什么好的情况。

### 4. 坦诚原则

寒暄虽然与沟通的目的不一定有直接联系,其内容也未必与后面的正式交谈相关,仅仅是沟通活动的"起点",是言语沟通的"开场白",但仍需要我们出言坦诚,切不可虚情假意。

### 5. 礼貌原则

礼貌是指言语及动作谦虚、恭敬,这种谦虚、恭敬应该是自然得体的,若过分了反而显得不真实,也会让对方不自在。

😊 **小幽默**

**同事间的寒暄**

连续下了五六天的雨，某公司的员工刚一走进办公室，就听办公室中有人说："这天是怎么搞的，怎么老是下雨呀？"

一位老实的同事附和道："是呀，已经6天了。"

一位喜欢加班的同事说："嘿嘿，龙王爷也和我一样，想多赚点加班费，所以连日加班呢！"

另一位平时比较关注市政的同事说："天上的房管所近日忘了修房，所以天上的房子老是漏水！"

还有一位爱好文学的同事更加幽默，他说："嘘！小声点，千万不要打扰了玉皇大帝读长篇悲剧，他每天都哭得稀里哗啦的！"

## 二、寒暄的常用方式

寒暄一般有以下三种常用方式[①]。

### 1. 问候式

问候式寒暄是直接向沟通对象表示问候或招呼。例如：

您（你）好！

吃了吗？

出去吗？

最近忙吗？

读几年级了？

你的钢琴练得怎么样了？

又有大作发表了吧！

家里人都好吧？（对已婚者）

爸爸妈妈都挺好吧？（对未婚者）

### 2. 称赞式

称赞式也叫评议式，即通过对沟通交际对象（或与沟通对象有关的人与事）加以称赞或进行评议，来表达对沟通对象的认可与问候。例如：

哇，你这件毛衣在哪儿买的，真漂亮！

哇，你们家好干净啊！

您可越活越年轻了！（对中老年人）

你的气色真好！（对初愈的病人）

这孩子真可爱！（对朋友或同事的孩子）

你是×××小学的吧，你们学校办学水平很高哇！（对初次见面者）

### 3. 描述式

描述式寒暄是通过对沟通语境有一定关联的一些因素进行极为简洁的"描述"来表达问候之意。例如：

呦，大妈今天买了这么多的好菜，又是鸡又是鸭啊！

---

① 徐卫卫.大学生交际口语[M].杭州：杭州大学出版社，2007.

您老一身运动装,一看就是又要去打门球啦!
今天天气真不错!

### 小训练

请运用寒暄的常用方式与你的同桌进行寒暄练习。

## 三、寒暄的基本规范

在与客人沟通的过程中,职场人士要根据客人的具体情况,如接触时间长短、与之熟识程度等来判断是否可以寒暄。如果可以寒暄,就要遵守以下寒暄的基本规范。

### 1. 区分对象

沟通对象不同,寒暄的选择也应当有所差别,在这一点上要具体考虑这样几种因素①。

(1) 年龄差别。一般来说,如果交往双方在年龄上有明显的差别,那么在寒暄的过程中,年轻者要表示出对年长者的敬重,而年长者要表现出热情谦虚。

(2) 亲疏的界限。交往双方如果是已经非常熟悉的人,那么不妨在寒暄时更加随意轻松一些;反之,若初次见面,就应该显得庄重一些。

(3) 性别不同。男性与女性交往时,寒暄应该特别注意。例如,艰苦年代人们见面寒暄时,常用"你又长胖了"表示生活富足,但现在这样说就不适合了。另外,同女性寒暄时虽然不一定要故作严肃,但是谈论轻松、幽默的话题时要注意格调高雅,掌握分寸。

(4) 文化背景的差异。语言具有民族性,这不仅表现在语音、语调上,还体现在语言使用的习惯和表达的文化内涵上。不同民族、不同国家在寒暄这一语言环节上也有着明显的差异。如中国人在寒暄时喜欢以关切的语调询问对方的饮食起居、生活状况、工资收入、家庭情况等,但在西方国家这些内容却是彼此交谈的禁区。同样,在中国文化环境中不适合使用的寒暄,则可能在其他一些文化环境中得到认可或普遍使用。

### 2. 见机行事

寒暄同样有个语境问题,寒暄时机的把握、寒暄时间的长短、寒暄内容的选择、话语的"冷热度"、体态语的配合等,都得由"境"而定。

### 3. 积极主动

必要时要积极主动与对方先搭话,发起寒暄,这样不但会给对方留下你有诚意的好印象,也会使对方感受到你对他的热情和尊重。

### 小案例

**幽默寒暄**

前些年由于厄尔尼诺现象的影响,气候异常,已经四月了,人们还穿着毛衣。小陈打招呼时独辟蹊径。在上班的路上,他看到了同事李师傅,于是开玩笑地说:"李师傅,看来又快立秋了,您的毛衣又穿上身了!"下班后,他看见邻居张大爷正在街边遛狗,于是故意幽默地说:"张大爷,您老没有经历过这么长的冬天吧?都农历四月了还这么冷!"张大爷也是个幽默风趣的人,他笑着回应道:"是啊,大概老天爷最近心情不太好,老是板着一副冷面孔!"

---

① 金常德.大学生社交口才实践教程[M].北京:北京大学出版社,2013.

**【点评】** 过于一般的寒暄常常会让人觉得枯燥无味、毫无生气。为了增添生活的情趣，维护良好的人际关系，不妨在寒暄时打破常规，注入一些幽默元素。幽默的开场寒暄语可以迅速拉近人与人之间的距离。[①]

### 4. 尽力顺从

如对方先主动与你寒暄，说明他很重视你，并愿意同你建立或保持友好关系，你应尽力顺从、应对，切不可对方问一句你答一句，更不应等沉默之后才找话说，这样很容易造成尴尬局面。

### 5. 顺其自然

寒暄本身不存在是非曲直，你没必要针对某句话刨根问底，即使明知对方在说假话，你也大可不必介意，只要寒暄能在和谐、友好的气氛中进行就行。

### 6. 把握适度

要根据具体情况、场合来调适寒暄的时间及内容。比如你有正事欲和对方谈，就不应东拉西扯地说个没完，这样会误事，还会使对方产生厌倦之感。

### 7. 话题合适

首先要放下顾虑，大胆抛出话题。很多职场人士初入职场时，面对客户会有很多的顾虑，不知道该跟客户讲什么，这样很容易出现冷场的情况。因此，必须学会放下顾虑，大胆地抛出话题。

其次要扩大寒暄的话题。职场人士必须要有广泛的兴趣爱好和丰富的知识，这样在与客户寒暄时，就可以适当地扩大寒暄的话题，尽量把话题引到客户感兴趣的话题上，比如客户是哪里人，是否经常旅游等。

最后要注意避讳客户隐私，寒暄话题选择要有针对性。一是涉及客人隐私的话题绝对不能提，除非客人主动告诉你。涉及隐私的话题包括收入、家庭、婚姻等。二是涉及公司的机密更不能提。

## 小案例

### 小童的寒暄

某日用品有限公司经理办公室秘书小童接到客人后，在从机场返回的路上，热情地介绍着本地的风土人情和逸闻趣事，也谈到了自己的家庭和个人的经济收入。当小童询问对方的家庭情况和个人的经济收入时，客人面露尴尬之色，没有回答。

**【点评】** 这里，小童的寒暄是不尽如人意的。起初为了不冷落客人，他主动找话题交流，完全正确。但之后选择了不恰当的话题，即涉及了客人的隐私，使客人心生不悦，对他的好印象大打折扣。

众所周知，在体育比赛之前要做一些热身运动。而寒暄恰如交谈前的热身运动，它能在职场人士与客户之间搭起一座友谊的桥梁，使双方情绪放松，增强熟悉感，从而为沟通营造良好的氛围，更好地实现交际目标。

---

① 佚名.幽默开场寒暄语[EB/OL].[2018-03-27].https://www.qinxue365.com/kczx/407325.html.

## 第二节 倾　　听

### 📖 小故事

#### "听"来的钢盔

第二次世界大战期间，一位叫亚德里安的美国将军利用战斗的间隙到战地医院探望伤员。他毫不张扬地走进病房，静静地坐在病床边，倾听每一位伤病员讲述自己"死里逃生"的经历。其中一位炊事员说，他听到炮弹呼啸而来，就不假思索地把一口锅扣在自己的头上，虽然弹片横飞，战友倒下了一大片，他却幸免一死。听到这里，亚德里安将军略有所悟地点了点头，走到这位炊事员床前同他握手，脸上露出赞赏的微笑。

后来他发布一道命令：让每个战士都戴上一口"铁锅"。

于是，在人类战争史上，"钢盔"这个重要发明，就因为一位将军有耐心倾听一个炊事员的"唠叨"而诞生了。据说，这个别出心裁的"发明"，使七万余名美军在第二次世界大战中免于战死。

【点评】将军带有诚意的倾听，表现出了对战士生命安全的关注，也体现了自己高尚的人品。他满足了对方倾诉并寻求尊重的愿望，同时，也获得了创造的灵感，从而做出重大决定。

### 一、倾听的作用

听是一种被动的感官感受，只有声音，没有信息；倾听则是主动积极地、有选择性地接受，不仅获得信息，而且了解情感。听可以说是除了呼吸之外我们最常做的事。然而真正懂得倾听的人可能不到25%。所以倾听需要技巧和训练。倾听的作用表现为以下方面。

#### 1. 倾听是获取信息开阔视野的重要途径

"听君一席话，胜读十年书。"这句俗语从倾听的角度说明了倾听是获取信息及开阔视野的重要途径。有数据显示：在我们获取信息的途径（即听、说、读、写）所占的时间中，听占到了53%。然而现在是网络化时代，面对面沟通被有些人忽视，由此产生的"宅男""宅女"现象越来越引起人们的担忧，这从另一个角度说明倾听的缺失对现代人造成的不良影响。与其将自己封闭在一个狭小的空间里，还不如走出家门倾听来自各界的声音，那样对你的未来才更有帮助。

#### 2. 倾听是对别人尊重和鼓励的特殊方式

根据人性特点，我们都知道，人们往往对自己的事更感兴趣，对自己的问题更关注，更喜欢自我表现。一旦有人专心倾听自己的话，自己就会感到被重视。我们真诚投入地倾听他人的倾诉，给予恰到好处的反应，是对他人表达尊重和鼓励的最好方式。

### 📖 小故事

#### "谈吐优雅"的倾听者

在纽约的一个宴会上，戴尔·卡耐基遇到了一位著名的植物学家。在此之前，他从未与从事类似职业的人接触过。彼此攀谈了几句后，卡耐基发觉植物学家的话语有很强的吸引力，让他像入了迷似的坐在椅子上，静静听植物学家讲布置室内花园等事。此外，植物学家还给卡耐基讲述了有关马铃薯种植方面的事情。

宴会结束时，这位植物学家在主人面前对卡耐基大加赞赏，说他"极富激励性"，并认为卡耐基是个十分风趣、健谈并具备"优美谈吐"的人。

卡耐基后来在回忆这段经历时感叹地说："实际上，那天晚上我几乎没有说过多少话，因为我对植物学了解得太少了，即使想谈也无从谈起，但我一直安静且认真地聆听。这种用心的倾听，也让我对植物学家的谈话发生了真正的兴趣。植物学家也感觉到了这一点，所以谈兴就更浓了。"

【点评】卡耐基作为一个十分专注的倾听者，为什么被评价为"十分风趣、健谈"？因为在人际关系中，我们遇到的大多数问题并不是我们不会"说"，而是我们不会"听"。有时你说得越多，对方越听不进去，甚至越反感。没人愿意跟一个只想去表现自己的人交流，但大多数人都愿意跟对自己感兴趣的人交朋友。

可见，善于倾听真的是一种大智慧。

### 3. 倾听是为自己争取主动的关键

在时机未到时选择倾听并保持沉默是一种"大智若愚"的表现。在商业活动中多听，少说甚至不说，这样可以获得最大的利益。少开口不做无谓的争论，对方就无法了解你的真实想法；反之，你可以探测对方动机，逐步掌握主动权。因此，"雄辩是银，倾听是金"。

#### 小故事

**爱迪生的沉默**

爱迪生发明电报机以后，美国西方联合公司希望购买此发明。爱迪生的妻子建议开价2万元，他觉得价格太高了，但还是打算按照妻子的建议要价。谈判在西方联合公司的办公室进行。买方代表问："对你的发明，你打算要多少钱呢？"爱迪生欲言又止，陷入思索，现场一片沉默。随着时间的推移，沉默变得难熬，买方代表急躁起来，试探性地问："我们愿意出10万元买下你的发明，你看怎么样？"结果双方成交。

【点评】面对对方的价格垂询，爱迪生保持沉默，并不急于应答，使对方报出了较高的价格。可见，倾听使爱迪生争取到了主动权。

### 4. 倾听可增进彼此的理解与信赖

表露内心的事，可以消除两人之间的误会、隔阂、不信任与敌对，使两人之间的关系更为密切。由此来看，倾听可以说是彼此沟通的桥梁，误解与愤恨都会随着有效的倾听而化为乌有，感情也会伴着彼此的倾听更进一步。

### 5. 倾听有利于获得身心健康与成功

倾听可改善周围环境的气氛，有利于获得身心健康与成功。心理学家们指出，善于倾听的人容易克制冲动，控制愤怒，拥有一个较为平和的人际环境，这对于成功与健康是有百益而无一害的。

#### 小训练

为什么沟通过程中倾听占有十分重要的地位？请谈谈你的体会。

## 二、倾听的障碍

#### 小幽默

**巴顿将军怎么了？**

巴顿将军为了显示他对部下生活的关心，搞了一次参观士兵食堂的突然袭击。在食堂里，他看见两个士兵站在一个大汤锅前。

"让我尝尝这汤！"巴顿将军向士兵命令道。

"可是，将军……"士兵正准备解释。

"没什么'可是'，给我勺子！"巴顿将军拿过勺子喝了一大口，怒斥道："太不像话了，怎么能给战士喝这个？这简直就是刷锅水！"

"我正想告诉您这是刷锅水，没想到您已经尝出来了。"士兵答道。

上面的"小幽默"颇值得我们回味：导致巴顿将军尴尬的原因究竟是什么呢？

一般来讲，倾听有五个层次：一是听而不闻，如同耳边风，左耳进右耳出，完全没有听进去。二是敷衍了事，"嗯……""喔……""哎……""好好好"，略有反应其实是心不在焉。三是选择地听，只听合自己心意的，与自己意见相左的话一概自动过滤掉。四是专注地听。有些沟通技巧的训练会强调"主动式""回应式"的聆听，以复述对方的话表示确实听到，即使每句话或许都进入大脑，但是否都能听出说话者的本意、真意，仍值得怀疑。五是同理心的倾听。一般人聆听的目的是为了做出最贴切的反应，根本不是想了解对方。所以同理心倾听的出发点是为了"了解"而不是为了"反应"，也就是通过交流去了解别人的观念、感受。

在沟通中应重视倾听，尽可能体现出高层次的倾听，避免低层次的倾听。但事实上并不是所有倾听都能达到理想效果，因为倾听存在着各种各样的障碍，它们会直接或者间接地影响倾听的效果。

**1. 来自环境的倾听障碍**

环境干扰是影响倾听最常见的因素之一，交谈时的环境各种各样，时常转移人的注意力，从而影响专心倾听。有学者做过试验，一个人同时听到两个信息时，他会选择其中的一个，放弃另一个，这样就很容易忽略另外一个人的信息。具体来说，环境障碍主要从两方面对倾听效果产生影响。

（1）干扰信息传递过程，削减、歪曲信号。例如，在嘈杂的课堂上，老师的声音几乎被学生的吵闹声淹没了，坐在后排的同学根本就听不到老师在说什么，这跟一个安静的教室所能达到的效果是迥然不同的。

（2）影响沟通者的心境。也就是说，环境不仅从客观上，还从主观上影响倾听的效果，这正是人们很注重挑选谈话环境的原因。比如领导在会议厅里向下属征询建议，大家会十分认真地发言，要是换作在餐桌上，下属可能就会更随心所欲地谈谈想法，有些自认为不成熟的念头也在此得以表达，反之亦然。在咖啡厅里上司随口问问你西装的样式，你会轻松地聊上几句，但若上司特地走到你的办公桌前发问，你多半会惊恐地想这套衣服是否有违公司仪容规范。这是由于不同场合人们的心理压力和情绪都大有不同。

**2. 倾听者自身的倾听障碍**

倾听者本人在整个交流过程中具有举足轻重的作用，倾听者理解信息的能力和态度都直接影响倾听的效果。但由于每个人都有自己的思想和经验，难免在倾听时加上自己的感情色彩，在无形中产生了障碍，无法准确理解别人传递的信息，从而影响了沟通。来自倾听者自身的障碍表现在以下方面。

（1）注意力不集中。倾听者受到内部或外部因素的干扰而无法集中注意力，这是最常见的阻碍倾听的因素。当你疲倦或胡思乱想时，或是对说话者所传递的信息不感兴趣时，都很难集中注意力。

（2）打断说话者。倾听者打断说话者也是阻碍倾听的因素之一。在回应说话者之前，应该先让他把话说完。对说话者缺乏耐心甚至粗鲁地打断他们，这是对说话者本人及其信息不尊重的表现。

### 小案例

#### 4和2

宾夕法尼亚大学法律系教授艾德恩·凯迪博士教书已20年，每学期在他上第一堂课的时候，总是先在黑板上写下两个数字：4和2。

然后他问学生："结果是多少？"

许多学生都争相作答。

有的说是6，他摇摇头。

有的说是2，他还摇摇头。

最后有人得意地说："我知道了，是8。"他依然摇摇头。

学生有些纳闷，凯迪博士才说："你们根本还没听到这是个什么题目？是加法、减法、乘法或除法？你们不了解问题，又怎么能说出真正的答案呢？"

【点评】我们也常常如此，在还没弄清楚问题之前，就急忙下定义，做出似是而非的决定，如此又怎能得到最正确无误的答案呢？所以，一定要认真听别人把话讲完。

（3）缺乏自信。倾听者缺乏自信也是阻碍倾听的因素之一，这是因为缺乏自信会令倾听者产生紧张的情绪，而这种情绪一旦占据了他的思维，就会使他无从把握说话者所传递的信息。也正是为了掩饰这种紧张情绪，许多倾听者总是在应当倾听时擅自发言，打断说话者。

（4）过于关注细节。阻碍倾听的另外一个因素是倾听者过于关注细节。如果倾听者尝试记住所有的人名、事件和时间，那么就会觉得倾听"太辛苦"了。这种紧紧抓住信息中的细节而不抓要点的做法非常不可取，这样做就可能完全不能明白说话者的观点。

（5）排斥异议。有些人喜欢听和自己意见一致的人讲话，偏心于和自己观点相同的人。这种拒绝倾听不同意见的人，不仅拒绝了许多通过交流获得信息的机会，而且在倾听的过程中注意力就不可能集中在讲逆耳之言的人身上，也不可能和任何人都交谈得愉快。

（6）心存偏见。倾听者心存偏见会在很大程度上阻碍倾听。偏见让倾听者无法对说话者所传递的信息保持开放和接纳的心态，这是因为偏见使人在倾听之前就已经对说话者或他所传递的信息做出了判断。

### 小故事

#### 龟兔赛跑

有一次我听著名的经济学家厉以宁教授的讲座，厉以宁为了阐述管理当中的几个关键问题，讲了龟兔赛跑的故事。坐在我旁边的一个小伙子嘀咕道："龟兔赛跑的故事有什么可讲的，我上小学的时候就听过了。"于是他没注意听。其实厉教授讲的故事很有新意，语言也很诙谐。他说，我们北大光华管理学院讲的龟兔赛跑是这样的：龟兔赛跑有4个回合。第一回合，乌龟虽然在竞争中处于劣势，但坚持了下来，等待对方犯错误,结果兔子睡大觉,乌龟赢了。第二回合,兔子接受教训,不再睡大觉,把潜在的可能变成了现实,兔子赢了。第三回合,乌龟调整了策略,改变了比赛路线,在新的比赛路线上临近终点处有一个水池。比赛中兔子虽然跑得快,但过不了水池;乌龟虽然跑得慢,但顺利地游过了水池,乌龟赢了。第四回合,乌龟与兔子结成战略伙伴关系,互助互信,在陆地上兔子背着乌龟跑,在水里乌龟驮着兔子游,结果乌龟与兔子一起快速抵达终点,达到了双赢。与我邻座的小伙子正是囿于成见,错过了厉教授的精彩讲述。

【点评】心存偏见,会先入为主,进而不能做到"倾听",丧失自己获取信息及增长见识的机会。

(7) 太注重说话方式与个人外表。人们倾向于根据一个人的长相或讲话的方式来判断一个人,因此听不到他真正说了什么。有些人常被说话者的口音和个人外表以及行为习惯扰乱心绪,从而影响了倾听效果。

(8) 臆测。臆测是指倾听者在倾听过程中凭着自己的主观臆断对说话者的话进行推测或猜想。臆测是沟通的障碍,它经常会使人产生曲解或误解,所以,倾听者要尽力避免对别人进行臆测。虽然有时候臆测也可能是正确的,但是最好尽可能避免臆测。

📖 小故事

### 重在倾听

美国著名的主持人林克莱特在一期节目上访问了一位小朋友,问他:"你长大了想当什么呀?"小朋友天真地回答:"我要当飞机驾驶员!"林克莱特接着说:"如果有一天你的飞机飞到太平洋上空时,飞机所有的引擎都熄火了,你会怎么办?"小朋友想了想:"我先告诉飞机上所有的人绑好安全带,然后我系上降落伞,先跳下去。"

当现场的观众笑得东倒西歪时,林克莱特继续注视着孩子。没想到,孩子的两行热泪夺眶而出,于是林克莱特问他:"为什么要这么做?"他的回答透露出一个孩子真挚的想法:"我要去拿燃料,我还要回来!还要回来!"

【点评】小朋友的纯真与童心让人十分感动与钦佩,同时在这个故事中还有个让人钦佩的人,那就是主持人林克莱特。他的与众不同之处就在于善于倾听,他坚持让孩子把话说完,并且在现场的观众笑得东倒西歪时仍保持着倾听者应具备的一份亲切、一份平和、一份耐心。

(9) 厌倦。由于大脑思考的速度比说话的速度快很多,前者至少是后者的 3~5 倍(据统计,人们每分钟可说出 125 个词,理解 400~600 个词),很容易在听话时感到厌倦。因为人们可以接纳一个人说的话,但同时还有很多空余的"大脑时间",人们很想中断倾听过程,去思考一些别的事情。"寻找"一些事做,占据大脑空闲的空间,这是一种不良的倾听习惯。

😊 小幽默

### 上 菜

女主人特别交代上菜员摆放菜肴的方式:"记住,要用银盘来盛这条鱼,银盘四周要有精美的装饰,别忘了,在嘴巴上还要放上一片柠檬。"晚宴时宾主尽欢,宴会达到高潮时,最后一道主菜被端上来。然而当上菜员把那盘清蒸石斑鱼端上桌时,原本愉悦的气氛霎时静了下来。石斑鱼放在银盘当中,看来色、香、味俱全。银盘四周的食物装饰也一如女主人的吩咐,但上菜员嘴巴上却含着一片柠檬,而不是放在鱼的嘴巴上。

## 小训练

### 一起来做倾听游戏

教师用10分钟的时间带领全体学生做一个小游戏，证明人群中谁是真正的倾听者，并迅速提高学生们的聆听技巧。

**游戏要求：**

（1）教师宣布："接下来将提出一系列问题，每个问题都有一个很简短的答案，大家所需做的就是将答案记在纸上。注意每道题只念一遍。"

（2）教师将下面所附的8个题一一念给全体学生听，学生作答，教师检查学生的答案。随后教师再重新读一次问题，并逐一解释各题。学生可参考后面所列的解题关键。

**游戏题目：**

（1）我国法律是否规定成年男子不得娶其遗孀的姐妹为妻？

（2）如果你晚上8:00上床睡觉，设置闹钟在9:00将你叫醒，你能睡几个小时？

（3）在我国，每年都庆祝"十一国庆节"，在英国是否也有"十一国庆节"？

（4）如果你只有一根火柴，当你走进一间冰冷的房间时，发现里面有一盏油灯、一个燃油取暖器、一个火炉，你会先点燃哪一个来获取最多的热量？

（5）根据国际法的规定，如果一架飞机在两个国家的边境坠落失事，那些不明身份的幸存者应当被安葬在他们准备坐飞机去的国家呢，还是出发的国家呢？

（6）一位考古学家声称发现了一枚标有"公元前48年"字样的钱币，这可能吗？

（7）有人造了一幢普通的四堵墙的房子，每面墙上都开着一个面向南的窗口，这时有只熊来敲门，猜猜这只熊是什么颜色的。

**解题关键：**

（1）从来没有任何一部法规会有如此的规定，因为这个男人若想娶他遗孀的姐妹为妻，首先得让自己的妻子变成遗孀，而他的妻子要变成遗孀，他就得先去世。

（2）你只能睡一个小时，因为闹钟不会区分是白天还是晚上，除非你按12小时制设定。

（3）英国没有"十一国庆节"，他们的国庆节不在10月1日。

（4）你得先点燃火柴。

（5）无论哪里的法律都绝不允许埋葬不明身份的幸存者，因为他们还活着。

（6）那个考古学家在骗人，因为公元前不可能在钱币上刻上"公元前"的字样，那时还没有公元纪年。

（7）是只白熊，因为只有在北极才可能建一幢那样的房子，在北极点每个方向都是南方。

**相关讨论：**

（1）你答对了多少，答错了多少？

（2）为什么你的成绩不太理想呢？

（3）为什么倾听也应当是积极主动的，必须边听边想，不能只是被动地接受？[1]

---

[1] 王建民.管理沟通实务[M].北京：中国人民大学出版社，2015.

## 三、有效的倾听

有效的倾听既是一种技巧，又是一个极富警觉性与极费心思的过程。特别是在面对面的沟通过程中，倾听者要做到"耳到""眼到""心到""脑到"。所谓"耳到"，就是要集中注意力把说话者所说的每句话都听清楚；所谓"眼到"，就是要用眼睛去观察对方的表情、眼神、手势、体态与穿着等，以判断其口头语言的真正含义；所谓"心到"，就是要以换位思考的态度站在对方的立场与角度，去体会其处境与感受；所谓"脑到"，就是要运用大脑去分析对方的动机，以便了解其口头语言是否话中有话、有弦外之音。

### 📖 小故事

#### 假日酒店

1951年，威尔逊带着母亲、妻子和5个孩子，开车到华盛顿旅行。一路所住的汽车旅馆房间矮小，设施破烂不堪，有的甚至阴暗潮湿，又脏又乱。几天下来，威尔逊的老母亲抱怨说："这样的旅行度假，简直是花钱买罪受。"善于思考问题的威尔逊听到母亲的抱怨，又通过这次旅行的亲身体验受到了启发。他想：我为什么不能建一些方便汽车旅行者的旅馆呢？他经过反复琢磨，暗自给汽车旅馆起了一个名字叫"假日酒店"。

想法虽好，但没有资金，这对威尔逊来说的确是最大的难题。他想以股份制的形式募集资金，但别人没搞清楚假日酒店的模式，不敢入股。威尔逊没有退缩，心中只有一个念头，必须想尽办法，首先建造一家假日酒店，让有意入股者看到后，放心大胆地入股。具有远见卓识且敢想敢干的威尔逊，冒着失败的风险，果断地将自己的住房和准备建旅馆的地皮作为抵押，向银行贷款30万美元。1952年，也就是他举家旅行的第二年，终于在美国田纳西州孟菲斯市夏日大街建起了第一座假日酒店。5年以后，他将假日酒店开到了国外。

【点评】能够耐心听别人说话的人，必定是一个有思想的人。威尔逊就是一个有思想的人。他的成功，在于他能注意倾听别人的谈话。我们在吸取他人有益的思想时，必须做的事就是要像威尔逊那样，学会倾听，听别人说什么，从他人的话语中提炼出有价值的信息，便于自己思考时使用。

听是一种生理反应和行为，倾听则是一种艺术，有效的倾听能够使人不需要出声就达到沟通的目的。因此，掌握倾听的方法和技巧，是培养和提高倾听技能的重点和关键。

**1. 创造良好的倾听环境**

创造良好的倾听环境应从以下三个方面入手。

（1）选择合适的场所。场所合适与否直接关系到沟通双方的心理感受，也关系到外在噪音的干扰程度大小。在公众场合，应避免在噪音比较大的地方交谈，如施工场所、十字路口。应尽量寻找安静、舒适、典雅、有格调的咖啡厅、茶室等，同时力求避免电话、手机和他人的干扰。如果是在家中聚会，有必要将电视音量关小，保证室内空气清新、舒适。假如临近街道，可以将门、窗关紧，同时注意室内家具的摆放、颜色的搭配等细节问题。

（2）选择恰当的时间。公共场所都有自己的高峰期，像公园、商场、风景区，节假日人比较多，咖啡厅晚上人流不息，而餐馆则在中午用餐时间和下午6点以后客人较多。选择场所时还应考虑到时间问题，不同时间双方的谈话效果也将不同。

（3）保持一定的距离。说话者跟听话者感情好，私下交谈时则相互离得近，恋人更是如此。但如果在正式场合，不论亲疏，都应保持一定的距离。过远，则不容易听清；过近，容易使说话者感到紧张。

### 2. 良好的心理准备

倾听，要求倾听者要有良好的精神状态，集中精力，随时提醒自己交谈到底要解决什么问题，听话时应保持与谈话者的目光交流，但在时间的长短上应适当把握好，如果没有语言上的呼应，只是长时间盯着对方，会使双方都感到局促不安。另外，要努力维持大脑的警觉，保持身体前倾则有助于使大脑处于兴奋状态。

倾听时，应该保持开放的心态，这是提升倾听技巧的重要原则之一。这样做不仅使你能考虑到事情的各个方面，还能减少你与说话者之间的防御意识，而这种意识会极大阻碍你们之间的良好沟通。回应说话者时，即使你不同意他的观点，也应对其信息保持积极的态度。

### 小案例

#### 善于倾听的水均益

中央电视台的主持人水均益非常善于沟通。一次，他向美方提出采访当时的总统克林顿，但很久都未得到美方的明确表态。一天，美国使馆新闻官保罗打来电话，一上来就声明："我没有任何消息给你，也没有得到白宫的答复，不过我问你一道技术性的问题。"最后，保罗又说："水先生，我个人非常希望你们能得到这次访问的机会，我祝你好运！"保罗的话完全是一套外交辞令，没有任何明确的信息，但水均益听出了弦外之音。因为，保罗问到诸如节目播出的具体时间、节目长度、收视率等技术性问题，如果美方无意接受采访，就没有必要了解这些详细内容；作为新闻官，保罗也不会随便表明自己的态度。水均益捕捉到"信号"后，立即做好采访准备。果然当天晚上，美方通知：克林顿总统正式接受采访。由于水均益已有准备，所以采访工作变得非常主动，并获得了成功。

【点评】听懂了"扑朔迷离"的外交辞令，也就洞悉了对方的真实想法，这样，即使局势不明朗，水均益也能作出大致的判断。

### 3. 正确的态势语言

人的身体姿势会透露出他对谈话的态度，自然开放性的姿态，代表着接受、兴趣与信任。根据达尔文的观察，交叉双臂是日常生活中最普遍的姿势之一，一般表现出优雅富于感染力，让人看上去自信心十足。但这常常自然地转变为防卫姿势，当倾听意见的人采取这种姿势，大多是持保留的态度。向前倾的姿势是集中注意力、愿意倾听的表现。倾听时交叉双臂，跷起二郎腿也许是很舒服，但往往让人感觉这是种封闭性的姿势，容易让人误以为不耐烦或高傲。

### 4. 运用倾听的技巧

沟通中，应注意运用以下倾听的技巧。

（1）对主题或说话者产生兴趣。这样做有助于倾听者以积极的态度进行倾听。倾听时，你的目标应当是从每个说话者那里获取知识，但如果你对他们不感兴趣，就很难集中注意力。因此，应当消除自己对主题或是说话者的偏见，使自己对其产生兴趣。倾听时，应该关注说话者提供的信息，而不是他们的外表、性格或是说话方式，不要因为这些因素而对他们加以定论，应该根据他们提供的论据来判断信息的价值。另外，也不要仅仅因为说话者的出色表达就立即对他们做出肯定的判断。出色的表达并不意味着说话者传递的信息有价值。因此，应该等到说话者完整地传递了信息之后，再做出判断。

（2）积极关注自己不熟悉的信息。要提升自己的倾听技巧，还应该学会积极关注自己不熟悉的信息。如果在倾听时遇到此类信息，就更需要高度集中注意力。因为如果不这样做，就有可能抓不住信息中的重点。当对方传递的是自己不熟悉的信息时，可以采取下列方法来改变自己：不要因为信息复杂而气馁；使自己对学习产生兴趣；提问以确认说话者的观点。

（3）专注于说话者的主要观点。倾听时，一定要专注于说话者的主要观点，为了全面理解说话者的言辞中包含的内容和情感，倾听者要集中精力努力捕捉信息的精髓。这样做能避免说话者的情绪对你产生影响，并且能集中精神理解讲话者所述观点中的重点。

（4）不要过早下结论。要提升自己的倾听技巧，倾听者在倾听时就不要过早下结论。当你不同意说话者的看法时，最自然的反应就是立即不再理会他所传递的信息。尽管你不需要同意说话者的所有观点，但是在下结论之前，还是应该听完他的话。只有听完了全部的信息，才可以彻底地检验并公正地评估说话者的观点、论据和论证过程。

😊 小幽默

复　印

一个刚到公司不久的小伙子抱着一摞文件站在碎纸机前发愣。经理秘书刚好从旁边经过，她看到小伙子后，低声说了句："真是菜鸟，连这个都不会用。"随之便抢过小伙子手里的文件，放到机器里按动了电钮，很快文件被切碎了。这时小伙子疑惑地说："太谢谢你了，请问复印件从哪里出来？"

（5）复述说话者所传递的信息。通过复述，倾听者可以确定自己是否完全理解了该信息。复述时，倾听者可以用自己的话向说话者概括信息的主要内容，这样能减少对信息的误解和错误的推测。

（6）不到必要时，不打断他人的谈话。善于听别人说话的人，不会因为自己想强调一些细枝末节，想修正对方话中一些无关紧要的部分，想突然转变话题，或者想说完一句刚刚没说完的话，就随便打断对方。经常打断别人说话就表示我们不善于倾听，个性激进、礼貌不周，很难和人沟通，所以除了是在不得不说的情况下，否则是不应打断对方谈话的。

（7）尊重说话者的观点。每个人都有自己的观点，要鼓励别人说出自己的看法，而不能因为自己的主观意愿，否定自己不同意的观点。如果无法接受说话者的观点，那可能会错过很多学习的机会，而且无法和对方建立起融洽的关系。

（8）换位思考。站在对方的角度去考虑他所说的话，以客观的心态去面对说话者，用心去感受说话者的心情，感受他的喜悦或悲伤，这也是做到最高层次倾听的体现。这样做可以避免因心理定式和偏见等产生的障碍。

## 😊 小幽默

### 因为我最了解它的心

一把坚实的大锁挂在大门上,一根铁杆费了九牛二虎之力,还是无法将它撬开。无奈,只好聘请小巧玲珑的钥匙来试试,只见弱不禁风的钥匙轻轻地钻进锁孔,轻巧地一转身,大锁就"啪"的一声打开了。

粗大的铁杆不解地问:"论身体你没有我壮,论体力你更是比不上我,为什么你就轻而易举地把它打开了呢?"

小巧的钥匙说:"因为我最了解它的心。"

【点评】这则寓言故事告诉我们:不仅要听清对方的谈话,而且要换位思考,充分理解对方的情绪和感受,这样才能打开每个人紧锁的内心,破解沟通的"瓶颈"。

(9)倾听者不应该过于拘谨。倾听者在倾听时过于拘谨使倾听变成了一种被动行为,此时,倾听者绝不会表达自己的观点,他们根本不参与交流,经常只是以"很好"和"我明白你的意思"之类的话来回应说话者。倾听者在倾听时过于拘谨可能是因为害羞,也可能仅仅出于不想给说话者带来麻烦,无论是什么原因,他们的行为都会阻碍有效的沟通。要避免在倾听时过于拘谨,应当遵循以下原则:乐于表达自己的想法;通过提问参与对话;回答问题要干脆;与说话者进行目光交流。

## 🏋 小训练

(1)请同学们就所学内容及自己平时的经验,相互交流在倾听时的积极做法。

(2)请同学们就所学内容及自己平时的经验,相互交流在倾听时的消极做法。

### 5. 善于运用其他方式帮助记忆

毕竟只是用听的话,所记住的信息有限,这时候就需要借助一些其他的方式来帮助自己更好地记忆。比如做笔记,这样能更有效地记住对方所说的话。同时通过做笔记也能有选择地记下自己认为更重要的信息,从而避免因为什么都要记下而费时费力。

总之,是否经过严格科学训练,是否能够进行有效的倾听,在倾听时的表现是截然不同的,表1-1[①]中列出了两种倾听者在相同情境下的倾听表现。请对照自己的倾听习惯,看看自己做得怎样。

表1-1 两种倾听者在相同情境下的不同反应

| 差的倾听者 | 好的倾听者 |
| --- | --- |
| 寻找自己感兴趣的领域 | 寻找对每个人有启迪的内容和信息,照顾到可能感兴趣的新主题 |
| 关注枯燥的主题,兴趣领域很窄,忽略传送错误 | 关注内容和含义,忽略传递问题,只对其中的信息敏感 |
| 不记录或记录不完整 | 用多种方法来记录倾听过程和细节 |
| 无回应或很少有语言和非语言的回应 | 经常以点头和"哦""啊"等来回应,显示主动的身体姿态 |
| 传递质量差就不认真听了;由于沟通对方的个人特征而不接受;快速地做出判断 | 避免快速地判断,等待,直至完成核心信息的理解 |

---

① 程庆珊.商务沟通[M].大连:东北财经大学出版社,2012.

续表

| 差的倾听者 | 好的倾听者 |
|---|---|
| 很容易被干扰；集中精力时间短 | 抵制各种干扰；长时间集中精力 |
| 避免困难的资料，不想动脑解决问题 | 用较困难的材料来刺激思想，寻求解决方案 |
| 遇慢速说话者时，注意力不集中 | 利用间隙时间对信息进行总结和梳理，像关注显性的信息一样关注隐含的信息 |
| 打断对方讲话，并问一些小的问题，做一些使人分心的评述 | 澄清一些信息或要求举例，或复述其观点 |
| 把自己的精力放在两件或多件事情中 | 一次只做一件事情 |
| 经常打断对方谈话，喜欢以自我为中心，喜欢掌控话语权 | 不会打断对方的讲话，一直耐心地听对方陈述完，即使有不同意见也不会打断对方 |
| 容易受感情色彩强烈的话语影响，很难控制自己的情绪 | 能承受负面语言或消极语气，能够很好地控制自己的情绪 |

## 小案例

### 一次倾听达成的交易

在家居装饰卖场的一个店面里，一位老先生和他女儿在挑选地毯，销售人员迎上来，热情地问："你们好！两位想要选一款什么样的地毯呢？"

老先生并没有理会销售人员的问话，而是专心地对年轻女士讲着什么。销售人员看两位聊得出神，就暂时停住了接下来要推介产品的话，而是注意听两位讲话的内容。

销售人员从两位的谈话中获得了以下信息。

(1) 年轻女士是陪父亲来挑选地毯的，这个地毯的使用者和决策者是老先生。

(2) 老先生的老伴去世了，女儿为了避免老先生睹物思人，准备对房子进行全新的装修，所以地毯也要换。

(3) 老先生对老伴儿十分思念，一直在向女儿讲述她去世的妈妈如何喜欢原来的地毯，如何打理和清洗，而现在只剩他一个人，要不要都没有用了。

(4) 老先生家里还有一只小狗，老先生认为不用买地毯是因为怕地毯被狗狗弄脏不好清理。

销售人员了解了这些信息之后，又观察到父女两人意见上出现了分歧，父亲不太热衷挑选，而女儿则分外积极。于是销售人员走上去，先向女儿询问家里新装的家具风格，并推荐了与之配套的地毯材质、色调。然后又以向女儿介绍的方式间接说给老先生听，建议地毯的适用位置并介绍了一些除污方法，以打消老先生的顾虑。

最后销售人员直接夸赞老先生有一位孝顺的女儿，并说老先生身体如此健康，要多享受儿女给予的天伦之乐。销售人员一方面暗地里安慰了老先生的丧偶之心，另一方面鼓舞老先生去享受新的生活。就这样，本来无意购买的老先生终于在女儿的坚持和销售人员的建议下，购买了该家店铺的地毯。

【点评】本案例中的地毯销售人员很懂得倾听。当客户无心听取你的介绍和推荐，而是正在自我讨论时，这时反而是通过倾听从客户那里获取信息的最佳时机，这样就避免用可能会招致客户反感的问题去探听信息了。

> **小训练**
>
> **情景对话分析**
>
> 某搬家公司通过在报纸上刊登广告招揽业务,但生意来了之后反倒不愿做了。请分析下面的情景对话:
>
> 小王:"您好,请问是××搬家公司吗?"
>
> 搬家公司接线员:"是的,请问您是哪里?"
>
> 小王:"我是广州点石成金咨询有限公司。"
>
> 搬家公司接线员:"咨询公司?做什么的?"
>
> 小王:"我公司主要做电话营销技巧培训。今天,我给你打电话是因为……"
>
> 搬家公司接线员:"我们不需要培训。"(咔嗒!没等小王说完,电话就被粗暴地挂断了。)
>
> **思考题:**
>
> (1)搬家公司接线员犯的是什么错误?
>
> (2)小王犯的是什么错误?[①]

## 第三节 说 话

说话是用语言表达意思,是常见的口头沟通,包括演说、正式的谈话、访谈及非正式的讨论、传闻或小道消息传播。说话是职场人士必须掌握的重要的沟通技能。

### 一、说话的原则

语言的掌握需要多年的学习和实践,因为制定在所有场合和情况下如何选择语言的规则是不可能的。这里的讨论局限在语言选择的5个重要方面:清楚、得体、有力、传情和生动。

**1. 清楚**

清楚是思想依靠语言的精确和简单被以能立即理解的方式表达出来的风格特色。比如,一名飞行员之所以死于喷气式飞机的坠毁事故,是因为导航员在指导他怎样打开应急门时表达不清,导致他没有打开应急门。

在大多数情况下,如果你希望得到理解,就必须尽可能把话说清楚。例如,如果你在说一些非常重要的事,或者进行一次正式的演讲,或者接受媒体采访,表达清楚是必需的,因为你或许没有第二次机会去澄清自己的观点。

(1)行话。这是一种非常专业化的语言,在其他地方使用是不恰当的。例如,医生经常使用高度专业化的语言去描述病情,虽然这样医生们能相互沟通,但与病人沟通时就有障碍。

(2)俚语。这种语言不是每个人都能清楚的。当你与朋友非正式交谈时,可以使用俚语。然而,许多俚语具有非常广泛和模糊的含义,它们能适用于几乎所有的事物。如果你用"漂亮"这个词去指某个人的T恤衫,又用它去描述秀美的风景,你则把每一事物变成了一般的要素。

---

[①] 佚名. 沟通技巧[EB/OL]. [2018-05-03]. https://wenku.baidu.com/view/8d15f7849f3143323968011ca300a6c30c22f186.html.

（3）长句子。只有当更复杂的词语有助于使你的意思更清楚时才使用长句子。例如，假设你要把车漆喷成红色，如果使用一个比"红色"更准确的词汇描述，最终结果将会令人更加满意。当然，使用的词汇越多，表达也会越准确，但这并不意味着你应该使用更多的词语进行表述。

### 😊 小幽默

皮　　包

欧洲一位上了年纪的乘客下了火车，当他走向出站口时，突然叫住了旁边的一个小男孩，急急忙忙地说："小朋友，你快帮我去一趟7号车厢，我的一个皮包在7号车厢6号软卧里。这是你的小费。"男孩向着7号车厢跑去。片刻后，小男孩从将要启动的火车的踏板上跳下来，奔向那个乘客，他气喘吁吁地说："没错，先生。你可以放心了，你的皮包还在原处。"

### 2. 得体

得体是语言表达的最高原则，因为只有话语得体，才能实现交际目的，才能取得圆满效果。语言表达的得体，概括地说，是话说得适当、妥帖、恰到好处，即适时、适情、适势、适机、适人，一切都适度、恰当。具体地分析，"得"表示"适合"，"体"表示"语体"，即适合特定语体之意。

遵循得体原则应做到以下三点。第一，适合身份，即表达者应把握准自己的身份、地位和文化修养所形成的形象和客观的要求；第二，适切对象，即适切交际对象的心理、文化水平、独特性格和特定的人际关系；第三，适应语境，即切合特定的社会文化背景、自然环境，切合特定的时间、地点、场合和语言环境[1]。

### 📖 小故事

英国维多利亚女王深夜回家敲门的趣事

英国著名的维多利亚女王与其丈夫相亲相爱，感情和谐。但是维多利亚女王作为国王，成天忙于公务，出入于社交场合，而她的丈夫阿尔伯特却和她相反，对政治不太关心，对社交活动也没有多大的兴趣，因此两人有时也闹些别扭。有一天，维多利亚女王去参加社交活动，而阿尔伯特却没有去，已是深夜了，女王才回到寝宫。只见房门紧闭着，女王走上前去敲门。阿尔伯特在房内问："谁？"女王回答："我是女王。"门没有开。女王再次敲门，房内阿尔伯特问："谁呀？"女王回答："维多利亚。"门还是没开。女王徘徊了半晌，又上前敲门。房内的阿尔伯特仍然问："谁呀？"女王温柔地回答："你的妻子。"这时门开了，丈夫阿尔伯特伸出热情的双手把女王拉了进去。

女王第一次回答"我是女王"，这个称谓表现的是她乃一国之君的身份，这个身份属于国家，属于臣民，它是权力和威严的象征，但不属于家庭，不属于阿尔伯特，当然敲不开门了。女王第二次回答"维多利亚"，这个称谓虽比"女王"柔和些，且少了一种高高在上的感觉，但"维多利亚"只是个姓氏，它适合维多利亚整个家族，并不只属于阿尔伯特，没有体现出"一家一妇"的身份和夫妇的亲密关系，所以也没有敲开门。第三次回答"你的妻子"，称谓体现了她作为一个家庭成员的身份，没有丝毫的"行政干扰"，完全符合维多利亚女王回到家中的身份，所以她敲开了门，也敲开了丈夫的心扉。

---

[1] 李元授. 人际沟通训练[M]. 武汉：华中理工大学出版社，2014.

### 小故事

**总统说话不得体**

美国总统里根一次在国会开会前，为了试试麦克风是否好使，张口便说："先生们请注意，5分钟之后，我将对苏联进行轰炸。"此语一出，听众皆哗然。里根只是随口开了一个玩笑，苏联政府却因此提出了强烈抗议。

另一位美国总统卡特出访盐湖城，参加"本年度家庭男人"的仪式活动。他的助手为他写了一份讲稿，特别注明"幽默"，于是助手给了他三四个笑话，他在发表讲话时全用上了。卡特和他的助手当然没有意识到，许多听众一贯教育他们的孩子不要轻率地看待世事，自然在这样的场合也就不能乱说幽默的话。卡特讲笑话时，许多人瞪着他毫无反应。

**【点评】** 说话得体，很重要的是要针对不同的场合、特定的听众说合适的话。本案例中里根在本该严肃的场合随意开玩笑，卡特面对严谨处事的听众乱用幽默，这些做法都是不可取的。

#### 3. 有力

有力的说话方式是那种直接表明观点的，即不使用含糊和限定性词语的说话方式。说话有力的人被视为更可信、更有吸引力和更有说服力的人。在大学课堂里，学生认为使用有力语言的老师更可信和有更高的身份。为了获得有力的说话方式，你应该避免一些特定的沟通行为。

（1）避免模棱两可的话和修饰性词语，比如"我猜想"和"某种……"这些表达方式，因为这样会削弱你说话的效果。

（2）消除比如"啊"和"你知道"这些含糊的表达方式，这些词语也使说话者听起来不确定。

（3）避开附加提问，即采用从陈述开始并以问题结束的表述。比如："搞一次春游会很有趣，是吗？"附加提问使说话者显得不果断。

（4）不要使用否认自己的表白，否认自己的表白是那些辩解或请求听者原谅自己的词语或表达方式，例如，"我知道你或许不同意我的观点，但是……""我今天确实没准备讲话"。

许多人用无力的词语或表达方式削弱了自己的交谈或讲话。其实，这些表达方式的使用主要是一个习惯问题，一旦认识到了自己的习惯，就能做出改变。

除了使用有威力的语言外，还有使语言更鲜明的一些其他技巧。主要用动词，即用行动性词语来沟通，会造成一种紧迫的感觉，比如，"老师指责他"和"孩子们跳上跳下"都是听起来较为有力的句子。当句子采用主动语态而不是被动语态时，语言会变得更加鲜明，比如，"这个男孩踢进了球"要比"球被这个男孩踢进"更有力。

#### 4. 传情

人是有感情的动物，对感情尤为敏感，而语言所负载的信息除了理性信息之外，有情感信息，这种情感信息的内涵十分丰富，其功能不仅是要诉诸人的理智，而且是要打动人的情感。在人际交往中，话语饱含情感，就会在传递信息、思想的同时产生语言魅力，从而取得圆满的交际效果。

语言表达中如何传情呢？主要有以下三种途径。第一，尊重谅解。这不仅表现出说话者讲文明、有礼貌、有教养，更重要的是能够缩短情感距离，协调双方关系，营造出"亲如一家"的融洽氛围。第二，声中蕴情。说话者利用语音（语气、语调和节奏）的传情性来表达丰富多彩的情感。第三，话语真诚，即言语内容饱含真情实感。在语言表达中，只有真诚的心灵与情感才能发出磁石般的吸引力，才能唤起听众的热忱，并产生撼人的力量。话语真诚表现在：语词选用情感分明，内容表述情真意切①。

### 📖 小故事

#### 李准说哭常香玉

李准是20世纪五六十年代的著名作家，写作水平很高，文字有很强的感染力，他说过自负而又夺人的妙语："没有几下绝招，难得当个作家！我的看家本事是：三句话叫人落泪，三分钟进戏，把读者的心放在我手心里揉并让他噙着眼泪还得笑！"此话传开去，叫人不服。

时逢"常香玉舞台生涯五十周年庆祝会"，文艺界名流齐来祝贺。专好插科打诨的电影导演谢添一把拉住李准说："李准，我想当众试试你！你说三句话，能让常香玉哭一场，我才服你！"

李准皱皱眉，看看众人，摊摊手为难地对常香玉说："香玉，你看看老谢！今天是你大喜的日子，他偏偏让你哭，这不是难为人吗？"

常香玉说："你今天能让我哭，算你有真本事！"

谢添说："或者签字认输也行！"

李准依旧为难地说："香玉，咱们能有今天，老不容易啊，论起来，你还是我的救命恩人哩！我十来岁那年，跟着逃荒的难民群到了西安，眼看人们都要饿死了，忽然有人喊：大唱家常香玉放饭了，河南人都去吃吧！哗——人们一下子都涌去了！我捧着粥，泪往心里流。想，日后见了这个救命恩人，我给她叩个头！"

"老李！你……别说了！"

常香玉猛然打断李准的话，捂住脸，转过身，满脸泪水滚下来，把手绢打湿了。

大厅里没有一点声息。众人望着李准，沉浸在他讲的故事里，忘记了这是在打赌，连谢添也轻轻吸了一下鼻子……

【点评】李准针对常香玉特有的心理体验，运用形象生动的语言进行带有强烈感情色彩的描述，产生了极大的感染力。运用形象生动的语言颇有说服力，它可以把简单的事情具体化，把枯燥无味的事说得生动活泼，可以化解尴尬的场面，能够吸引讲话的对象。

#### 5. 生动

生动是一种把思想以引起逼真想象或联想的方式来表达的风格特色。还记得自己在孩提时代听到的那些鬼怪故事吗？最好的是那些令你感到恐惧的故事，即交织着使你血液凝固的尖叫声、悲哀的呻吟声和神秘的号叫声的故事。它们通常是在黑暗的地方，只有一个忽闪忽闪的怪异的灯或一道电光，如果有味道，那肯定是潮湿和发霉的味道。

讲鬼怪故事的人通常用第一人称说话，以"当时我在场"或"发生在我身上"的角

---

① 李元授.人际沟通训练[M].武汉：华中理工大学出版社，2014.

度所做的叙述都是特别生动的。

当我们说语言生动时，经常是指某人发现了表达原事物的新方式。孩童语言的独特性经常使我们陶醉，因为孩童小，还不懂得各种陈词滥调和过分的表达方式。孩子会把胖大海含片以他们自己的理解说成"上海大胖"，会把夜里正在向上飞的飞机说成"飞机在爬坡"。发现生动语言的一个最好的地方是诗词和歌曲，如"某年某月的某一天，就像一张破碎的脸"。虽然与其他主题相比用于描写爱情的词语更多，但很多歌词作者为我们提供了新的表达形式，因此也为我们提供了看待这种经验的新方式，他们独特的看法使一个古老的主题听起来更新颖、更激动人心。

## 二、说话的技巧

说话的技巧包括说话方式的选择和说话的媒介——美妙声音的获得。

### 1. 说话方式

在说话方式上，具体要运用以下技巧。

（1）注意对象。说话一定要看对象，这些因素包括身份、职业、年龄、性别、知识水平、气质性格、兴趣爱好、处境心情等。要根据说话对象的不同情况来确定自己说话的方向。当你与别人说话时，要注意到你需要针对他们及时做出调整。也要熟知你正在讨论的主题，因为它也能影响你对词语的选择。要意识到你所说的内容，这种意识将增加你对他人的敏感度，也能增强你对语言的选择和使用能力。

💡 **小贴士**

说话看对象

当与小孩沟通时，不要忽略了他的"纯真"；

当与少年沟通时，不要忽略了他的"冲动"；

当与青年沟通时，不要忽略了他的"自尊"；

当与男士沟通时，不要忽略了他的"面子"；

当与女士沟通时，不要忽略了她的"情绪"；

当与领导沟通时，不要忽略了他的"权威"；

当与长辈沟通时，不要忽略了他的"尊严"。

如果你是一个豪爽的人，那说话就应该爽快一点；如果你是一个内秀的人，说话就应该文明一点，这样大家才会喜欢你。所以，在张口说话前一定要注意观察人。

📖 **小故事**

被蝎子蜇了的秀才

古时有一个书呆子，说话总爱咬文嚼字。有一次睡觉被蝎子蜇了，便摇头晃脑地喊道："贤妻，速燃银烛，你夫为虫所袭也！"一连说了几遍，他的妻子怎么也听不明白。他更着急了，说道："身如琵琶，尾似钢锥，叫声贤妻，打个亮儿，看是什么东西。"他的妻子还是不知道怎么回事。结果他痛得熬不住了，一气之下道："老婆，快点灯，蝎子蜇到我啦！痛死我了！"

【点评】这个小故事十分好笑。它提示我们，讲话时一定要先看对象，这一点是绝不能忽视的。

## 小幽默

### 上什么山就要唱什么歌

某人擅长奉承，一日请客，客人到齐后，他逐个问人家是怎么来的。第一位说是坐出租车来的，他大拇指一竖："潇洒，潇洒！"；第二位是个领导，说是自己开车来的，他惊叹道："时髦，时髦！"；第三位显得不好意思，说是骑自行车来的，他拍着人家的肩头连声称赞："廉洁，廉洁！"；第四位没权也没势，自行车也丢了，说是走着来的，他也面露羡慕："健康，健康！"；第五位见他奉承技巧高超，想刁难一下他，说是爬着来的，他击掌叫好："稳当，稳当！"。

（2）注意观察周围的情况。说话还要看周边的情况，说话要能够恰当地和当时的情景融合到一起，避免说出不合时宜的话来。每一个人都有自己的爱好、自己的风格，如果我们在说话的时候能够抓住对方的喜好，说别人愿意听、喜欢听的话，就能够起到很好的作用，使你大受别人的喜爱。

## 小故事

### 唐伯虎祝寿

林语堂《说话的艺术》中讲了这样一个故事：有一天，五个儿子为母亲祝寿请姑苏才子唐伯虎题诗。唐伯虎毫不推却，立刻拿起笔来，第一句写的是"对门老妪不是人"。

第二句尚未写下，主人亲朋个个都对他怒目而视了。因为今天祝寿，大家应该十分快乐，说着吉利话才对，现在请他题诗，他竟骂起人来，这怎么会不惹人愤怒呢？因为他是有名的吴门才子，所以大家只是怒目而视，不以非礼举动对他，准备看他第二句怎样骂，然后再发作。但是，唐伯虎一看周围的环境，知道骂人骂下去一定没有好结果，只能使大家的情绪缓和一下，所以第二句接下写道"西方王母转凡身"。这样一写，亲朋个个面现笑容，觉得他真不愧是才子，把第一句骂人的话，也变成为不是骂人的话了。

可是唐伯虎是善于捉弄人的，他感觉到周围的人都在啧啧称赞的时候，所以第三句诗为"生养五子俱做贼"。这可不对了，又使大家的情绪紧张起来了。大家觉得他先前骂这家的母亲，现在再骂到这家的儿子，把一家人都骂到了，这一腔的怒火势必要爆发出来了。但是，大家还是暂时忍耐着，看他末一句究竟怎样写。

唐伯虎感觉到大家的怒火立刻就要爆发了，因此写出来的第四句为"偷得蟠桃奉母亲"。这一来，又把大家的情绪缓和了下来，大家都觉得他真是一位才子，用着像一种骂人的口吻，写出了一首极好的祝寿诗。

【点评】在这段故事中，唐伯虎并不是真心来为他所看不起的老妪祝寿的，要骂一下那位寿婆倒是他的真心。可是，他看了周围的环境，知道骂了人不会有好处，所以虽然脱口骂了出来，还是立刻改变口吻，使已经骂出的话又成为不是骂人的话，这充分显示出了才子唐伯虎的机敏。

（3）礼貌为先。无论一个人在社会上扮演什么样的角色，充当什么样的身份，礼貌一直是维持人际关系不断互动的规则。有句话叫作"尊重别人就是尊重自己"。一个有礼貌的人到处都会受欢迎，受到人们的热诚接待，而一个习惯于出口不逊的人，就不会得到别人的喜欢。

礼貌就是一个人的名片，说话有礼貌的人到处都会受到人们的欢迎。礼貌不礼貌，看似小事，可有时会直接影响到大事的成败。正如有位名人说的那样："礼貌是人类共处的金钥匙""礼貌是容易做到的事，也是最珍贵的东西""礼貌周全不花钱，却比什么都值钱""礼貌经常可以替代最高的感情""生活中最重要的是有礼貌，它比最高的智慧、比一切学识都重要"。所以我们在日常交往中一定要注意礼貌待人。

### 小案例

#### 没礼貌的学生

秦昆老师是一所高校有名的教授。有一天，一位外校的同学来找秦教授，希望秦教授做他校外的论文评阅人。因为当时规定，论文答辩时要请一个校外的专家来指导。

这位同学一进门，见秦教授的屋里坐了好几位教师在商讨问题。他也搞不清哪位是秦教授，就张口问道："谁是秦昆呀？"秦教授听到这个学生直呼自己的名字，脸色微微一变，但还是有礼貌地对他说："我就是，找我有什么事吗？"那位同学大大咧咧地说："噢，你就是秦昆呀，我可早就听说过你了，我是某某教授的学生，我的论文需要你给我看一下！"秦教授到底是有涵养的人，看到这个学生这么没礼貌，只是随口说道："那你就放那里吧！"

这名学生就把自己的论文往秦教授的桌子上一扔，对秦教授说："你快点看呀！后天我们要进行论文答辩，你可别耽误我的事啊！"

秦教授这么有涵养的人也忍受不了了，火气顿时上来，他对这位同学说："这位同学请留步，请问一下是谁找谁办事呀？把你的论文拿走，我没有时间给你看！"

**【点评】** 一向很有涵养的秦教授为什么这么生气呢？都是这个同学不懂礼貌惹的祸。对方是一位有名的教授，他却像对待小孩子一样直呼其名，一点儿都没有尊敬人的意思，怎么会让秦教授高兴呢？其实，找人办事得有个找人办事的样子，这名同学如果改变一下自己的说话方式，对秦老师这样说："秦教授，我早就听说过您的大名了，所谓名师出高徒，以前没有机会师从于您，临到毕业的时候不知道能不能得到您的栽培，知道您事务繁忙，日理万机，但是我很希望能够得到您的指导，希望秦教授您百忙之中给弟子一个指导机会。"他能够这么说，不要说秦教授这样有涵养的人了，任何一位教师都会热心地为他评阅论文。

（4）善于机变。机变，即说话者针对具体交流情境当中出现的不利因素当场作出调整，以适应事物变化的快速反应能力和应付处置各种意外情况的良好心理素质。善于机变，在沟通中可以应对很多意想不到的场面，一句妙语能帮你摆脱窘境。一个成功的说话者必然善于随机应变，那样才能掌控局面，把握机会，逢凶化吉，转难为易，达到沟通的最佳效果。当然，这种能力与说话人思维的敏捷性、情绪的自控力、知识的广博程度是分不开的。

（5）幽默风趣。幽默风趣犹如烹调中必不可少的盐一样，可以调剂人们的精神生活，松弛人们紧张的情绪，并促进人与人之间情感与心灵的交流。语言幽默不失为一种好方法，它能增强语言的表现力，化解尴尬的场面，可以有效地降低人与人之间的"摩擦系数"，化解冲突和矛盾，并能使人们从容地摆脱沟通中可能遇到的困境，同时又使人在忍俊不禁、捧腹不止中体会到深刻的哲理。

### 小故事

#### 李抱枕的幽默

著名音乐家李抱枕，曾获得美国哥伦比亚大学音乐教育博士。他致力于国内音乐教育，贡献很大，其中，他创作的《离别歌》《闻笛》等乐曲流传甚广。

李抱枕平时教导学生十分有趣。他曾告诉学生：我早年教授音乐时，一些调皮的学生连8个主要音阶都唱不准，有人唱成"独揽梅花青腊雪"。后来，有的学生搞恶作剧，竟唱成"多来米饭，少来稀粥"。引得学生们捧腹大笑，课堂气氛十分活跃，师生关系水乳交融。

一些合唱团的学生在演唱时，常犯只看谱不看指挥的毛病。李抱枕非常幽默地对同学们说："好的合唱团员把谱记在脑袋里面，不好的合唱团员把脑袋埋在谱里。我恳求各位在唱的时候，多'赏'我几眼，别老是'埋头苦干'，因为在实际演出时，我们不能说话，只能彼此'眉来眼去'。"李抱枕一席话，说得大家哈哈大笑，从此唱歌时眼睛再也不离指挥了。

【点评】幽默风趣的李抱枕，巧妙地运用成语"埋头苦干""眉来眼去"对学生们展开善意的批评，使学生们在笑声中轻松地接受了批评，改掉了看谱不看指挥的毛病。李抱枕用幽默语言深深地感染和吸引了学生，使自己教得轻松，学生学得愉快，在谈笑中实现了教学的目的。

☺ 小幽默

### 服务员的幽默

一位顾客在一家餐馆用餐，有一道菜很久没送上来，他不耐烦地问服务员："我还有一道菜怎么还没有送上来？"服务员笑着耐心询问："请问您点的是什么菜？"顾客没好气地说："炒蜗牛！"服务员立即说："哦，蜗牛是个行动迟缓的动物。"一句话把顾客给逗乐了，然后服务员马上说："真是对不起，先生。请您稍等，我这就去催。"

### 2. 说话的媒介——美妙的声音

说话要以声音为载体，声音是我们了解外面世界的媒介，美妙的声音能带给人美的享受。古谚语中就有"良言一句三冬暖，恶语伤人六月寒"的说法，声音的确具有超乎寻常的魅力，能说会道的人都需具备声音的魅力。要想使自己的声音具有魅力，就要提高自己的口语表达能力。

（1）发音准确，吐字清楚。读错字或发音不准，会闹出笑话，毫无魅力可言；吐字不清，含含糊糊，使对方听起来感到吃力，也会降低其接收信息的信心。

🏋 小训练

读下面的绕口令。先慢读，注意分辨声母，发好字头音，读准声调，读几遍后再加速。

① 白石白又滑，搬来白石搭白塔。白石塔，白石塔，白石搭石塔，白塔白石搭。搭好白石塔，白塔白又滑。

② 四和十，十和四，十四和四十，四十和十四。说好四和十，得靠舌头和牙齿。谁说四十是"细席"，他的舌头没用力；谁说十四是"适时"，他的舌头没伸直。认真学，常练习十四、四十、四十四。

（2）注意声调和语调。声调即单个词的调子，语调即贯穿整个句子的调子，两者决定了声音的高低抑扬。语调可分为降调和升调两种基本类型，随着句子的语气和表达者感情的变化，可以变化出多种类型。语调有区别句子语气和意义的作用。如"你干得不错"说成降调，是陈述性句式，带有肯定、鼓励的语气；说成升调，是疑问性句式，带有不信任和讽刺的意味。在谈话时应注意把握语调，以增强吸引听众的魅力。

**小训练**

根据括号内的提示，用恰当的语调说出下面的话。
"你到这里来过？"
① 高兴（这太好了！）
② 惊讶（真没有想到。）
③ 怀疑（这可能吗？）
④ 责怪（你不应该来呀！）
⑤ 愤怒（真是太不像话了！）
⑥ 惋惜（唉！无可挽回的过失。）
⑦ 轻蔑（这种地方你也来？你是什么东西。）
⑧ 冷漠（是否来过与我无关。）

（3）注意语言的速度节奏。人们说话时，影响速度节奏的主要原因是人们内心情绪的起伏变化。速度节奏的控制和变化一般要通过音调的轻重强弱、吐字的快慢断连、重音的各种对比，以及长短句式、整散句式、紧松句式的不同配合才能实现。人们应掌握这些规律，做到快慢适中、快而不乱、慢而不断，增强语言形象的美感。

（4）掌握好说话的语气。在和别人谈话中，语气有着重要的作用，有的人说话对方容易接受、愿意接受，有的人说话对方就不容易接受、不愿接受或者很难接受。其中的原因，大多是由于语气的不同造成的。一句同样的话，如果用不同的语气来说，就会起到不同的，甚至是相反的效果。例如，"我爱你"这三个字，如果用真挚的语气说出来，那就是满怀着对于自己爱人的一腔真情；如果用油腔滑调的语气说出来，那就是另外一种情景了，所以，一定要注意自己在说话中的语气。

说话要充分表达自己的意思和情感，但却不是靠声高来实现的，而是靠语气的得体而取胜。虽然说"理直"就"气壮"，但有理也要有礼，有理不在声高。有理再加上得体的语气，才会收到"情通理达"的效果。所以，把握好说话语气的分寸，对任何人来说都是非常重要和必要的。

事情有轻、重、缓、急，语气有抑、扬、顿、挫。只有把握了说话语气的分寸，才能使说出的话被对方充分理解和接受，才能收到说话的预期效果。

**小故事**

### 说话的魅力

有一天晚上，一个治安混乱的国家的一位女主人独自在家。当她听到门铃声后打开门时，眼前的一幕让她愣住了，一位彪形大汉手拿一把菜刀凶神恶煞地站在门口，妇人见此情形，很快就镇定了，面带微笑温和地说道："哟！您卖刀啊！请进吧。"进屋后，女主人请他坐下，又热情地为他倒茶，这一意外之举令本想来打劫的大汉不知所措，接着女主人又坐下来温和地与大汉谈论刀，还不时地讨价还价。整个过程，女主人始终用一种亲切的语气和这位男子说话，一切都显得如此的亲切与从容。男子紧张的心情慢慢平静下来，心中不要抢劫的念头渐渐消散了，借机把刀卖给这位女主人，就赶快跑掉了。

【点评】说话的魅力竟是如此神奇，着实让人意想不到，但女主人的确凭着那温和而亲切的话语打动了一个本打算打劫的男子，让他迷途知返。

## 小训练

向听众讲述一段个人经历中印象深刻的一件事。要求：不要照稿宣读，注意吐字发音，并使自己的声音热情、自然，有表现力。可将自己上面的讲话用手机录下来，然后分析研究自己的录音，找到自己语言中的干扰词。再重复自己刚才讲述的内容，重复时注意克服这些干扰，尽量减少干扰词出现的频率。

## 案例讨论

### 1. 寒暄

1986年10月25日，邓小平会见英国女王伊丽莎白二世和她的丈夫菲利普亲王。邓小平同志说："这几天北京的天气很好，这也是对贵宾的欢迎。当然北京的天气比较干燥，要是能借一点伦敦的雾那就更好了。我小时候就听说伦敦有雾，在巴黎时，听说登上巴黎铁塔就能看见伦敦的雾。"菲利普亲王说："伦敦的雾是工业革命的产物，现在没有了。"邓小平风趣地说："那借你们的雾就更困难了。"亲王说："可以借点雨给你们，雨比雾好，你们可以借点阳光给我们。"

（资料来源：佚名. 英国女王访华 [EB/OL]. [2015-03-04]. http://nx.people.com.cn/n/2015/0304/c192474-24061008.html.）

思考题：

（1）请问案例中的双方通过寒暄在表达怎样的意思？

（2）从寒暄的角度分析上面的寒暄，看看有哪些值得借鉴的地方。

### 2. 用心倾听的邱次雪

蝉联过去10年中国台湾地区奔驰车销售前3名的超级业务员邱次雪，就是因为懂得听，10年卖出500辆奔驰车。"每个顾客都像一本书，你要用心听才能读得懂。"她说。

20年前，她是个蹩脚的业务员，客人上门，3句话后她就不离"车"，业绩总是挂零。直到有一次，一位顾客要她先闭嘴，对她当头棒喝。"后来，我都要求自己先不要说话。"她说，让客人先说话，才听得到他的需求与考量点，而不是直接推销。

不久前，一位阔太太下巴抬得高高地走进店里看车。同事亲切地上前问候："您要看车吗？"女客人不悦地回答道："来这里不看车，还能看什么？"这时，只见邱次雪静静地端上一杯水，不发一语。女客人开口："你们业务员服务态度很差，卖的车又贵。"邱次雪虚心请教："那我们应该如何改善呢？"她挽着对方的手到贵宾室坐下，门一关，30分钟后，一笔60万元的订单就到手了。

"在这个过程里我一直都没说什么，只是听她抱怨了20分钟。"原来，这位顾客早就锁定了一款车型，但逛了几间车行都没有碰到满意的业务员。邱次雪一边用心地听她抱怨，一边响应，同时也在整理自己的思绪。等客户气消后，她开始与对方聊起家庭生活的经验。不过30分钟，交易就完成了。

（资料来源：佚名. 听出竞争力 [EB/OL]. [2019-03-24]. https://wenku.baidu.com/view/86cd5c0b6429647d27284b73f242336c1fb93019.html.）

思考题：

（1）谈谈你对邱次雪"每个顾客都像一本书，你要用心听才能读得懂"这句话的理解。

（2）邱次雪为什么能够取得成功？本案例对你有什么启示？

### 3. 刘丽的失误

刘丽是千里贸易公司总经理办公室秘书，她工作能力强，在公司深受重用。有一天，在接待朝日公司销售经理时，当对方问及公司的营业状况时，刘丽为了向对手炫耀自己公司的实力，便说："仅在今天上午，我公司签订的意向书就可以替公司赚进100万元。"说完，刘丽非常得意，心想："这下你可不能小觑我们公司了。"两天后，刘丽陪同总经理去海鸥宾馆与某国贸易代表团签订正式协议，可左等右等，就是不见对方的踪影，最后贸易公司常驻中国代表打来电话说："代表团已于昨日回国，就在昨日上午以低于贵公司10%的价格与贵市朝日公司签订了购货合同。"朝日公司是怎样抢走千里公司的生意的，他们是如何知道某国贸易代表团的情况的，问题出在哪里，刘丽想了半天也未能找到答案。其实，答案是显而易见的。刘丽在炫耀公司实力时就已将重要情报透露给了对手公司。因订货意向书不是正式合同，不受法律保护，朝日公司就以自己敏锐的商业嗅觉，钻了千里公司的空子，抢先一步与某国贸易代表团签订了合同。刘丽的寒暄不但没有为公司赢得所谓的"面子"，反而使公司蒙受了巨额的经济损失。可见公司机密是秘书寒暄时不应涉及的"雷区"，切不可因小失大。

（资料来源：唐丽.接待工作中秘书的寒暄技巧[J].秘书之友，2010(5).）

思考题：

（1）刘丽与客户沟通存在的问题是什么？

（2）作为职场人士，从本案例应该吸取怎样的教训？

### 4. 小王因何无地自容

小王是一位推销员，很会说话。一次他为了推销保健品，去见一位40岁左右的女顾客，一心想说好话的他，一见面就夸这位女顾客非常漂亮。爱美之心人皆有之，顾客非常欢喜，小王更是眉飞色舞："凭您的眼光，老公一定不是大款就是当官的，您可真有福气呀！"这时女顾客突然一愣，但没有说什么，只是淡淡一笑。小王接着说："看您这身材，简直太美了，就像没生过孩子一样！"女顾客却说了一句："对不起，我还没有男朋友呢！"弄得小王无地自容。

（资料来源：李红梅.市场营销口才训练[M].北京：电子工业出版社，2009.）

思考题：

（1）小王因何无地自容？

（2）本案例对你有什么启示？

### 5. 切忌随意打断客户的讲话

销售人员："科尔先生，经过我的仔细观察，我发现贵厂自己维修花费的钱，要比雇佣我们来干所花的钱还多，对吗？"

科尔："我也计算过，我们自己干确实不太划算，你们的服务也不错，可是，毕竟你们缺乏电子方面的……"

销售人员："噢，对不起，我能插一句吗？有一点我想说明一下，没有人能够做完所有事情，不是吗？修理汽车需要特殊的设备和材料，比如……"

科尔："刘，刘，但是，你误解我的意思了，我要说的是……"

销售人员："您的意思我明白，我是说，您的下属就算是天才，也不可能在没有专用设备的情况下，干出像我们干的那样漂亮的活儿来，不是吗？"

科尔:"你还是没有搞懂我的意思,现在我们这里负责维修的伙计是……"

销售人员:"科尔先生,现在等一下,好吗?就等一下,我只说一句话,如果您认为……"

科尔:"我认为,你现在可以走了。"

(资料来源:史迪文.世界上最会说话的人[M].北京:北京邮电大学出版社,2009.)

**思考题:**

(1)销售人员为什么被科尔下了逐客令?

(2)本案例对你有何启示?

### 6.说话的时机

某酒店服务员小罗第一天上班,被分配在酒店A楼5层做接待员。由于刚经过3个月的岗前培训,她对工作充满信心,自我感觉良好,白天的接待工作也还算顺手。

晚上10点,电梯门打开,走出两位客人。小罗立刻迎上前去,微笑着说:"你好,先生。"看过客人的房卡后小罗接过他们的行李,带领他们走进房间,进房后随手为他们倒了两杯茶。

接着她开始一一介绍房间设施。这时,一位客人说:"我们知道了。"但是小罗没有什么反应,仍然继续介绍着。另一位客人从自己的钱包里拿出一张百元人民币,不耐烦地递给小罗。

"不好意思,我们不收小费的。"小罗嘴上说着,心里却想,自己是一片好意,怎么会被误解了?这使小罗感到十分委屈。

(资料来源:佚名.沟通小故事[EB/OL].[2017-09-24].https://wenku.baidu.com/view/b87a024f876fb84ae45c3b3567ec102de2bddf39.html.)

**思考题:**

(1)小罗为什么被客人误解?

(2)本案例对你有何启示?

## 实训项目

### 1.倾听技能训练

形式:集体参与。

时间:20分钟。

场地:教室。

材料:任何一则包含一些数字或确切事件的新闻。

程序:

(1)事先从报刊上选取一则200~300字的故事,注意最好是有简单情节的故事,而不是评论性文章。在课上很不经心地向学员提起,告诉他们你要为他们念一段很有意思的故事。

(2)大声朗读这则故事。

(3)结束后,你会发现学员们对这个故事毫无兴趣,露出厌倦和疲累的表情。

(4)这时你拿出一个精致的礼品,说:"故事念完了,现在我会就这个故事的内容提几个问题,谁能答对,我就把这个礼物送他。"

（5）然后问5～7个关于故事的时间、地点、名字和简单情节的问题。

（6）尽管问题简单，你会发现还是几乎没有一个人能全部答对。

分享：

（1）既然大家都是具有一定素质的人，既然都听了这个故事，为什么却没有人能记得非常清楚？

（2）我们不去认真听的原因是什么呢？我们该怎样改进倾听技巧？

（3）如果事先把奖品拿出来，学员们的倾听效果会不会不一样？这是为什么？在没有物质刺激的情况下，我们应怎样提高自己的倾听效果？

（资料来源：谢玉华.管理沟通[M].大连：东北财经大学出版社，2013.）

**2．寒暄、说话训练**

（1）实训目的。具体如下。

① 通过实训掌握寒暄、说话的技巧和要领。

② 提高运用相关知识解决实际问题的信心和能力。

③ 养成良好的沟通习惯和风格，提高沟通能力。

（2）实训情景。具体如下。

职业情景1：你是公司办公室陈主任，公司曾向某家饭店租用大舞厅，每一季用20个晚上，举办员工培训的一系列讲座。可是就在即将开始的时候，公司突然接到通知，要求必须付高出以前近3倍的租金。当你得到这个通知的时候，所有的准备工作已经就绪，通知都已经发出去了。单位领导派你去与对方沟通，使其不要违约，你怎么办？请模拟场景，扮演角色。

职业情景2：于雪的上司吴总是公司负责营销的副总，为人非常严厉。吴总是南方人，说话有浓重的南方口音，经常"黄"与"王"不分。他主管公司的市场部和销售部，市场部的经理姓"黄"，销售部经理又恰好姓"王"，由于"黄"和"王"经常听混淆，于雪非常苦恼，这天，于雪给吴总送邮件时，吴总让她"请黄经理过来一下！"是让王经理过来还是让黄经理过来？于雪又一次没听清吴总要找的是谁。面对这种情况，于雪该怎样处理？

（3）实训内容。具体如下。

① 根据职业情景1，模拟演示陈主任寒暄、说话的沟通协调过程。

② 根据职业情景2，为秘书于雪找出一个两全其美的办法，并演示沟通过程。

（4）实训要求。具体如下。

① 本实训可在教室或情景实训室进行。

② 先分组讨论，再进行角色模拟演示。

③ 分组进行，每组3～5人，一人扮演对方公司经理，一人扮演秘书于雪，一人扮演公司吴副总经理。分角色轮流演示，每组分别演示以上两个情景。

④ 要求编写演示角色的台词与情节，用语规范，表达到位。

（5）实训提示。具体如下。

① 利用口语交流的技巧。

② 注重沟通的目的与策略。

（6）实训总结。个人畅谈沟通体会，教师总评，评选出最佳口头语言沟通者。

## 课后练习

**1. 请完成以下寒暄练习**

（1）如何与客户进行寒暄？

（2）放暑假了，你坐车回家，周围坐着几位年龄、身份、性别不同的陌生人，为消除路途寂寞，你怎么与他们寒暄，使大家都有谈兴？

**2. 请完成以下倾听练习**

（1）以"积极倾听，构建和谐班级（校园）"为主题，组织主题班会。请同学们轮流发言，各抒己见。

（2）请找出你倾听时存在的不良习惯。

（3）为什么沟通过程中倾听占有十分重要的位置？请谈谈你的体会。

（4）两个同学为一组，每个同学准备一篇有一定信息量的约800字的文章，一位同学将文章读给另一位同学听，倾听者要注意使自己保持专注。文章宣读完毕，由倾听者陈述自己获得的信息，宣读者检查对方信息是否准确无误。然后互换角色，再进行一轮。最后双方谈谈自己倾听中的感受。

（5）"听"的能力训练。

尽管"听"是我们与生俱来的能力，但是它并不是一件容易的事情。以下练习就是最好的说明。

练习1：教师请每位学生拿出一支铅笔、一张纸，然后在纸上画一条约10厘米长的垂直线，再把姓氏的第一个字母和最后一个字母写在直线的上方和下方。但教师介绍时没有强调最后一个句子中的两个"和"字。教师会发现大多数人会把第一个字母写在线上方，而最后一个字母写在线下方。

练习2：教师让学生迅速回答下列问题。

"有的月份是31天，有的月份为30天，那么有多少个月份有28天？"

不少学生会回答："一个。"而事实上所有的月份都有28天。

问题：

① 以上两个小练习分别说明了倾听中的什么问题？

② 从以上练习中我们应该吸取哪些倾听经验？

（6）到养老院做义工，陪老人聊聊天，注意运用有效倾听的技巧，看看效果到底如何。

**3. 请完成以下说话练习**

（1）假如你是一个企业的新职工，经常与工人们在一起，了解了企业的许多情况。一天，经理在和你聊天时，突然问："你是新来的，应该没有什么偏见。经过这一段时间，你觉得我这个人怎么样？""很好，经理。"但经理却固执地说："你一定要讲真话，我只想听听你的意见，或者从你这里听到别人对我的意见，你不必担心什么。"而这个经理确实也有一些不足和毛病，工人也有所议论。这时，你怎样与经理继续聊下去？

（2）你去拜访一位名人，进屋之后发现主人家养了一只小猫。请以此为话题设计一段对话。

（3）一天，你逛商场时发现一位营销员好像是当年的校友，在学校时没机会交谈，她好像也觉得你面熟，你主动和她打招呼，你们会谈些什么？

（4）将来你在事业上取得了一定成就后，在老同学聚会上，你怎样谈自己的成功？别人赞扬你，你怎样表现谦虚的风度？

（5）你的一位同学做错了事，你告诉了老师，这位同学因怀恨而不再搭理你。请你和他主动说话，恢复你们的友情。

（6）有这样一件事：在19世纪的维也纳，上层社会的女士们都喜欢戴一种高檐帽。她们进剧院看戏也总是戴着帽子，但是这样挡住了后排人的视线。尽管剧院要求她们把帽子摘下来，但她们都置之不理。剧院经理灵机一动，对她们说了一段话，话音一落，全场的女士都自觉地把帽子脱了下来。你知道这位聪明的剧院经理对女士们说了什么话吗？

# 第二章 职场工作沟通

推销自己是一种才华，是一种艺术。有了这种才华，你就能安身立命，使自己处于不败之地。一旦你学会了推销自己，你就可以推销任何值得有用的东西。

——[美]戴尔·卡耐基

假如沟通能力也是同糖或咖啡一样的商品，我愿意付出比太阳底下任何东西都贵的价格购买这种能力。

——[美]洛克菲勒

## 课程思政要求

- 进行社会主义核心价值观教育；
- 进行爱国主义教育；
- 开展诚信教育、法律意识教育和道德意识教育；
- 塑造职业形象、提高职业素养；
- 促进学生全面发展。

## 学习目标

掌握与领导沟通的基本原则和方法；明确请示与汇报工作的技巧；掌握处理领导误解的沟通技巧；掌握与同事沟通的要求、方法及注意事项；明确职场"新人"与同事沟通的技巧；掌握劝慰同事的技巧；了解与下属沟通的意义；掌握与下属谈心的技巧；掌握调解下属矛盾的技巧。

## 引导案例

### 不善沟通的约翰

约翰所在的公司要进行人事调动，负责人罗伯特对约翰说："公司决定调你去销售部工作，我觉得那里更适合你，你有什么意见吗？"

约翰撇了撇嘴说："意见？您是负责人，我敢有意见吗？"实际上他的意见大得很，因为当时销售部的状况特别糟糕。

来到销售部后，约翰的消极情绪非常严重，总是板着脸，对同事爱理不理，别人主动跟他打招呼，他也只是应付地点点头。一来二去，同事们渐渐疏远了他。

一天，一个客户打来电话，请约翰转告罗伯特，让罗伯特第二天务必到客户那里参加洽谈会，有非常重要的生意要谈。约翰认为这是绝好的报复机会，就当什么事也没有发生一样，吹着口哨回家了。

第二天，罗伯特将他叫进办公室严厉地说："约翰，客户那么重要的电话怎么不告诉我？你知道吗？要不是客户早晨打电话给我，一笔一千万美元的大生意就丢失了！"

罗伯特看了看约翰，一副毫不在乎的样子，根本没有承认错误的迹象，便说："约翰，说实在的，你的工作能力还不错，但在为人处事方面还不够成熟，我本来想借此机会锻炼你一下，可你却让我大失所望。我知道你心里对我不满，可你非但不与我沟通，反而暗中给我使绊子。你知道吗，部门的前途差一点毁在你手里。你没能通过考验，所以现在我只能遗憾地宣布：你被解雇了。"

鉴于此案的教训，这家公司高管阶层专门召开了一次名为"张开你的嘴巴"的会议，强调并鼓励所有员工要与上级多沟通。

**思考题：**
（1）职场中应如何沟通？
（2）沟通还可以应用在哪些别的领域？

人在职场，必然要与领导、同事、下属等进行交往，交往的效果将直接影响个人的职业生涯乃至发展前途。因为，我们每天至少有1/3的时间是在职场度过的，能否从工作中获得快乐与满足，能否敬业、乐业并最终成就一番事业，领导、同事和下属均扮演着很重要的角色。讲究职场沟通艺术，不仅可以减少矛盾与冲突，还能使职场人际关系更加和谐融洽，大大提高工作效率。所以，有专家认为，一个职场人士必须具备三项基本技能：沟通技巧+管理才能+团队合作意识。世界上很多著名的大公司也都以此来要求员工。

在职场中，工作沟通的对象主要包括上司、同事和下属等。对象不同，沟通的技巧也有所不同。但是，无论与谁沟通，均应遵循以下基本原则。

（1）真诚。在沟通过程中，只有坦诚相见，言必由衷，才能促进理解和信任，才能化解矛盾与隔阂。

（2）自信。成功者就是那些拥有坚定信念的普通人。在沟通中，只要充满自信，就能从容不迫，应对自如，就能赢得对方的尊重与认可。

（3）友善。即从他人的立场看事情，从对方的角度想问题，以友善的态度与人沟通。

（4）理性。沟通一定要清醒、理智，明确沟通的目的，预知沟通的效果，采取可行的沟通方法。不信口雌黄、口无遮拦，不一时冲动说"过头话"，不无谓争执而伤了和气，不因过去的小矛盾而耿耿于怀。

（5）尊重。沟通的主体都是平等的，只有互相尊重，平等交流，沟通才能顺利进行。在职场沟通中切记要不责备，不抱怨，不攻击，不谩骂，不说教。

（6）互动。沟通是双向性的，不是洗耳恭听，默不作声；也不是口若悬河，夸夸其谈。沟通始终是两个维度之间平等、融洽的互动交流。恪守互动原则，才能在沟通中有说有听，有问有答，对等交流，实现共赢。

# 第一节　与领导沟通

与领导沟通，指的是团队成员通过一定的渠道和方式，与管理者或决策层所进行的信息交流。这种上下级之间的有效沟通，无论对于组织还是个人，都具有十分重要的意义。仅就下级而言，通过与上级主动有效的沟通，既能准确了解信息，提高工作效能，又能及时表达自己的意愿，形成积极的双向互动。

## 一、与领导沟通的基本原则

与职场其他交际对象相比，"上级领导"这个群体往往具有位高权重、能力过人、稳重老练、自尊自爱、大局为重、好为人师和人脉较好等特征。针对其特征，在沟通过程中必须注意遵循一些基本原则。

### 1. 不卑不亢

与领导沟通，要采取不卑不亢的态度，既不能唯唯诺诺，一味附和，也不能恃才傲物，盛气凌人。因为沟通只有在公平的原则下进行，才可能坦诚相待，求得共识。

在社交过程中，每个人都有一种心理期待，希望得到别人的尊重、帮助，希望自己应有的地位和荣誉得到肯定与巩固，没有人愿意在一个群体中被孤立和冷落。如果这种愿望得不到满足，就会对周围的人产生隔膜，进而拒绝合作。因此，尊重别人，是每个职场人士必备的一种修养。在工作中，尊重领导的意见，维护领导的威信，理解领导的难处和苦衷，即使提出不同的意见，也会讲究适当的时机，选择易于对方接受的方式，无论是对工作，还是对沟通双方的感情、建立融洽的心理关系，都是很有益处的。

尊重与讨好、奉承有着质的区别。前者是基于理解他人、满足他人正常心理和感情需要的前提下，而后者则往往是为了满足一己之私欲。现实生活中，确有一些人为了达到自己不可告人的目的，不惜降低人格，曲意迎合、奉承、讨好领导，不仅屏蔽了领导的耳目，降低了领导的威信，也造成了同事之间心理上的不和谐。绝大多数有主见的上司，对于那种一味奉承、随声附和的人都是比较反感的。

### 2. 工作为重

上下级之间的关系主要是工作关系，因此，下属在与领导沟通时，应从工作出发，以做好工作为沟通协调之要义。既要摒弃个人的恩怨和私利，又要摆脱人身依附关系，在任何时候、任何问题上都是为了工作、为了整个团队的利益，要作风正派、光明磊落。切忌对领导一味地讨好谄媚、阿谀奉承、百依百顺，丧失理性和原则，甚至违法乱纪。

### 3. 服从至上

上级居于领导地位，掌握全盘情况，一般来说考虑问题比较周全，处理问题能从大局出发。在与上级沟通时坚持服从原则，是一切组织通行的原则，是组织获得巩固和发展的基本条件。事实证明，如果下属与上级沟通时拒不服从，那么这样的组织就无法形成统一的意志和严密的整体，组织就会像一盘散沙，不可能顺利发展。当然，服从不是盲从，下属一旦发现领导某些错误，就应抱着对工作高度负责的态度，选择适当时机及时向领导反映，并请求领导予以改正。

### 🟊 小案例

**尊重领导的决定**

阿成的工作很简单，就是每天收发文件。领导脾气很好，同事之间相处也很融洽，阿成很希望自己能长期在这里工作。

可是好景不长，一天领导突然找阿成谈话，他说："因为你是外地人，'三金'不好交，以我们公司目前的情况不可能给你转户口，而如果不给你交'三金'，我们就违反了国家的规定。所以……"

阿成听了也不知道该如何是好，他难过地说："我尊重您的决定，虽然我很喜欢这里。"阿成没有再说什么，出门前给领导鞠了个躬，并轻轻地把门带上。

第二天，领导找阿成谈话，他说："我专门跑到相关部门打听了，你还可以留在我们这里上班，但是你要到派出所办理居住证！"阿成开心地笑了。

【点评】阿成面对领导的"为难"，却非常理智，他的表态体现了对领导的尊重、理解与服从，表示不愿给领导添加麻烦，愿意接受领导的决定，这使领导的权威得到完全体现。果然，他让领导也大受感动，还专门为其排忧解难。这就是服从至上的好处。

#### 4. 非理想化

在与领导沟通中，下属不能用自己头脑中形成的理想化模式去要求现实中的领导，从而造成对领导的过分苛求。坚持非理想化原则，就必须全面地看待领导，既要看到其优点和长处，又要看到其缺点和短处，同时还要能够容纳领导的一般性错误和缺点，克服求全责备的思想。

### 🏋 小训练

从你的暑期打工经历或周围朋友那里收获一些工作中与上级之间沟通的经验，在课堂上与同学们分享。

### 💡 小贴士

**令上司喜欢的下属具备的品质**

爱岗敬业，忠诚可靠。
独当一面，开拓创新。
自觉主动，服从第一。
乐观向上，勇担责任。
善于沟通，乐于合作。

## 二、与领导沟通的方法

与领导沟通要注意运用以下方法。

### 1. 主动沟通

有人说："要当好管理者，要先当好被管理者。"作为下属要时刻保持主动与领导沟通的意识，因为领导工作比较繁忙，不可能经常深入员工去寻求沟通。但在实际工作中，很多下属都害怕直面自己的上司，不敢积极主动地与上司沟通交流，这是一种职场通病。我们应该消除对上司的恐惧感，上司也是人，也有情感，而人与人之间如果没有了交流和沟通，那么情感也会因此而疏离。

## ⭐ 小案例

### 主动与领导沟通的小丽

小丽在一家化妆品公司做财务,一直以来,她踏实肯干,工作能力也很强,可是却一直没有得到提升,原因是她不善于主动与老总沟通,许多事都等着老总亲自来找她。后来由于工作上的竞争,她被老总冷落。

小丽吸取失败的教训,辞职后以全新的面貌到另一家公司上班。一个月后她接到一份传真,说她花了两个星期争取到的一笔业务出了问题,她马上去找老总。老总正准备打电话同这位客户进行沟通,小丽及时将情况做了汇报,并提出具体的建议和意见。老总掌握这些材料后,与客户顺利地解决了这一问题。

此后,小丽经常主动向老总汇报工作,及时进行良好的沟通,并在销售和管理方面提出了一些不错的意见和建议,不断得到老总的认可。不久,她被提升为业务主管。

【点评】现代社会需要的是乐于而且善于与人合作和沟通的实干家。不论对领导还是下属,有效的沟通有助于工作的成功开展。多与领导进行工作上的正常沟通,并不会有损名誉和个性,反而会成就多赢局面,小丽在新单位的收获就充分说明了这点。

那么,怎样消除对上司的恐惧感呢?

首先,要抛弃"不宜与上司过多接触"的观念。合理的沟通观念应该是:和上司沟通是一个职场人士的基本职责之一,因为领导是决策者和管理者,而下属则是执行者和完成者。在决策执行和目标实现过程中,必须借助沟通了解上司意图,争取上司支持,获得上司认可。

其次,不要害怕在上司那里"碰钉子"。当上司反馈意见不理想时,要从沟通态度、方式等方面进行自我反省。同时,要仔细揣摩领导的态度和意见,并通过换位思考去寻求对领导处理方法的理解。

最后,要用改进沟通技能的方法增强自信。在沟通内容上,尽量做到观点清晰、有理有据、层次清楚。在沟通方式上,采用易被对方接受的沟通频率、语言风格和态度情绪;刚开始时最好采取面对面这种直接交流的方式,相互熟悉之后可借助电话、短信、电子邮件等方式。

## ⭐ 小案例

### 少说话也有效果

方知渔老实、木讷,很少出声。所以,尽管他工作勤勤恳恳,可是在公司里总是不上不下,几年如一日地待在当初的位置上。

公司领导最近出差,要带几个下属一起去。在火车上,方知渔的铺位刚好在领导的旁边,两人寒暄了几句后,就陷入了沉默。

突然,方知渔瞥见领导脚上穿着一双新皮鞋,非常显眼。于是就说:"头儿,你这鞋子很有品位,在哪里买的?"

原本只是没话找话,但领导一听,顿时眼睛放光说:"这双鞋是世界名牌呢!"领导的话匣子一下子打开了,滔滔不绝地讲述自己在服装搭配上的心得,还善意地指出方知渔平时在工作中着装的不足,方知渔只听不说,关键的时候才加一句。两人言谈甚欢。下车的时候,领导意味深长地说:"知渔啊,看来以前对你的了解太少了,今后你好好干。"

【点评】方知渔主动与领导沟通，他通过赞美领导衣饰细节的变化，迅速拉近了自己与领导的距离，获得了领导的了解和好评。

### 2. 适度沟通

所谓适度，是说下属与领导的关系要保持在一个有利于工作、事业及二者正常关系的适当范围内，形成和谐的工作环境，沟通既不能"不及"，也不可"过分"。

目前，下对上的沟通存在两大弊端。一是沟通频率过高。有些下属为了博得领导的赏识和信任，有事没事经常往领导办公室跑，既给领导的正常工作造成了干扰，又会让领导认为你缺乏独立工作能力，遇事没有主见。二是沟通频率过低。有些下属以为干好本职就行了，至于是否向领导汇报思想和工作情况则无所谓，因而该请示不请示，该汇报不汇报，目无组织和领导。久而久之，既不利于开展工作，一定程度上也会影响个人和团队的发展前途。

☆ 小案例

**车 间 主 任**

甲和乙是两位新上任的车间主任，业务水平都很高。不过，在与上级沟通时采取的却是截然不同的态度。甲主任认为，一定要和上级搞好关系，于是，有事没事就往厂领导那儿跑，弄得车间员工议论纷纷，都说甲主任只会拍马屁，不关心员工的实际工作。后来这话传到了厂领导耳朵里，领导感到很难堪。与此相反，乙主任则认为"打铁还需自身硬"，一天到晚只知埋头苦干，为了业务生产甚至连车间主任会都不参加。可是车间员工也不买账，他们认为这样的主任不会为员工着想；而厂领导也因为他经常不来开会，心生不满，乙主任由此弄得里外不好做人。

【点评】甲、乙两位车间主任的问题在于：没有把握与上级沟通的"度"，甲主任沟通"过分"，乙主任沟通"不及"。只有把握好与上级沟通的"度"，才能赢得上级和下属的共同满意。

### 3. 适时沟通

上司一天到晚要考虑的事情很多，因此应根据问题的重要与否，选择恰当的沟通时机。

首先，要选择上司相对轻松的时候。与上司沟通之前，可以通过打电话、发短信等方式主动预约，或者请对方预定沟通的时间、地点，自己按时赴约。假如是个人私事，则不宜在上司埋头处理大事时去打扰，否则就会忙中添乱，适得其反。

其次，要选择上司心情良好的时候。沟通之前，与其秘书或助理取得联系，以了解对方的情绪状态。当上司情绪欠佳时，最好不要去打搅对方，特别是准备向对方提要求、摆困难或者发表不同意见的时候。

再次，要寻找适合单独交谈的机会。特别是试图改变上司的决定或意向的时候，要多利用非正式场合和没有第三者在场时的情形，这样既能给自己留下回旋余地，又有利于维护上司的尊严。

最后，不要选择上司准备去度假、度假刚回来，或者上司吃饭、休息的时间沟通，因为这时对方容易分散精力，心不在焉，或者匆忙做出决定。

### 4. 灵活沟通

由于个人的素质和经历不同，不同的领导就有不同的处世风格。揣摩上司的不同风格，在交往过程中区别对待，往往会获得更好的沟通效果（见表2-1）。

表2-1　上司风格类型及沟通技巧

| 风格类型 | 性格特点 | 沟通技巧 |
| --- | --- | --- |
| 控制型<br>（权力欲强） | 实际，果决，求胜心切 | 简明扼要，直截了当 |
| | 态度强硬，要求服从 | 尊重权威，执行命令 |
| | 关注结果，而非过程 | 称赞成就而非个性或人品 |
| 互动型<br>（重人际关系） | 亲切友善，善于交际 | 公开、真诚地赞美 |
| | 愿意聆听困难和要求 | 开诚布公地发表意见 |
| | 喜欢参与，主动营造融洽氛围 | 忌背后发泄不满情绪 |
| 务实型<br>（干事创业） | 为人处事自有标准 | 开门见山，就事论事 |
| | 理性思考，不喜感情用事 | 据实陈述 |
| | 注重细节，探究来龙去脉 | 不忽略关键细节 |

**5. 定位沟通**

正确认识自己的角色、地位，真正做到出力而不"越位"，是处理好上下级关系的一项重要艺术。越位是下级在处理与上级关系过程中常发生的一种错误。主要表现在以下几个方面。

（1）决策越位。决策是领导活动的基本内容，不同层次的领导决策权限也不同。如果本该上级做出的决策却由下级做出了，就是超越权限的行为。

（2）表态越位。一个人对某件事的基本态度，往往与其特定的身份相联系，超越身份胡乱表态，是不负责任的表现，是无效的。

（3）工作越位。本该由上级出面才合适的工作，下级却越俎代庖、抢先去做，从而造成工作越位。

（4）场合越位。有些场合，如应酬客人、参加宴会等，应适当突出上级，下级如果过分表现，风头出尽，也会造成越位。

**🔔 小训练**

假如你是某公司的员工，上级把一项临时性的工作任务安排给你，而你又不愿意干这项工作。在这种情况下，你怎样与上级沟通，才能说服上级把这项工作安排给别人而不会对你产生不好的印象？

## 三、请示与汇报工作的技巧

请示，是下级向上级请求决断、指示或批示的行为；汇报，是下级向上级报告情况，提出建议的行为。二者都是职场人士经常性的工作。

**☆ 小案例**

选择好的请示汇报方式

"领导，感觉最近员工的士气总是不高，您能不能给我些建议？"

"领导，我感觉最近员工的士气不高，业绩也受到了影响。这两天，我跟大家沟通了一下，感觉主要是临近春节，很多客户都忙着拜年和要账，没有精力跟我们谈广告业务，而我们的业务员也都想着回家过年，所以整个团队士气不高。我感觉春节前这段时间还是很宝贵的，我们必须提高团队的士气。我有两个方案，一是我们在团队内部做个竞赛，业绩排名前六的，公司帮助解决回家的火车票；二是搞个激励活动，对表现良好的，公司准备一个春节大礼包。这两个方案花费都不会超过6000元，而增加的收入可能是60万元，您看选择哪个比较好？"

【点评】上司只做"选择题"，不做"问答题"。对于下属而言，把"问答题"抛给上级是不明智的做法，甚至会导致上级出现错误的判断或决定。所以在请示上级时，一定要掌握请示汇报的技巧。

### 1. 明确程序

请示与汇报工作主要有4个步骤。

（1）明确指令。一项工作在明确了方向和目标后，上级通常会指定专人负责此项工作。如果上级明确指示自己去完成这项工作，就一定要迅速准确地把握领导的意图和工作的重点，包括谁传达的指令（who）、做什么（what）、什么时间（when）、什么地点（where）、为什么（why），以及怎么做（how）、工作量（how much）。其中任何一点不明白，都要主动询问，并及时记录下来。最后，还要简明扼要复述一遍，以确认是否有遗漏之处或领会有误的地方。当对领导的指令理解模糊时，决不能"想当然"；在执行任务的过程中，遇到困难或疑惑之处，也要及时跟上司沟通，以避免多走弯路，贻误工作。

> 💡 **小贴士**
> 
> **在面对上司的指示时应询问下面几个问题**
> 
> 要知道：上司希望做的是什么？
> 要知道：这项任务的具体目标是什么？
> 要知道：完成这项任务的最佳做法是什么？
> 要知道：公司在这一项目上准备投入多少资源？
> 要知道：怎样进行工作报告？报告中包括哪些内容？什么时候需要报告？应该向谁报告？信息要求以什么形式呈报？

（2）拟定计划。在明确工作目标之后，应尽快拟定工作计划，交给领导审批。在拟定工作计划时，应详细阐述自己的行动方案和步骤，尤其是工作进度要有明确的时间表，以便领导进行监控。以制订月销售计划为例：首先，要明确下个月要达成的业绩目标；其次，要说明这些目标有多少源于老客户、多少源于新客户；最后，要说明打算通过哪些渠道，采用什么促销方案来实现这一目标，等等。这样的月销售计划交上去，既具体可行，也方便领导及时纠正。

（3）适时请教。在工作进行过程中，要及时向领导汇报和请教，让领导了解工作进程和取得的阶段性成绩，并及时听取领导的意见和建议。切不可等工作全部结束后，才将工作情况和盘托出。

（4）总结汇报。工作任务完成以后，应及时向领导总结汇报，总结成功的经验和不足之处，以便在今后的工作中改进提高。与上司沟通自己的工作总结，既显示出对上司的尊重，也有利于展示自己的才干，为赢得上司的赏识和器重奠定了基础。

⭐ **小案例**

### 善于汇报的销售员

一个小伙子名叫小波,是一家酒店的销售员,颇得领导的赏识。他之所以能够得到领导的青睐,一方面是因为业绩突出;另一方面就是小波每完成一笔业务,都会以书面的形式总结出这项业务成功与失败的原因。领导对此非常满意,尽管有些业务完成得不是很出色,但领导从来没有责备过小波,相反,还经常给他提出一些合理化建议。

【点评】在现在的职场,会汇报工作已经越来越成为每个职场人必备的技巧。小波向领导的汇报方式,体现了他的好学上进,让领导更器重。

### 2. 充分准备

"凡事预则立,不预则废。"无论请示还是汇报,要想达到预期目的,事先都必须认真做好准备。首先,要做好思想准备。向领导汇报,既要消除紧张心理,又要克服无所谓的态度,调整情绪,树立信心,认真对待。其次,要做好资料准备。"巧妇难为无米之炊",充分占有资料是汇报成功的基础。如果情况不熟悉,或某方面的情况还不明了,就不能凭主观臆断、道听途说去汇报,搞所谓"领导要,我就报,准不准,不知道"那一套。只有通过调查了解,准确掌握情况,才能进行请示汇报。最后,要搞好"战术想定"。如果是就某个特殊问题请求上司批示,自己心中至少要有两套以上的解决方案,并对其利弊了然于胸,必要时向领导阐述明白,并提出自己的主张,争取领导的理解和支持。如果是就某项工作加以汇报,要在明确领导意图的基础上,确定汇报主题,把握汇报重点,组织汇报材料,合理安排内容的顺序与层次;对汇报中可能出现的情况,领导可能提出的问题,要做到心中有数,决不能仓促上阵。

### 3. 选择时机

除了紧急事件需及时请示、汇报外,还应注意选择以下时机:当本人分管或领导交办的工作告一段落时;工作中遇到较大困难,想寻求领导帮助支持时;领导决策需要某方面的信息时;领导主动询问有关情况时;领导有空余时间时,等等。汇报不仅要注意时机,还要区别场合,可以通过会议形式正式汇报的,尽量不要不分场合地临时汇报;当领导公务繁忙或工作中出现困难心情烦躁时,一般不宜贸然开口汇报。应选择领导愿意听取汇报的时机进行汇报,以取得预期的效果。

### 4. 因人而异

在请示和汇报时下属应采取不同的方式,以适应不同领导者的风格特点。例如,对于严谨细致的领导者,要解释得详细一点,最好列举必要的事例和数据;对于干练果断的领导者,要注意言简意赅,提纲挈领;对于务实沉稳的领导者,注意语言朴实,少加修饰;对于活泼开朗的领导者,语言可以轻松幽默一些。总之,要针对领导的个性特点,有针对性地搞好请示和汇报。

⭐ **小案例**

### 冯涛的汇报技巧

市建材公司的冯涛从一个用户那里考察回来后,敲了经理办公室的门。"情况怎样?"经理上来就问冯涛。冯涛坐定后,并不急于回答经理的话,而是显得有些心事重重的样子。因为他十分了解经理的脾气,如果直接将不利的情况汇报给他,经理肯定会不高兴,搞不好还会认为自己没尽力去办。经理见冯涛的样子,已经猜出了肯定是对公司不利的情况,于是改用了另一种方式问道:

"情况糟到什么程度，有没有挽救的可能？"

"有！"这回冯涛回答的倒是十分干脆。

"那谈谈你的看法吧！"

冯涛这才把他考察到的情况汇报给经理："我这次了解到，这个客户之所以不用我们厂的产品，主要是因为他们已经答应从另一个乡镇建材厂进货。"

"竟有这样的事！那你怎么看呢？"

"我想是这样的，我们公司的产品应该比乡镇企业的产品有优势，我们的产品不但质量好而且价格还很公道，在该省已经具有一定的知名度……"

【点评】向上级请示汇报一定要掌握技巧，对不同类型的领导采用不同的汇报方式，特别是汇报时涉及坏消息，如果处理不好，可能会引火上身。冯涛的汇报技巧就是根据经理的性格特点，先给经理"打预防针"，然后再顺势而为。

### 5. 斟酌语言

向领导汇报工作，一定要抓住重点，简短明快，而不能东拉西扯，词不达意，这样的汇报既浪费领导宝贵的时间，又令人生厌。因此，下级向领导做汇报，一定要有提纲或打好腹稿，使用精辟的语言归纳整理所要汇报的内容，做到思路清晰，观点精炼，语言流畅，逻辑性强，遣词用语朴实、准确。关键语句要认真推敲；评价工作要把握好分寸，切忌说话过头；列举数字一定要准确无误，尽量避免"大概""估计""可能"之类的模糊词语。如果语言啰唆，拖泥带水，再好的内容也汇报不出应有的效果。

### 6. 遵守礼仪

一是准时赴约。要按照事先约定的时间到达。过早到达或迟迟不到，都是严重失礼的行为。二是举止得体。做到站有站相，坐有坐相，文雅大方，彬彬有礼。三是控制好时间。一般情况下，领导总是想先了解事情的结果，所以在汇报工作时要先说结果，再谈过程和程序。这样，汇报工作时就能简明扼要，有效节省时间。四是注意场合。切忌在路上、饭桌、家里汇报工作，更不能在公开场合与领导耳语汇报工作。

此外，请示与汇报还应注意：要按照下级服从上级的原则，坚持逐级请示、汇报；要避免多头请示、汇报，坚持谁交办向谁请示、汇报，以减少不必要的矛盾，提高办事质量和工作效率；要尊重而不依赖，主动而不擅权。请示、汇报要根据工作需要，不能仰仗、依附于领导，时时、事事都去请教或求助。要在深刻领会领导工作思路前提下，积极主动、大胆负责地开展工作。

### 😊 小幽默

#### 幽默让上司高兴起来

李琳讲过这样一个幽默故事：我的上司是一名外国女士。有一天，我不小心把一听可乐打翻在女上司办公室的地毯上，上司异常恼火，让我立即清理干净，并不停地唠叨说蟑螂部队保准会因此大规模地袭击她的办公室。我想了想，微笑着说："绝对不会发生这种事，因为中国蟑螂只爱吃中餐。"老板的脸色顿时放晴，露出灿烂的微笑。

## 四、与不同类型的领导相处

领导有很多种，贤明通达之士自然好相处，但是如果遇到的领导不尽如人意，我们该怎样对付？领导的类型是各种各样的。为了适应不同上司的做事风格，你就必须善于保护自己，能应付各方面人物，应付各种局面。所以说，聪明些、圆滑些并不是毛病，恰恰是作为一个下属应具备的素质。与不同类型的领导（以男领导为例）相处如表2-2所示。

表2-2 与不同类型的领导相处

| 领导类型 | 相 处 之 道 |
|---|---|
| 冷静型 | 一切工作计划，你提供建议，但不要自作主张，等到计划决定后，你只要负责执行便好。至于执行的经过，必须有详细记载，即使是极细微的地方，也不能稍有疏忽。执行中所遇到的困难，你最好能自行解决，不必请示。事后报告，也要力求避免夸张的口气，轻描淡写为好 |
| 豪爽型 | 他自己长于才气，所以最爱有才气的人。当机会未到时，你仍很愉快地工作，并做得又快又好，这表现了你游刃有余的能力。同时还要随时留心机会，一旦发现机会，就要好好把握。切记所计划的一切要十分周详，然后见机提出，只要一经采用便可脱颖而出 |
| 热忱型 | 逢他对你表示特别好感时，不要完全相信而认为相见恨晚，必须明白他的热情并不会持久，要保持受宠不惊的常态，采取不即不离的方式。"不即"可使他热情上升的走势和缓，不致在短时间内便达到顶点，同时延长了彼此亲热的时间；"不离"可使他不感失望。如果你有所主张或建议，也要用"零卖"的方法，不要"整批发货"，这样才能使他对你时时都感到新鲜 |
| 健忘型 | 当他在讲述某个事件或表明某种观点时，下属可装作不懂，故意多问他几遍，也可提出自己不同的看法，故意引起讨论来加深上司的印象。最后，还可以对上司的陈述进行概括，用简短的言语重复给上司听，让他也牢牢记住 |
| 傲慢型 | 他比较傲慢，但为自己的事业着想，也不能专蓄那些食利的小人，完全摒斥求功的君子。一有机会，你就该表现出你独特的本领，只要你是个人才，不愁他不对你另眼相看 |
| 小人型 | 保持个性上的相对独立，保持工作上的相对热情，保持人格上的相对自尊，保持交往上的相对距离，保持生活上的相对融洽 |
| 阴险型 | 只有如临深渊，如履薄冰，兢兢业业，一切唯上司马首是瞻，卖尽你的力，隐藏你的智。卖力易得其欢心，隐智易使其轻你，轻你自不会防你，轻你自不会忌你，如此一来，或许倒可以相安无事。像这种地方原本就不是好的久居之所，如果希望有所作为，劝你还是速作远走高飞的打算 |

## 😊 小幽默

### 应该撤换谁

公司销售额极其令人沮丧，经理对销售员训斥道："如果你们无法胜任这项工作，会有人替代你们的。"然后，他对新雇员——一名退役足球队员说道："如果一支球队赢不了，会怎么样？队员们都得被撤换掉，不是吗？"几秒钟沉默后，这名前足球队员回答道："实际上，先生，如果整个球队都有麻烦，我们通常只是换个新教练。"

## 🏋 小训练

### 阿清该怎么办呢？

为了支持下属企业的发展，阿清被调入下属一家小型公司工作。在所在的部门，阿清各方面都是鹤立鸡群。而阿清的上司，各方面条件都比她差很多，还是一个年轻的女孩子，就因为进单位时间早而成了领导。但为了本部门的工作尽快正常运转起来，阿清还是尽心竭力地帮助她。但是，部门工作步入正轨后，阿清发现上司对她的戒心也越来越重，而且领导本着阿清是她的下属的原因，不听阿清的辩解，总是训斥阿清还让阿清全力支持她。"真想什么都不管让她自己折腾去，可是又放心不下，公司领导那边也不好交差，怎么办呀？"阿清说。

**问题**：请你给阿清一些职场建议。

## 第二节 与同事沟通

处理好同事关系对每一位职场人士来说都很重要。所谓同事关系,是指同一组织内部处于同一层次的员工之间存在的一种横向人际关系。同事之间既是天然的合作者,又是潜在的竞争者(图2-1),这是一种微妙的人际关系,必然会产生既渴望"合作",又警觉"竞争"的复杂心理。因此,职场人士在与同事相处时,应特别注意沟通艺术。

图2-1 同事基本特征示意图

📖 **小故事**

### 荀攸的智慧

三国时的荀攸智慧超群,谋略过人。他辅佐曹操征张绣,擒吕布,战袁绍,定乌桓,为曹操统一北方、建功立业做出了自己的贡献。在朝20余年,他能够从容自如地处理政治旋涡中上下左右的复杂关系,在极其残酷的同僚斗争中,始终地位稳定,立于不败之地,原因就在于他能谨以安身,以忍为安,很好地处理同僚关系。他平时特别注意周围的环境,从不刻意与同僚争高下,总是表现得十分谦卑、文弱、愚钝和怯懦。他对于自己的功勋讳莫如深,从而可以和其他的同僚和平共处,并且深受曹操宠信,也从来没有人到曹操面前进谗言加害于他,朝中朝外口碑极佳。

【点评】荀攸作为曹操的首席军师,是曹操智囊团的重要成员,他也是历史上少有的几个能够善始善终的臣子。从个体角度而言,这与他"外愚内智,外怯内勇,外弱内强"(曹操对荀攸的评价),善于与同僚们和平相处有很大关系。

## 一、与同事沟通的基本要求

与同事沟通的要求有以下5个方面。

### 1. 互相尊重

尊重是人的需要,也是沟通的前提。职场人士的尊重需要包括团队成员给予的重视、威望、承认、名誉、地位和赏识,等等。每个成员都希望获得其他成员的承认,要求给予较高的评价,希望自己受到礼遇,获得较高的名誉和地位。因此,高明的领导者都十分重视尊重员工。尊重是相互的。古人语:敬人者人恒敬之。因此,职场中要想得到同事的尊重,就必须首先尊重同事的人格,尊重同事的工作和劳动,尊重同事在整个团队中的地位和作用。

## ⭐ 小案例

### 小陈为何不受欢迎

小陈是毕业于北京某重点大学的研究生，在单位工作几年后，由于业务能力突出被提拔为车间主任。这对他来说是一个施展才华的大舞台。但他在与别的车间主任交流时，总是流露出对这些工人出身的主任的不屑，开口闭口总是我们研究生如何、你们工人怎样，很快就把自己陷入与其他车间主任格格不入的境地，成为一个不受欢迎的人，最终不得不调换工作岗位。

【点评】工人出身的车间主任，是在实践中摸爬滚打干起来的，他们具有丰富的实践经验，小陈不能看不起他们，而应充分地尊重他们，并向他们学习。只有互相尊重，互相学习，才会创造良好的工作氛围，大家之间才能和睦相处。

### 2. 真诚待人

常言道："精诚所至，金石为开。"同事之间要互相沟通，就必须消除不必要的戒备心理，摒弃"逢人只说三句话，不可全抛一片心"的处事原则，襟怀坦荡，以诚相见。唯有真诚，才能打开同事心灵的窗口，才能激起思想和情感上的共鸣。反之，如果当面一套，背后一套，或者说的一套，做的一套，就会失信于人，引起人们的反感。

## ⭐ 小案例

### 互相帮助

伍兰兰大学毕业后进入一家企业从事销售工作。她是一个勤劳善良的女孩，每天都提前到达公司，把同事的桌椅收拾整齐，把办公室打扫干净。尤其是帮同事江龙收拾好桌椅，由于江龙常常加班，桌上堆满书本，显得十分凌乱。江龙对此非常感激，主动要求带伍兰兰出去洽谈业务。在"师傅"的指引下，伍兰兰的能力提高很快。半年后，伍兰兰自认为已经能够胜任业务工作，私自决定替江龙撰写一份策划方案，并交给了客户。

没想到由于疏忽大意，一组数据被弄错了，客户因此否决了伍兰兰的方案，并且拒绝与他们合作。江龙得知后非常生气。伍兰兰诚恳地承认了错误，并在以后的工作中更加努力，将洽谈好的业务都算在江龙的头上，以此弥补自己的过失。

后来有一天，江龙生病住进医院，伍兰兰主动去医院精心照顾，而且没有放松工作，甚至连江龙的工作也一起处理了。

伍兰兰的一言一行都被同事们看在眼里，渐渐地，她的人缘越来越好，有什么事情大家都愿意真诚地帮助她。

【点评】伍兰兰之所以受到同事欢迎，其实是因为她在用一颗真诚的心去沟通而已。正如管理专家李元授所说："真诚是做人的基石，也是与人相处的根本。"

### 3. 互谅互让

职场人士都希望有一个平和的、令人心情舒畅的工作环境。但是，同事之间由于思想认识、性格修养、观点立场等方面的差异，看问题的角度会有所不同，处理问题的思路与方法也不尽一致。面对这种差异和分歧，首先，不要过度争论，以免激化矛盾，影响彼此之间的关系；其次，要通过换位思考充分理解对方，并本着从工作出发、为全局着想的原则，求同存异，互相谦让。

#### 4. 分享成绩

同在职场中，成绩的取得与分享、利益的分配，都是大家十分关注的焦点。对于成绩，如果你在工作上有特别的表现，受到嘉奖时，千万别独享成功的荣耀。因为成绩的取得，不是哪一个人能够独自完成的，需要同事明里暗里协助，所谓"一个篱笆三个桩，一个好汉三个帮"，这是大家共同努力的结果。无论是有人与你争功，还是无人与你争功，你都要抱着分享、感恩的心态，才能赢得同事的好感与支持。

**小案例**

功劳是大家的

在某单位的一次公开竞聘中，左某战胜了其他几位竞争对手，当上了经理。许多同事对他表示祝贺，更有人当众夸他能力非凡。左某却坦诚地说："其实几位候选人各有长处。论管理我不如老刘，论经营我不如老叶，论公关我不如小王。"后来左某不仅以诚意挽留了这几位竞争者，而且根据他们各自的特长做出了相应的安排。不凡的气度使他赢得了大家的尊重，也使他在工作中取得显著成就。他上任没多久，单位就取得了卓越的业绩。

【点评】左某之所以能得到同事的支持，妙诀就是不把功劳揽在自己一个人怀里，一句"功劳是大家的"，温暖的是人心，赢得的是尊重。

#### 5. 大局为重

同事之间由于工作关系而走在一起，就形成了一个利益共同体。其中的每一分子，都要有集体意识和大局意识。因此，在与上司、同事交往时，要尽量保持同等距离，即使和某些同事情趣相投、关系密切，也不要在工作场合显现出来，以免让别的同事产生猜疑心理；在与本单位以外的人员接触时，更要形成荣辱与共的"团队形象"观念，多补台少拆台，不要为自身小利而害集体大利；不可外扬"家丑"，对自己的同事品头论足甚至恶意攻击，影响同事的外在形象。

**小训练**

从你的暑期打工经历或周围朋友那里收获一些工作中与同事之间沟通的经验，在课堂上讲给同学们听听。

## 二、与同事沟通的方法

#### 1. 重视团队合作

荀子说过："人力不若牛，走不若马，而牛马为之用，何也？曰：人能群，彼不能群也。"这段话道出了团队合作的重要性。随着社会分工的越来越细，现代企业越来越强调员工之间的沟通协调。作为企业个体，无论自己处于什么职位，在保持自己个性特点的同时，都必须很好地融入集体。比尔·盖茨认为："大成功靠团队，小成功靠个人。"因此，在工作中同事要同心协力、互相支持、共同合作；需要大家共同完成的，要预先商定，配合中要守时、守信、守约；自己分内的事要认真完成，出现问题或差错时要主动承担责任，不拖延，不推诿；确需他人协助完成的，要使用请求的态度和商量性语气，不能居高临下、颐指气使。

📖 小故事

### 天堂和地狱的故事

有一个人请求上帝带他参观一下天堂和地狱,希望通过比较选择自己的归宿。上帝答应了,先带他参观了由魔鬼掌管的地狱。进去之后,只见一群人,围着一个盛满了肉汤的大锅,但这些人看起来都愁眉苦脸、无精打采,一副营养不良、绝望又饥饿的样子。仔细一看,原来,每个人都拿着一只可以够到锅子的汤匙,但汤匙的柄比他们的手臂长,所以没法把东西送进嘴里。他们看起来非常悲苦。

紧接着,上帝带他进入另一个地方。这个地方和先前的地方完全一样:一锅汤、一群人、一样的长柄汤匙。但每个人都很快乐,吃得也很愉快。上帝告诉他,这就是天堂。

这位参观者很迷惑:为什么情况相同的两个地方,结果却大不相同?最后,经过仔细观察,他终于看到了答案,原来,在地狱里的每个人都想着自己舀肉汤;而在天堂里的每一个人都在用汤匙喂对面的另一个人。结果,在地狱里的人都挨饿而且可怜,而在天堂的人却吃得很好,非常快乐。

【点评】团队合作十分重要,在和谐的团队里人们在帮助别人的同时也得到别人的帮助,在相互帮助中,我们体会到了和谐人际关系的幸福快乐。

#### 2. 懂得相互欣赏

人是具有能动思维的主体。人所具有的这种特性,表现在工作中就是有一定的价值目标,即追求理想和信念的成功,也就是成就感。人的成就感包括职业感和事业感两方面。职业感体现为个人对本职工作的态度,事业感则体现为个人追求被群体和社会承认的较高层次的成就。因此,职场人士都有得到赞许的欲望,都希望自己的职业和工作受到别人的重视,得到恰如其分的评价和鼓励。懂得这些,我们就会在长期共事的过程中,善于发现同事的优点、长处及工作中取得的成绩和进步,并及时加以肯定和赞美。欣赏是人际关系的润滑剂。一句由衷的赞美,既可以表达对同事的尊重,又会赢得对方的好感,进而融洽彼此之间的关系。

#### 3. 主动交流沟通

人际关系是在"互动"中发生联系和变化的。人际关系要密切,注重彼此的交往是前提。因此,在紧张的工作之余不妨主动找同事谈谈心,聊聊天或请教一些问题等,以便加深印象,增进了解。在主动沟通中应把握以下几点:一是选择合适的时间、场合及易引起对方兴趣的话题;二是保持诚恳、谦虚的态度;三是善于体察对方的心理变化,因势利导,随机应变;四是讲究语言艺术,选择"商量式""安慰式""互酬式"等语言并注意分寸。

#### 4. 保持适当距离

"过密则狎,过疏则间。"同事之间保持适当距离,为人处事才可能客观、公正。每个人都有自己的私人空间,搞好职场人际关系并不等于无话不谈、亲密无间。有时同事之间摩擦不断、矛盾重重,恰恰是由于交往太过密切、随意,侵犯了别人的隐私。所以,当自己的个人生活出现危机时,不要在办公室随意倾诉;要尊重同事的权利和隐私,不打探同事的秘密,不私自翻阅同事的文件、信件,不查看对方的计算机;对同事不过多地品头论足,更不要做搬弄是非的嚼舌者。

### 🌟 小案例

**焦先生的后悔**

焦先生刚刚调入某局一个月,一个月来由于他处处小心做事,总是笑脸相迎,所以同事们对他的态度也颇为友善,不曾遇到他所担心的任何麻烦。一天,全科室的人决定一起去餐厅聚餐,也邀请了焦先生。席间大家有说有笑,无所不谈,其中有一名同事与焦先生最谈得来,几乎把局里的种种问题,以及科里每位同事的性格、缺点都尽诉无遗。焦先生一时受宠若惊,加之对局里的人事一无所知,很珍惜这样一位"知无不言,言无不尽"的同事,彼此显得相当投机,于是开始放松自己的防卫,便将一个月来看到的不顺眼、不服气的人和事通通向这位同事倾诉而后快,甚至还批评了科里一两个同事的不是之处,借以发泄心中的闷气。

不料这位同事竟是个多嘴之人,不出几日便将这些"恶言"转达给了其他同事,这令焦先生狼狈至极,也孤立至极,几乎在科里没了立足之地。这时焦先生才如梦初醒,悔不该一时激动没管好自己的嘴巴,忘记了"来说是非者,必是是非人"这样一个浅显的道理。

【点评】初到新环境中,必须学会与同事保持一段距离,凡事中道而行,适可而止。在大家面前不要轻易显露行动及言行,学习做个聆听者,"人不犯我,我不犯人",公平对待每一位同事,避免建立任何小圈子,对谣言一笑置之,深藏不露,如此才能尽快适应新环境,打开新局面,成为办公室中的生存者,而非受害者。

### 🏋 小训练

请谈谈在一个新的工作环境中应如何与同事相处。

## 三、与同事日常沟通的禁忌

同在一单位,甚至同处一个办公室,每天都要见面谈话,谈话的内容可能无所不包,涉及工作内外的方方面面。因此,在日常沟通中如何把握分寸,就成了不可忽视的一个环节。

### 1. 不谈论私事

办公室不是互诉心事的场所,虽然这样的交谈富有人情味,能使彼此之间变得亲切、友善。据调查,只有不到1%的人能够严守别人的秘密。因此,当自己的生活出现危机,如失恋、婚变等,不宜在办公室里倾诉;当自己的工作出现危机,如工作不顺利,对老板、同事有意见,更不应该在办公室里向人袒露。我们不能把同事的"友善"和朋友的"友谊"混为一谈,以免影响正常的工作秩序和自身的形象。

### 2. 不好争喜辩

同事之间在某些问题上发生分歧很正常,尤其是在座谈、讨论等场合。当别人提出不同意见时,要尊重对方,认真倾听,不随意打断,不急于反驳,在清楚了解对方观点及其理由的前提下,语气平和地陈述自己的观点,并提供支持的理由。切不可抱着"胜过对方"或"证明自己是对的,对方是错的"的心态一味地争执下去,否则就会影响彼此关系,伤害别人自尊。

### 3. 不传播"耳语"

所谓"耳语",即小道消息,是指非经正式途径传播的消息,往往传闻失实,并不可靠。在一个单位里,各方面的"耳语"都可能有,事关上司的"耳语"可能更多。这些耳语如同噪音一般，影响着人们的工作情绪。对此，应该做到"三不"：不打听、不评论、不传播。

### 4. 不过分表现

表现自己并不错。在现代社会，充分发挥自己潜能，表现出自己的才能和优势，是适应挑战的必然选择。但是，表现自己要分场合、分方式，美国戏剧评论家成廉·温特尔说过："自我表现是人类天性中最主要的因素。"人类喜欢表现自己就像孔雀喜欢炫耀美丽羽毛一样正常，但刻意的自我表现就会使热忱变得虚伪，自然变得做作，最终的效果还不如不表现。

☆ **小案例**

小马的表现

小马是一家大公司的高级职员，平时工作积极主动，表现很好，待人也热情大方。但一天，一个小小的动作却使他的形象在同事眼中一落千丈。那天在会议室里，当时好多人都等着开会，其中一位同事发现地板有些脏，便主动拖起地来。而小马似乎有些身体不舒服，一直站在窗台边往楼下看。突然，他走过来，一定要拿过那位同事手中的拖把，本来地差不多已拖完了，不再需要他的帮忙，可小马却执意要求，那位同事只好把拖把给了他。

刚过半分钟，总经理推门而入。小马正拿着拖把勤勤恳恳、一丝不苟地拖着，这一切似乎不言而喻了。从此，大家再看小马时，顿觉他假了许多。以前的良好形象被这一个小动作一扫而光。

【点评】在工作中，往往有许多人掌握不好热忱和刻意表现之间的界限。不少人总把一腔热忱的行为演绎得看上去是故意装出来的，也就是说，这些人学会的是表现自己，而不是真正的热忱。热忱绝不等于刻意表现。在需要关心的时候关心他人，在应当拼搏的时候努力付出，真诚自然，谁都会赞许。而不失时机甚至抓住一切机会刻意表现出自己"与群众打成一片""关心别人""是领导的好下属"，则会让人觉得虚假而不愿与之接近。

### 5. 不当众炫耀

在人际交往中，任何人都希望得到别人的肯定评价，都在不自觉地维护着自己的形象和尊严。如果当众炫耀自己的才能、长相、财富、地位等，处处显出高人一等的优越感，那么无形之中就是对他人自尊与自信的挑战与轻视，会引起别人的排斥心理乃至敌对情绪。因此，在与同事相处过程中，应该谨小慎微，认真做事，低调做人，即使自己的专业技术很过硬，深得老板赏识和器重，也不能过于张扬。

☆ **小案例**

爱吹嘘的多娜小姐

多娜小姐刚到公司的时候，最喜欢吹嘘自己以前在工作方面的成绩，以及自己每一个成功的地方。同事们对她的自我吹嘘非常讨厌，尽管她说的都是千真万确的事实。她与同事们的关系因此弄得很僵，为此，多娜小姐很烦恼，甚至无法在公司里继续工作了。

她不得不向职业专家请教。专家在听了她的讲述之后，认真地说："唯一的解决方法就是隐藏你自己的聪明以及所有优越的地方。他们之所以不喜欢你，仅仅是因为你比他们更聪明，或者说你常常将自己的聪明向他们展示。在他们的眼中，你的行为就是故意炫耀，他们的心里难以接受。"多娜小姐顿时恍然大悟。她回去后严格按照专家的话要求自己。从此，她总是先请对方滔滔不绝地把他们的成绩讲出来，与她分享，只是在对方问她的时候，才谦虚地说一下自己的成绩。很快，公司同事们就改变了对她的态度，慢慢地，她成了公司最有人缘的人。

【点评】可见，炫耀让人讨厌，谦虚赢得信赖。你尊重别人，别人才会尊重你，才能与同事建立良好的关系。

### 6. 不直来直去

我们常常认为心直口快是一种难得的品质，有话就说，直来直去，给人以光明磊落、酣畅淋漓之感。其实，不分场合、不看对象的直率，往往也会成为沟通的障碍，特别是当我们有求于对方或者发表不同见解的时候，更不能颐指气使、直截了当。

### 7. 不随便纠正或补充同事的话

日常交流过程中，可以对某个问题发表自己的见解，但不要随意纠正或补充同事的话，除非工作需要或对方主动请教。否则，会有自以为是、故作聪明之嫌，也会无意损伤对方的自尊心。

☆ **小案例**

怎样与同事沟通

小张本是个心直口快的人，说话不会含蓄婉转，所以经常得罪同事。一次，饮水机没水了，他对同事小刘说："帮个忙换桶水吧，就你闲着。"小刘一听不高兴了："什么就我闲着？我在考虑我的策划方案呢。"小张碰了一鼻子灰。

小张想，我也没说什么呀。他顺手拿起打印机旁的一份"客户拜访表"问："这是谁制的表？"吴经理的助理夺过表格："你什么意思？"

当天，几个同事在一起谈话，让小张说说对公司管理的看法，小张竹筒倒豆子一吐为快："我认为目前我们公司的管理非常混乱，有令不行，有禁不止，简直一个乡下企业。"大家不爱听了，认为他话里有话。

一会儿同事小王问小张，某某事情可不可以拖一天，因为手头有更重要的事情在做。"有这么做事情的吗？你别找理由了，这可是你分内的事，反正又不是给我做，你看着办！"小张声色俱厉地说。小王也不甘示弱，说："喂，请注意你的言辞。你以为你是谁呀？我就是没时间。"小张气得发抖："我怎么了？本来就是这么回事嘛，我不过是实话实说。"

【点评】许多人自诩为"有话直说""想到什么就说什么"，其实是简单地用自己的观念和习惯去衡量别人的态度和行为，实际上，这并不是对人善意的真诚，只是自我不悦情绪的随意宣泄。出言不逊的人，只会自食苦果。小张改掉这个毛病，同事关系就不会如此紧张了。

## 四、与不同类型的同事相处

与同事相处大有学问，只有"因人而异""看人兑汤"，讲究策略，区别对待，才能既不得罪人，又不吃亏于己。否则，弄不好便会冒犯别人，成了冤家对头，有时甚至会影响到自己的事业和前途。与不同类型的同事相处之道如表2-3所示。

表 2-3　与不同类型同事的相处之道

| 同事类型 | 相　处　之　道 |
|---|---|
| 口蜜腹剑者 | 敬而远之，虚与委蛇。要尽量检点自己，不可让他抓住你的把柄 |
| 挑拨离间者 | 最好防微杜渐，不让其插足其间。除与他保持一定的距离外，还要与其他同事处好关系，使其陷入孤立无援的境地而无所作为 |
| 尖酸刻薄者 | 保持距离，听到一些闲言碎语当作没听见，千万不要动怒，以免惹祸上身 |
| 吹牛拍马者 | 不可与他为敌，没必要得罪他。平时笑脸相迎，和平共处，不可有意孤立招惹他，否则他可能成为你的绊脚石 |
| 翻脸无情者 | 如果他翻脸，你不要理睬，不必提以前的恩怨，只当没听见。不必和他一般见识，反正无利害冲突，各走各的路 |
| 雄才大略者 | 如果利害一致，可与之一起共创事业。如一山不容二虎，也可与之合纵以挂六国相印，相秦以连横合并天下，各取所需，各享盛名，各得其利。如以上行不通，可全心全意帮助他，自己至少也能留下识才的美名 |
| 愤世嫉俗者 | 对于他无所谓好不好，只要对公司无害，没什么好说的。即使对公司弊端的指责是对的，你也切不可当应声虫 |

## 小案例

### 小陈该怎么办？

小陈在一家医药公司从事销售工作，最近在工作和人事方面遇到了一些不愉快。小陈是个性格比较急躁的人，平时在和同事讲话时语气总是很急，有时难免让同事不满。另外，小陈平时比较粗心，所以很多时候容易落下话柄。其实小陈并没有任何的坏心眼，他也很着急自己的脾气。

【点评】一个人在职业上的发展和取得的成绩，有赖于人际关系的积累与和谐。在和同事相处的时候，要注意克制自己的急躁情绪。以下方法不妨一试：一是后退法，即让自己在发表态度、观点前先克制自己，然后考虑周全后再发表，或者索性就不发表意见；二是忘却法，即让自己遗忘掉那些令自己情绪激动的因素，只看事情本质，就事论事；三是三问法，可以问自己"我现在是冲动状态吗？""会造成恶劣影响吗？""后果是怎样？"①。

## 小训练

请谈谈怎样与令人讨厌的同事相处。

# 第三节　与下属沟通

在工作中，作为一名管理者，当你被组织赋予一定的职权，领导一个团队的时候，你与下属的沟通就显得十分重要了。管理者不仅要把工作设计成为生产产出过程，还应该设计成为人和人交流、协作、沟通，实现员工深层交往需要以及个性、心理满足的过程。管理者必须了解员工的观点、态度和价值，努力帮助员工在工作中实现其价值。实现这一目标的根本途径即是面对面的语言沟通。没有沟通，就没有了解；没有了解，就没有全面、整体、有效及平衡的管理过程。

---

① 佚名.急性子职场关系维护[EB/OL].[2017-12-06].http://www.tjmiyue.com/xlzx/zcyl/432.html.

## 一、与下属沟通的意义

### ⭐ 小案例

**与下属沟通不当**

美容师小张和小李都是新来的员工，小张热情大方，能说会道，吸引顾客开卡消费的数量比小李多，因此受到店长赵姐的认可，在员工会议上赵姐多次对小张提出了表扬。而小李却寡言少语，只听说她很踏实。眼看两个月试用期快到了，小李开卡落单的数量还不足小张的一半，赵姐单独找她沟通了好几次，希望她向小张学习口才，但每次她都发现小李一脸郁闷，欲言又止。不久后，小李便辞职了。但接下来，赵姐发现小张的开卡数量在小李走后，居然没有增加一单，反而流失了好多客户。

此时，老员工周姐向她说了些情况后，赵姐才知道原来能言善道的小张技术不佳，大部分她说服做疗程的客户，都是在经过技术能力合格的小李护理后，才决定留下办卡。此时的赵姐才猛然醒悟，由于自己跟下属的沟通不当，严重伤害了对方的工作热情，最终丢失了一个忠诚的核心员工。

身为管理者，一定要注意做好与下属的沟通，才能知人善用，发挥人才的最大价值。在进行沟通时，也要注意运用良好方式和技巧，才能达到沟通的目的。

【点评】作为管理者，与下属的沟通，绝对不是聊天和谈工作这么简单，因为与下属沟通最大的目的，就是要通过沟通充分调动下属的积极性，使他们的潜力得以最大限度地发挥。如果沟通的这一目的不能达到，你和下属的对话要么属于寒暄，要么可能成为对方离开的导火索。

在现实生活中，上下级出现沟通问题屡见不鲜。管理者在处理人与人之间的各种矛盾时谴责、贬斥、误解，或是以一种"我是领导我怕谁"的态度对待别人，都会把事情搞糟。即使在世界上著名的大公司，类似的事件也屡见不鲜。

### ⭐ 小案例

**总裁史蒂芬·盖瑟的转变**

美国银行前总裁史蒂芬·盖瑟，曾经亲身体会到作为领导者与下级沟通的重要性。20世纪80年代末期，大学刚毕业的他就在一家大规模的投资公司任业务主管。他在洛杉矶西区拥有住宅，开着一辆奔驰，时年不过25岁。此时他自认为是神童，可以呼风唤雨，无所不能，而且在他人面前也毫不掩饰这种自大的态度。

20世纪90年代以后，美国经济开始萎缩，裁员的风暴无情袭来。起初他不以为意。可没想到有一天，老板对他说："史蒂芬，你的能力没话讲，可是问题出在你的态度上，公司里没有人愿意与你配合，我恐怕必须请你离开公司。"

这真是晴天霹雳，像他这样的人才居然被开除了！此后，经过几个月求职的挫折，他以前那种自大的态度已荡然无存。他终于意识到应该与他人有效沟通，并帮助那些处境不如自己的人。他换了一种态度去待人，变得更有人情味、更可爱、更容易与之共事了。之后周围的人也开始关心他，三年后，他又回到高级主管职位，只不过这一次周围的同事都是他的朋友了。

【点评】领导与下属人格上是平等的，职位的不同，不等于人格上的贵贱。事情往往就是这样，你越是在下级面前摆架子，让下级服从你这位大领导，就越被下级看不起，认为你是"小人得志"；你越是对待"小人物"放下架子，尊重他们，你在他们心中就越显得伟大。美国银行前总裁史蒂芬·盖瑟用亲身经历深刻诠释了这一道理。

身为领导，不管工作多么繁忙，都要保留与下属沟通的时间。美国前总统里根被称为"伟大的沟通者"，在漫长的政治生涯中，他深切体会到与自己的服务对象沟通的重要性。即使在总统任期内，他也保持着阅读来信的习惯。他请白宫秘书每天下午交给他一些信件，再利用晚上时间在家里亲自回复。美国前总统克林顿也经常利用传媒与人们面对面交流，借此了解他们的想法，表达对他们的关切。即使无法解决所有人提出的问题，但总统亲自到场聆听人们的意见，表达自己的想法，这本身就具有沟通的意义。

真正有效的沟通并不妨碍工作，比如开会、讨论、走廊里的短暂同行、共进午餐的时机，等等，都是进行沟通的机会。要成功地与下属沟通，关键点有三：一是怀有真诚的态度，不走形式；二是保持开放的心态，不搞"一言堂"；三是主动创造沟通的良好氛围，不咄咄逼人。

### 🏋 小训练

从你的暑期打工经历或周围朋友那里收获一些工作中与下属之间沟通的经验，在课堂上讲给同学们听听。

## 二、与下属谈心的技巧

领导的才能不是表现在告诉员工如何完成工作，而是使员工发挥能力去完成它。因此，身为领导，必须注意通过语言沟通，了解本单位、本部门每个员工有形的和无形的需求，并设法满足其正当需求，这样员工才会更忠诚、更有凝聚力。而在实际管理工作中，领导者往往重视自身的带头示范作用，却忽视了跟员工的沟通，尤其是上、下级之间的真诚谈心。

### 1. 贴近下属，寻求沟通

下级对上级，往往存在各种各样的心态：试探、戒备、恐惧、对立、轻视、佩服、无所谓，等等。有的员工在上级面前唯唯诺诺，不敢妄言，在同事面前则落落大方，侃侃而谈。因此，身为领导应该避免使用命令、训斥的口吻讲话，要放下架子，以平易近人、亲切和蔼的姿态去寻求沟通，如经常深入基层和员工之中，通过召开座谈会、个别访谈、即时聊天等形式，了解员工关心的焦点问题，征求员工的意见和建议，关心员工的工作和生活。只有这样，下级才会敞开心扉，畅所欲言。

### ☆ 小案例

#### 善于沟通的奥田

奥田是丰田公司第一位非丰田家族成员的总裁，在长期的职业生涯中，奥田赢得了公司内部许多人士的深深爱戴。他有1/3的时间在丰田城里度过，经常和公司里的多名工程师聊天，聊最近的工作、聊生活上的困难。另有1/3的时间用来走访5000名经销商，和他们聊业务，听取他们的意见。

【点评】作为知名大企业丰田公司的总裁，奥田运用聊天实现了与下属和经销商的充分沟通，他平易近人，贴近下属，关心员工，倾听经销商呼声的形象也在一次次的聊天中树立起来了，这无疑大幅增强了团队的凝聚力。

### 2. 仔细倾听，适时提问

沟通艺术的核心在于仔细倾听和适时提问。一个优秀的领导人应该具备"作为一个听者所拥有的非凡技能"和"一针见血地提出问题的能力"。通过聆听，充分体会下属的心境，了解信息的全部内容；通过提问，促进沟通的深化，探究信息的深层内涵。两者均可为准确分析反馈信息、调整管理方式提供客观依据。因此，在谈心过程中，领导者要尽量少说多听，不随意插话，不轻易反驳；提问要言语简洁，要等对方说完或者说话告一段落时再发言。

### 3. 设身处地，换位思考

站在他人立场上分析问题，能给人以善解人意、体察入微的印象。这种投其所好的技巧经常具有极强的说服力。要做到这一点，知己知彼十分重要，唯有知彼，方能从对方立场上考虑问题。这就需要领导者经常深入基层开展调研，及时了解和掌握下属的思想动态和关心的利益所在。在谈心时，要善于联系对方的身份、职位和目前的工作、生活境况去揣摩对方心理，做到想对方之所想，急对方之所急，以真正理解对方的思想观点。

### 4. 拉近距离，平等交流

谈心伊始，要特别重视开场白的作用。可以先扯几句家常，开一些善意的玩笑，以消除对方的拘束感，拉近双方心理上的距离，然后慢慢引出正题。在阐述自己观点时，要有平等的姿态，晓之以理，动之以情，不以势压人，不训斥命令；音量适中，语气平和，语调自然，态度和蔼；手势或动作幅度等不宜过大；多采用商量性的口吻，如："你觉得我的话有道理吗？""你同意我的意见吗？"

#### 📖 小故事

#### 艾森豪威尔与士兵

艾森豪威尔是第二次世界大战时的盟军统帅。有一次，他看见一个士兵从早到晚一直挖壕沟，就走过去跟他说："大兵，现在日子过得还好吧？"士兵一看是将军，敬了个礼后说："这哪是人过的日子哦！我在这边没日没夜地挖。"艾森豪威尔说："我想也是，你上来，我们走一走。"艾森豪威尔就带他在那个营区里面绕了一圈，告诉他当一个将军的痛苦和肩膀上挂了几颗星以后还被参谋长骂的那种难受，打仗前一天晚上睡不着觉的那种压力，以及对未来前途的那种迷惘。

最后，艾森豪威尔对士兵说："我们两个一样，不要看你在坑里面，我在帐篷里面，其实谁的痛苦大还不知道呢，也许你还没死的时候，我就活活地被压力给压死了。"这样绕了一圈以后，又绕到那个坑的附近，那个士兵说："将军，我看我还是挖我的壕沟吧！"

【点评】管理者在公司治理中，下属一般不太知道你在忙什么，你也不知道下属在想什么及做什么，你的痛苦下属未必了解，其实，这就是缺少了沟通和激励。尤其对那些采用隔间与分离的办公室的公司，作为一个主管，你应该弥补这个问题，经常出来走动走动，哪怕是上午十分钟，下午十分钟，对你们公司和你的下属都会有非常大的影响。在管理学上这叫作走动管理。走动管理使领导与下属拉近距离，平等交流，因此，很多大公司反对把每个人搞在一个小房间里面，其管理上的情与理也就在于此。

## 三、调解下属矛盾的技巧

只要有人的地方，就必然会有矛盾与冲突发生，而矛盾与冲突的结果，不仅会破坏人与人之间的和谐关系，而且会削弱一个集体的凝聚力和战斗力，降低整个团队的声誉和绩效。因此，领导者的日常管理活动之一，就是处理下属之间的矛盾冲突。

### ☆ 小案例

握 手 言 欢

张某、刘某两人同是某单位一科室的副科长。起初，两人关系融洽，工作上配合十分默契。但在一次中层领导干部竞聘中，张某被提拔为科长，此后张、刘两人的关系急剧恶化，身为副职的刘某非但不配合张某的工作，反而经常拆台搞内讧。不仅如此，他还不时背后诋毁张科长，说"张某任科长一职是花钱买来的"之类的话。张科长知道后也暗恨刘某，后来发展到见面不打招呼两人无话可说的地步。

局领导对此十分重视，局长亲自召集一些领导开会研究解决两人矛盾的方法。会上，决定先由分管该科的林副局长出面做调停工作。林副局长接到任务后，便分别找张、刘两人单独谈话。谈话内容各有侧重，对刘某主要是让他说说对组织提拔张某有什么看法，如果组织上真有违反干部任用条例之处也希望他提出来，如属实，组织坚决公正决断，但不能无根据地瞎编乱谈。此外，还向他指出班子闹不团结的危害性，不但影响工作，而且影响个人前途，通过谈话使之认识到自己的错误。对于张科长则要求他作为一科之长要以大局为重，要有宽大的胸怀，善于求同存异，虚心听取各种不同的意见和建议，以宽容对待冲突，以礼貌谦让对待冷嘲热讽，不要总是对一些细枝末节斤斤计较，更不能对一些陈年旧账念念不忘。在大是大非面前要冷静头脑，要善于团结下属，共同把工作搞好。

经过第一次谈话后，局领导又按计划安排对张、刘的第二次谈话。这次谈话由局主要领导出面，以邀请张、刘两位科长共进晚餐的方式进行，谈话地点选在原先两位科长关系好时常去的某饭店进行。大家按时到位后，先由局长讲话。局长说："两位科长能不计前嫌，迈过门槛，走在一起共进晚餐不容易，我们感到很高兴，这是科长们以大局为重的一种表现。我们对你们的诚意表示感谢。"然后，由两位科长先后发言，谈话间，各表衷心，互赔不是，以求得对方谅解，场面甚是感人。最后便是大家端起团结的酒杯，握手言欢，共祝工作如意！

【点评】下属之间有矛盾不可怕，关键是要积极调解，化解冲突，增进团结。

那么，怎样正确处理下级之间的矛盾，营造和谐、积极的工作氛围呢？

**1. 事前有预案**

识别冲突，调解争执，是管理者最重要的能力之一。当发现下属间发生冲突时，如果盲目调和，往往收效甚微，搞不好还会火上浇油，弄巧成拙。因此，要对冲突的原因、过程及程度等做详尽的了解后，研究制订出可行的调和方案，并按方案进行调和。

**2. 大局为重**

现代社会的一个重要特点就是分工严密，这样可以提高工作效率，但同时也带来了一个不可避免的缺陷，这就是彼此之间缺乏相互了解。在诸多的矛盾冲突中，虽然双方在各自的利益上产生纷争，但共同的目标还是一致的，因此管理者应让冲突双方清醒地意识到，单纯地指责对方是无济于事的，只有相互配合、密切协助才能解决纷争，才能实现团队的共同目标。事实上，当双方均以单位的整体利益为重时，心中的怒气就会化为乌有。

### 3. 换位思考

在局部利益冲突中，双方所犯的错误多半是只考虑自己，以自己为中心，而不能体谅对方。让他们互相了解、体谅对方的最好办法，莫过于让他们各自站在对方的立场上去考虑问题。当双方确实做到这一点后，可能就会握手言和并心平气和地协商一种解决冲突的良好方法。孔子说："己所不欲，勿施于人。"这正是其设身处地、从对方角度看问题而得出的结论。

### 4. 折中调和

领导是下属之间矛盾的最终仲裁者。仲裁者要保持权威，就必须坚持公平、公正的原则。如果偏袒一方，就会使另一方产生不满和对立情绪，进而加剧矛盾，甚至将矛盾转化为上下级之间的矛盾，使矛盾性质发生变化。所以，冷静公允，不偏不倚，是处理下属矛盾时最起码的原则，尤其是在调节利益冲突时更应保持冷静。此外，很多情况下冲突双方均各有道理，但又各执一词，很难判断谁是谁非。这时候，折中协调、息事宁人是最好的解决办法。

### 5. 创造轻松气氛

发生冲突双方均抱有成见和敌意，所以在进行调解时缓和气氛很重要。调解不一定在会议上、办公室里进行，有时在餐桌上、咖啡厅、领导家里效果反而会更好。

总之，下属之间的矛盾冲突是多样的，调和的办法不能千篇一律，要在实际工作中根据不同的冲突对象、起因及程度采用灵活的技巧来加以调解。

### ☺ 小幽默

吵　架

两个女员工在办公室吵架，声音非常大，已经严重影响了正常工作。经理闻讯匆忙赶来调解。只见两人柳眉倒竖，互不相让，都说自己对，是对方错。一个刚说，另一个马上反驳，把经理的头都吵大了。经理无奈，大喝一声："停！这样，丑的先说！"瞬间，整个世界都安静了……

### 💡 小贴士

从《杜拉拉升职记》学职场沟通

《杜拉拉升职记》改编自李可的同名小说，中国电影集团出品。该片是由徐静蕾执导，黄立行、吴佩慈、莫文蔚等出演的都市爱情片。

影片讲述了职场女性杜拉拉在外企经历8年，从一个职场新人，到见识各种职场变迁及职场磨炼，最终成长为一个专业干练的HR经理，同时收获爱情的故事。定位准确是电影《杜拉拉升职记》成功的一大关键。在中国，白领人群可按千万来计，庞大的受众群体，职场加爱情的剧情，再加上全面宣传，使得《杜拉拉升职记》大火，上映13天即宣告票房破亿元人民币。

影片中有很多对白，被很多职场人奉为经典，比如以下几个例子。

（1）升职前，拉拉打心眼儿里觉得自己坐经理位子绝对胜任，到她真正坐到这个位子才发现，原来这个位子上的很多活，是自己以前不了解的。

（2）经理以下级别叫"小资"，就是"穷人"的意思，一般情况下利用公共交通上下班，不然就会影响还房贷。

（3）经理级别算"中产阶级"，阶级特征是他们买的第一个房子不需要贷款，典型的一线经理私家车是"宝来"。

（4）总监级别是"高产阶级"，"高产"们有不止一处住房，房子是在好地段的优质房产或者"别墅"，可以自愿享受公司提供的商务车，或以同等价格的补贴自己买车，和车相关的所有费用完全由公司负担。

（5）爱情不是用来考验的，而是用来珍惜的，对女孩而言，青春苦短，守着一份变数太大的爱情是最大的危险。

（6）当痛苦有了一个时限，当事人就有了一个熬出头的指望，每过一天，你都知道你正在离痛苦更远。

（7）多参加集体活动，能增加良性进程。

（8）商业行为准则，就是公司用正式的书面形式，告诉员工什么可以做，什么不可以做，如果非做会受到什么样的处罚等。公司通过这套准则让员工明白，这里的企业文化认为什么是道德的，什么是不道德的。

（9）忠诚源于满足。入职培训的忠诚教育，这不仅源于洗脑者的需要，也源于被洗脑者的需要。这和婚姻没有什么两样，人们越满意自己的配偶，越为自己的配偶骄傲和自豪，就越愿意忠诚于自己的配偶。

（10）真正的外企，富高科技含量的500强跨国企业，不需要背《陋室铭》，更不会有性骚扰，而且老板肯定很忙，没有兴趣让我伺候他吹牛两小时。就算老板吹牛，一定也吹得非常有魅力。

## 案例讨论

### 1. 消除上司的误解

凯丽是某销售公司的文员。春节前经理交给她一大堆名片和一些精心挑选的明信片，要她按照名片逐一打印寄出。凯丽曾提醒经理将已经发生改变或业务上已没有往来的客户挑出来，但经理不耐烦地说："你别管，把所有名片都寄出去就是了！"

两天后，当凯丽把打印好的明信片交给经理过目时，经理却大声指责她将一些已经不在中国的客户错误地打印在"最精美"的明信片上。凯丽觉得很委屈，想说出来又担心被经理安个"顶撞上司"的罪名开除，便认了下来。回去后她大哭一场，可心里还是觉得别扭，以至于影响了工作。后来凯丽利用休息时间去拜访经理，坦诚地说出了内心的想法。结果出乎意料，高高在上的经理竟然向她承认了错误。从此，他们两人在工作上配合相当默契，为公司创造了显著的业绩。

（资料来源：佚名.进入职场[EB/OL].[2020-06-15]. http://m.chinavalue.net/BookSerialiseShow.aspx?ArticleId=53142.）

**思考题：**
请问凯丽是如何对待和消除上司的误解的？

### 2. 汇报

佩佩年轻干练、活泼开朗，入行没几年，职位"蹭蹭"地上升，很快成为单位里的主力干将。几天前,新老板刚刚走马上任就把佩佩叫了过去:"佩佩,你经验丰富,能力又强,这里有个新项目,你就多费心盯一盯吧!"

受到新老板的重用,佩佩欢欣鼓舞。恰好这天要去上海某周边城市谈判,佩佩一合计,一行好几个人,坐公交车不方便,人也受累,会影响谈判效果;打车吧,一辆坐不下,两辆费用又太高;还是包一辆车好,经济又实惠。

主意定了,佩佩却没有直接去办理。几年的职场生涯让她懂得,遇事向老板汇报一声是绝对必要的。于是,佩佩来到老板跟前。

"老板,您看,我们今天要出去。"佩佩把几种方案的利弊分析了一番,接着说:"所以呢,我决定包一辆车去!"汇报完毕,佩佩发现老板的脸不知道什么时候黑了下来。他生硬地说:"是吗?可是我认为这个方案不太好,你们还是买票坐长途车去吧!"佩佩愣住了,她万万没想到,一个如此合情合理的建议竟然被打了"回票"。

"没道理呀,傻瓜都能看出来我的方案是最佳的?"佩佩大惑不解。

(资料来源:佚名.营销技巧[EB/OL].[2019-02-01]. https://wenku.baidu.com/view/a968521549d7c1c708a1284ac850ad02de8007d1.html.)

**思考题:**

请问佩佩哪里做得不对?她应该怎样向老板"汇报"呢?

**3. 请假**

下面是下属向上司请假的两个结果相反的案例。

(1)

职员:"今天我有点急事,不来了。"

经理:"今天公司有好多重要业务要处理。"

职员:"但是我今天确实是有急事啊!"

经理:"那你昨天怎么不事先打招呼呢?不然我会事先安排别人接替你的工作。"

职员:"不是急事嘛!我又不是神仙,怎么能未卜先知?谁家里能没点急事?"

经理:"当然。那你就以家为重吧。"(重重地挂上电话。)

(2)

职员:"经理,您好!非常抱歉,今天家里有点急事,实在没办法,只能向您请假了。"

经理:"可是,今天公司有一项非常重要的业务要你处理啊!"

职员:"经理,这个我知道。不过经理啊,我的情况您也知道,不是万不得已,我是不会随便向您开口请假的。您一向都非常关照我,我不可能在紧要关头给您添麻烦。"

经理(犹豫了一下):"那这样吧,你给小王打个电话,将你准备好的材料发给她,我再跟她打个招呼,让她辛苦点,今天替你挡一阵。"

职员:"经理,您真是体贴下属的好领导!太感谢您了!改天请您吃饭!"

经理(愉快地轻笑一声):"别拍马屁了。那就这样吧,拜拜!"(轻轻地挂上电话。)

(资料来源:佚名.职业素质培养[EB/OL].[2019-01-17]. https://wenku.baidu.com/view/cfcb622e1fd9ad51f01dc281e53a580217fc5014.html.)

**思考题:**

(1)两个下属在向上司请假时的沟通方式有何不同?各自产生了什么效果?为什么?

(2)本案例对你有哪些启示?

**4. 杨瑞该怎么办**

杨瑞是一个典型的北方姑娘，在她身上可以明显地感受到北方人的热情和直率，她非常坦诚，有什么说什么，总是愿意把自己的想法说出来和大家一起讨论。正是因为这个特点，她在上学期间很受老师和同学的欢迎。今年，杨瑞从西安某大学的人力资源管理专业毕业，她认为，经过四年的学习，自己不但掌握了扎实的人力资源管理专业知识，而且具备了较强的人际沟通技能，因此她对自己的未来期望很高。为了实现自己的梦想，她毅然只身去广东求职。

经过一个月的反复投简历和面试，在权衡了多种因素的情况下，杨瑞最终决定去东莞市的一家研究生产食品添加剂的公司。她之所以选择了这家公司，是因为该公司规模适中、发展速度很快，最重要的是该公司人力资源管理工作还处于尝试阶段。如果杨瑞加入，她将是人力资源部的第一个人，因此她认为自己施展能力的空间很大。但是到公司实习一个星期后，杨瑞就陷入了困境中。

原来该公司是一个典型的小型家族企业，企业中的关键职位基本上都是由老板的亲属担任，其中充满了各种裙带关系。尤其是管理者给杨瑞安排了他的大儿子做杨瑞的临时上级，而这个人主要负责公司的研发工作，根本没有管理理念，更不用说人力资源管理理念。在他的眼里，只有技术最重要，公司只要能赚钱，其他的一切都无所谓。但是杨瑞认为越是这样就越有自己发挥能力的空间，因此在到该公司的第五天，杨瑞拿着自己的建议书走向了直接上级的办公室。

"王经理，我到公司已经快一个星期了，我有一些想法想和您谈谈，您有时间吗？"杨瑞走到经理办公桌前说。

"来来来，小杨，本来早就应该和你谈谈了，只是最近一直很忙就把这件事忘了。"

"王经理，对于一个企业尤其是处于上升阶段的企业来说，要持续企业的发展必须在管理上狠下功夫。我来公司已经快一个星期了，据我目前的了解，我认为公司主要的问题在于职责界定不清；雇员的自主权力太小，致使员工觉得公司对他们缺乏信任；员工薪酬结构和水平的制定随意性较强，缺乏科学合理的基础，因此薪酬的公平性和激励性都较低。"杨瑞按照自己事先所列的提纲开始逐条向王经理叙述。

王经理微微皱了一下眉头说："你说的这些问题我们公司也确实存在，但是你必须承认一个事实——我们公司在盈利，这就说明我们公司目前实行的体制有它的合理性。"

"可是，眼前的发展并不等于将来也可以发展，许多家族企业都是败在管理上。"

"好了，那你有具体的方案吗？"

"目前还没有，这些还只是我的一点想法而已，但是如果得到您的支持，我想方案只是时间的问题。"

"那你先回去做方案，把你的材料放这儿，我先看看然后给你答复。"说完王经理的注意力又回到了研究报告上。

杨瑞此时真切地感受到了不被认可的失落，她似乎已经预测到了自己第一次提建议的结局。

果然，杨瑞的建议书石沉大海，王经理好像完全不记得建议书的事。杨瑞陷入了困惑之中，她不知道自己是应该继续和上级沟通，还是干脆放弃这份工作，另找一个发展空间。

（资料来源：佚名. 管理沟通案例分析 [EB/OL]. [2018-11-27]. https://wenku.baidu.com/view/227cd545a4e9856a561252d380eb6294dd8822f4.html.）

思考题：
(1) 杨瑞沟通失败的原因是什么？
(2) 杨瑞到底应该怎么办？请你帮她出出主意。

## 实训项目

### 1. 与领导沟通训练

训练目的：通过本训练更好地掌握与领导沟通的技能，提高解决人际沟通实际问题的能力。

知识要点：结合自身实际情况，分析和领导相处中存在的问题；掌握与领导沟通的原则、方法、技巧等。

训练学时：1学时。

训练内容：为了获得全面的服装市场信息，随时掌握市场动态，公司应做好日常的信息收集工作。为此，公司需要订购一些网络平台信息。请你将收集信息的范围、特点、步骤以书面材料的形式整理好，然后就这件事向总经理汇报并提出资金申请。

训练程序：由两位学生扮演上下级关系，选择合适的时间、地点向上司汇报。轮换扮演不同角色。全体同学讨论，交换意见。

训练小结：个人畅谈训练体会，教师总结，评选出最佳谈话方案。

### 2. 与同事沟通训练

训练目的：更好地掌握与同事沟通的方法，提高解决实际沟通问题的能力。

训练学时：1学时。

训练内容：你是公司的行政助理，下周一将有一位新同事来公司工作。她将负责与顾客面对面交流。如果你能给她一些指导将对她很有帮助。下面有几个问题，并就每个问题给她一些指导。这些问题如下。

(1) 为什么搞清楚顾客的姓名、头衔和职务是十分重要的？
(2) 如果你不知道该如何称呼一名顾客，你怎么找到这方面的信息呢？
(3) 影响面对面交流的因素是什么？

问题的考虑因素包括以下几个方面。

(1) 对顾客的尊重态度；对细节的重视；愿意花费精力去做必要的研究；讲求实际的态度；使顾客对公司的能力抱有信心；公司雇员受过良好的训练；公司注重传统的礼仪；雇员了解传统礼仪的必要性；重视公司形象。

(2) 给公司打电话；询问接待员该顾客的姓名；询问接待员该顾客的职务；打电话时顺便确认地址。

(3) 了解交流的障碍；了解适合于接受他人风格的重要性；了解影响面对面的沟通因素。

① 采取积极的行为，建立在别人的反应之上，在适当的时候提出自己的支持，尊重他人的观点，询问恰当的问题以获取需要的信息，总结谈话。

② 有效地提出问题，以便得到需要的信息，就谈到的问题达成共识，就得到的答复确定双方的协议。

③ 有效地倾听，便于就谈到的问题集中精力，适当地记一些笔记，表现出感兴趣。

训练程序：由两位学生扮演同事关系，领会需要表达的内容，组织谈话步骤和内容。轮换扮演不同角色。

训练小结：个人畅谈实训体会，教师总结，评选出最佳沟通方案。

3. 与下属沟通训练

训练目的：更好地掌握与下属沟通的技能，提高解决人际沟通实际问题的能力。

训练学时：1学时。

训练背景：王先生是某高校旅游系新提拔的系主任，工作认真，性格内向。朱老师是王先生的手下，教学经验丰富，性格倔强。一天午餐时间，朱老师正在家用餐，接到王先生电话：因有紧急事情，要求其中午12点到王先生办公室开会。朱老师询问会议主题，王先生表示你只要参加会议就行。朱老师很生气，表示午休时间属于私人，能不能把会议时间延后半小时到下午上班时间再开会？王先生立即批评朱老师：周一至周五，老师时间都是属于学校的。朱老师更生气了，立即表示不参加会议。

训练任务：3人一组为一个训练单元。根据训练背景案例，在小组内分角色轮流进行模拟，并做好沟通交流的记录。教师制定学生面对全班同学模拟演示对话背景，再作点评。

训练内容：小组研读背景案例和训练任务。由一名同学扮演朱老师，一名同学扮演王先生，一名同学做记录。小组分析商讨：王先生与朱老师之间的沟通存在什么问题？王先生应该怎样与朱老师沟通才能达到预期效果？设计王先生与朱老师顺畅沟通的方案，分小组讲述分析结论，阐述设计方案，并现场模拟。

训练小结：教师总结，师生共同评选出最佳沟通方案。

## 课后练习

1. 简答题

（1）与领导沟通应该遵循哪些原则？
（2）如何向领导进行请示和汇报？
（3）如何与同事进行沟通？
（4）如何与下属进行沟通？
（5）如果你是一位职场新人，请谈谈应如何与领导和同事们沟通。

2. 实践训练

（1）从老师与学生、同事、领导的沟通中体会：①领导如何与下属沟通；②同事之间如何沟通；③下属如何与上级沟通。

（2）设想自己实习或大学毕业来到一个新的工作环境，面对初次见面的领导和同事，应该说的话和说话的技巧。

（3）阅读下面这段文字，然后回答问题。

小王是一个大学毕业后参加工作不久的"新人"，她做事认真细致，和同事、下属关系都很融洽，可是她不愿意和上司主动交流。她说其实挺欣赏自己上司的，认为他敬业、有才华、对下属负责，但她不知为什么一见上司就底气不足，对于和上司沟通的事能躲就躲。有一次,因为没有听清楚上司的意思,导致上司交给她的工作被耽搁了,上司事后问她:"为什么你不过来再问我一声?"她说:"怕您太忙。"上司很生气地说:"我忙我的,你怕什么?"时间长了,小王一和上司沟通就紧张,出现脸红、心跳、说话不利索的状态。大家都认为小王怕上司,她自己也这么认为。上司看见她这样,也就很少和她单独沟通。一次,晋升的机会来临了,小王很想把握住这个机会,但她又犹豫了,因为升职后的工作会面临比较复杂的关系,需要经常和上司保持沟通。她觉得自己天生怕领导,因此就错失了良机。

**请问**:假定你是小王,会采取怎样的措施挽回这种被动的局面?

# 第三章　职场形象礼仪

这是一个两分钟的世界，你只有一分钟展示给人你是谁，另一分钟让他们喜欢你。

——[美]罗伯特·庞德

凡人之所以为人者，礼义也。礼义之始，在于正容体，齐颜色，顺辞令；容体正，颜色齐，辞令顺，而后礼义备。

——《礼记·冠义》

## 课程思政要求

- 进行社会主义核心价值观教育；
- 进行爱国主义教育；
- 开展诚信教育、法律意识教育和道德意识教育；
- 塑造职业形象，提高职业素养；
- 促进学生全面发展。

## 学习目标

结合自身特点修饰、美化自己的仪容；结合自身特点选择适合的发型；熟练地进行得体的化妆；能够进行手部修饰和护理。根据自身特点以及交际场合等的不同，有针对性地选择合适的服饰；男士正确地进行西装的穿着，并能够熟练地打领带；女士正确地进行西装套裙的穿着；制服穿着符合规范。表现出良好的体态，符合站姿、坐姿、走姿、蹲姿标准要求；在交际中能够恰当有效地使用眼神和微笑；熟练运用各种规范的手势。

## 引导案例

### 小张的形象

小张是一家物流公司的业务员，口头表达能力不错，对公司的业务流程很熟悉，对公司的产品及服务的介绍也很得体，给人感觉朴实又勤快，在业务人员中学历是最高的，可是他的业绩总是上不去。

小张自己非常着急，却不知道问题出在哪里。小张从小有着大大咧咧的性格，不修边幅，头发经常是乱蓬蓬的，双手指甲长长的也不修剪，身上的白衬衣经常皱巴巴的并且已经变色。他喜欢吃大饼卷大葱，吃完后却不知道去除异味。小张的大大咧咧能被生活中的朋友所包容，但在工作中经常过不了与客户接洽的第一关。

其实小张的这种形象在与客户接触的第一时间已经给人留下不好的印象，让人觉得他是一个对工作不认真，没有责任感的人，通常很难有机会和客户作进一步的交往，更不用说成功地承接业务了。

**思考题：**
小张在个人形象上存在哪些礼仪问题？

职业形象礼仪是职场礼仪"内强素质，外塑形象"的重要组成部分，它包括仪容礼仪、服饰礼仪、仪态礼仪3个方面，对个人形象及企业形象有着重要的影响，是职场交往成功的基础和前提。因此，职场人士必须把职业形象礼仪当作一种职业要求加以重视，从一点一滴做起。

## 第一节　职场仪容礼仪

狭义的仪容，通常是指人的外观、外貌，是一个人身体的所有未被衣物所覆盖的部分，是一个人精神面貌和内在气质的外在体现。而广义的仪容美是一个综合概念，它包括3个层次的含义：其一是指人的自然美，即人的容貌、形体、体态等协调、优美；其二是指人的修饰美，即经过修饰打扮后及后天环境而形成的美；其三是指人的内在美，即一个人内心世界和蓬勃向上的生命活力的外在体现。在职场活动中，端庄、美好、整洁的仪容，能够使对方产生好感，有利于职场活动的顺利开展。

☆ **小案例**

**尼克松因何败北**

1960年9月，尼克松（Nixon）和肯尼迪（Kennedy）在全美国的电视观众面前，举行他们竞选总统的第一次辩论。当时，这两个人的名望和才能大体相当，棋逢对手，但大多数评论员预料，尼克松素以经验丰富的"电视演员"著称，可以击败比他缺乏电视演讲经验的肯尼迪。但事实并非如此，为什么呢？肯尼迪事先进行了练习和彩排，还专门跑到海滩晒太阳，养精蓄锐。结果，他在屏幕上出现时，精神焕发，满面红光，挥洒自如。而尼克松没听从电视导演的规劝，加之那段时间十分劳累，更失策的是面部化妆用了深色系列，因此在屏幕上显得精神疲惫，表情痛苦，声嘶力竭。正如一位历史学家所形容："他让全世界看来，好像是一个不爱刮胡子和出汗过多的人带着忧郁感等待着电视广告告诉他怎么不要失礼。"

**【点评】** 交往对象对自己发自内心的好恶亲疏，往往都是根据其在见面之初对于自己仪容的基本印象"有感而发"的，这种对他人仪容的观感除了先入为主外，在一般情况下还往往一成不变，其作用很大。正是仪容仪表上的差异和对比，帮助肯尼迪取胜，使竞选的结果出人意料。

### 一、化妆

化妆是礼仪的需要，掌握一些基本的化妆技巧，可以提高商务人员的个人魅力，为商务人员的生活和工作增添光彩。

**1. 化妆的原则**

化妆必须坚持美化、自然、协调的原则。

（1）美化原则。化妆要在把握脸部个性特征和正确的审美观的指导下进行，修饰得法，适度矫正，扬长避短，力戒怪异，变拙陋为俏丽，使容貌更迷人。

☆ **小案例**

**李霞，你过得好不好**

今天是李霞的大学同学毕业20周年聚会的日子。李霞在毕业后就没有见过任何一位同学。对于今天的同学聚会，李霞非常激动。平时不怎么化妆的她觉得应该把自己好好地打扮打扮。于是她涂上厚厚的白粉，抹上深紫色的口红和深蓝色的眼影，兴高采烈地来到聚会地点。当她出现在同学面前时，同学们都大吃一惊，有的同学还走过来关切地问她是否过得不如意，说她看起来脸色不好，充满了沧桑感。她的心情一下就降到了冰点，她纳闷同学们莫名的惊讶与关心，她觉得自己过得很好。

【点评】每一个化妆的人都希望化妆能使自己变得更美丽，这是无疑的。但事实上，像李霞这样以为把各种色彩涂抹在脸的相应部位就自然美了，这是错误的，化妆坚持美化原则十分必要。

（2）自然原则。"化妆上岗，淡妆上岗"是商务人员的基本要求，也只有达到"清水出芙蓉，天然去雕饰""妆成有却无"的境界，才是真正自然的体现。这要求选择合适的化妆品，并运用一丝不苟，体现层次，讲究过渡，点面到位，浓淡相宜的化妆技巧。

💡 **小贴士**

**生命的化妆**

作家林清玄在《生命的化妆》这篇文章里引用一位专业化妆师的评述："最高明的化妆术，是经过非常考究的化妆，让人家看起来好像没有化过妆一样，并且化出来的妆与主人的身份匹配，能自然表现出人的个性与气质。次级的化妆是把人凸显出来，让她醒目，引起众人的注意。拙劣的化妆是一站出来别人就发现她化了很浓的妆，而这层妆是为了掩盖自己的缺点或年龄。最坏的一种化妆，是化过妆以后扭曲了自己的个性，又失去了五官的协调，例如小眼睛的人竟化了浓眉，大脸的人竟化了白脸，阔嘴的人竟化了红唇……"

由此可见，自然的修饰使人的面目真实生动，更显精神；反之，不当的妆容则会使人显得虚假而呆板，从而缺少生命力，让人生厌。化妆贵在自然。

（3）协调原则，主要有以下几个方面。

① 妆面协调，是指化妆部位色彩搭配、浓淡协调，所化的妆针对脸部个性特点，整体设计协调。

② 全身协调，指脸部化妆还必须注意与发型、服装、饰物协调，它力求取得完美的整体效果。

③ 身份协调，指商务人员化妆时要考虑到自己的职业特点和身份，采用不同的化妆手段和化妆品，化妆后体现端庄稳重的职业气质。

④ 场合协调，日常办公，妆可以化淡一些；出入宴会、舞会等场合，妆可以化浓一些，尤其是舞会，妆可以亮丽一些。不同的场合不同的化妆，相得益彰，不仅会使化妆者内心保持平衡，也会使周围的人心理融洽。

化妆前后对比如图3-1所示。

图3-1 化妆前后的对比

（资料来源：https://bashny.net/t/zh-CN/26438？page=5）

⭐ 小案例

如此工作妆

　　李琳刚从学校毕业，入职一家外贸公司，公司要求女员工每天上班都要化妆，由于刚开始学化妆，李琳感觉到很新鲜，因此在办公室里，她很注意观察其他同事的妆容。结果她发现一些同事的妆容都存在一定的问题，如一位稍年长的同事没有对其他部位化妆，只是涂了口红，而且口红的颜色非常艳，整体看来只突出一张"血盆大嘴"；另一位较年轻的同事妆容看起来很漂亮，只可惜脖子却泛着黑色；还有一位同事用粗的黑色眼线将眼睛轮廓包围起来，像个"大括号"，看上去生硬不自然；一位长得挺漂亮的同事，身穿浅蓝色的套裙，却画着橘红色的唇膏。李琳感到很困惑，工作妆到底应该怎么化呢？

　　【点评】化妆是女士礼貌的表现，在化妆时应注意一定的技巧，不能局部化妆，应注意均衡，同时也应该配合自己的服装，适合自己的年龄和身份。

💡 小贴士

常用化妆造型的特点

　　① 端庄型：稳重、大方、受人尊敬，强调眉美，色彩加重，清秀、清晰，双颊、双唇在脸上形成倒三角形。

　　② 文秀型：文静、娇柔，强调柔和、透明、粉嫩的装扮，一般选择松散、多卷的发型，不强调脸上的某一部分，以清纯秀气为主。

　　③ 自然型：自然、随意、洒脱，不刻意修饰，但应强调眉毛、眼睛及发型的洒脱、浪漫、新潮。

　　④ 华丽型：典雅、高贵，强调眼睛和嘴唇的颜色艳丽华贵、多变幻。

**2. 化妆的准备**

（1）化妆工具的准备。化妆工具很多，常用的有以下几种。

　　① 化妆纸。一般是购买专用的化妆纸（棉），或用质地柔软的纸巾，用于吸汗、吸油、净手、卸妆等。

　　② 棉签。可购买或自制。用于细小化妆部位的清理，如涂唇膏、描眉、染睫毛等。

　　③ 海绵。用于上底色、拍涂胭脂和定妆粉。

　　④ 胭脂刷。用于化妆时涂抹胭脂（腮红）和定妆，可准备两个以上，便于涂抹不同色彩时使用。

⑤ 眼影刷。涂抹眼影时使用。因为眼妆的色彩分为主色和副色，为了在使用不同颜色的眼影时颜色之间不相互影响，所以要多备几个刷子。

此外还须备有睫毛夹、眉笔、眉刷、美容剪等。

（2）化妆品的准备。化妆时，必须准备化妆品。国际上，根据不同功能，化妆品一般分为两大类：一类是调整肌肤并使之润滑的基础化妆品，如爽肤水、面霜、润肤乳等；另一类是美容化妆品，又称"彩妆"，如眉笔、唇膏、胭脂（腮红）、粉饼（底）等。我国的美容化妆界又根据国民的皮肤构造和消费水平，将化妆品分为6类，分别如下。

① 护肤类化妆品：爽肤水、面霜、润肤乳、润唇膏等。
② 清洁类化妆品：洁肤皂、洗面奶、沐浴液等。
③ 修饰类化妆品：粉饼、粉底液、唇膏、唇彩、腮红、眼影、眉笔、眼线笔、妆前霜、卸妆油等。
④ 美发类化妆品：洗发水、护发素、发乳、发蜡、发胶等。
⑤ 芳香类化妆品：香水、香精等。
⑥ 营养类化妆品：人参霜、珍珠霜、粉刺（雀斑）霜等。

（3）洁面。化妆前要彻底清洁皮肤，可用洗面奶、洁肤皂等洁面，并用清水洗净，以除去皮肤表面的老化上皮细胞、皮脂、汗液、尘埃、细菌等，否则不仅会使皮肤受到损害，同时妆面也易脱落，不易持久。

💡 小贴士

### 脸部皮肤的分类

了解自己脸部的皮肤状况，可以有针对性地选择洁面品、护肤品和化妆品。脸部皮肤的分类见表3-1。

表3-1　脸部皮肤的分类

| 皮肤类型 | 毛孔情况 | 油、水分布情况 | 弹性 | 光泽度 | 出现问题 |
| --- | --- | --- | --- | --- | --- |
| 油性 | 粗大 | 油分泌旺盛，水分泌一般 | 一般 | 好 | 易长暗疮、黑头、白头和螨虫 |
| 干性 | 细小 | 油、水均分泌较少 | 差 | 差 | 易脱屑、长皱纹和斑点 |
| 中性 | 均匀 | 油、水分泌适中 | 好 | 正常 | 易随季节变化而变化 |
| 混合性 | T字区（额头和鼻翼）毛孔粗大，面颊处毛孔细小 | T字区油分泌较多，面颊处油分泌较少；水分泌较少 | 一般 | 一般 | T字区易长暗疮、黑头、白头和螨虫，面颊易脱屑，易长皱纹和斑点 |

（4）保湿。上化妆水、保湿性面霜、隔离霜等进行保湿，一定要充分、足量，这样可以避免皮肤干燥。必要时可以上2~3遍保湿面霜，使面部皮肤充分保湿，不至于定妆时出现脱皮现象。

💡 小贴士

### 化妆水介绍

化妆水是爽肤水、紧肤水、调理水、柔肤水和洁肤水的统称。

① 爽肤水。涂抹的感觉比较清爽，能补充肌肤的水分。

② 紧肤水，也称收敛水。其最大的功效在于细致毛孔，有效平衡油脂分泌。特别针对需要收敛毛孔的油性皮肤或混合性皮肤的T字部位所设计，其他肌肤并不适合使用，因为它通常含有酒精成分。

③ 调理水。其作用是调整肌肤的酸碱值，肌肤在正常状态下是呈弱酸性，洗完脸后，用调理爽肤水将肌肤恢复到弱酸性。

④ 柔肤水。与其他化妆水相比，它比较滋润，给予肌肤细致的呵护，可以软化角质层，增强肌肤吸收滋润护肤品的能力。

⑤ 洁肤水。除了洗脸可以清洁肌肤外，有一些"水"，还能再次清洁脸部的残余污垢，等于是洁肤的保障。

购买的时候可以这样区分：油性皮肤使用紧肤水，健康皮肤使用爽肤水，干性皮肤使用柔肤水。对于混合皮肤来说，T字部位使用紧肤水，其他部位使用柔肤水和爽肤水皆可。敏感皮肤则可以选用敏感水或修复水，而要想美白的话就可以选用美白化妆水。

😊 **小幽默**

友 情 提 醒

老婆发现自己长了颈纹，立刻慌张地上网买颈霜。

老公过来问："你又想买啥呀？"

老婆正在认真看产品介绍，就简单回了一句："想买抹脖子的。"

老公听后，笑道："那还用买？咱家菜刀、水果刀，什么刀都有。"

**3. 化妆的步骤**

化妆时要认真掌握化妆的方法。化妆大体上应分为打粉底、画眼线、施眼影、描眉形、上腮红、涂唇彩、喷香水等步骤。每个步骤均有一定之法，必须认真遵守，讲求化妆的技巧。

化妆的操作步骤见表3-2。化妆成功范例如图3-2所示

表3-2 化妆的操作程序与要求

| 步骤 | 目的 | 操作要点 | 注意事项 |
| --- | --- | --- | --- |
| 1.打粉底 | 调整面部肤色，使之柔和美丽 | ① 选择粉底霜；<br>② 用海绵取适量粉底，涂抹细致均匀 | ① 粉底霜与肤色反差不宜过大；<br>② 切记在脖颈部打粉底，以免面部与颈部"泾渭分明" |
| 2.画眼线 | 使眼神生动有神，并且更富有光泽 | ① 笔法先粗后细，由浓而淡；<br>② 上眼线从内眼角向外眼画；<br>③ 下眼线从外眼角向内眼画 | ① 一气呵成，生动而不呆板；<br>② 上、下眼线不可在外眼角处交会 |
| 3.施眼影 | 强化面部立体感，使双眼明亮传神 | ① 选择与个人肤色适合的眼影；<br>② 由浅而深，施出眼影的层次感 | ① 眼影色彩不宜过分鲜艳；<br>② 工作妆应选浅咖啡色眼影 |
| 4.描眉形 | 突出或改善个人眉形以烘托容貌 | ① 修眉，拔除杂乱无序的眉毛；<br>② 逐根眉毛描眉形 | ① 使眉形具有立体感；<br>② 注意两头淡、中间浓，上边浅、下边深 |

续表

| 步骤 | 目 的 | 操作要点 | 注意事项 |
|---|---|---|---|
| 5.上腮红 | 使面颊更加红润，轮廓更加优美，显示健康活力 | ① 选择适宜的腮红；② 延展晕染腮红；③ 扑粉定妆 | ① 注意腮红与唇膏或眼影属于同一色系；② 注意腮红与面部肤色过渡自然 |
| 6.涂唇彩 | 改变不理想的唇形，使双唇更加娇媚 | ① 用唇线笔描好唇线；② 涂好唇膏；③ 用纸巾吸去多余的唇膏 | ① 先描上唇，后描下唇，从左右两侧沿唇部轮廓向中间画；② 描完后检查一下牙齿上有无唇膏的痕迹 |
| 7.喷香水 | 掩盖不雅体味，使之清香怡人 | ① 选择适宜的香水类型；② 喷涂于腕部、耳后、颌下、膝后等适当之处 | ① 香水切勿使用过量；② 香水气味应淡雅清新 |

图 3-2 化妆成功范例

（资料来源：http://bbs.mrhzp.cn/forum.php? mod=viewthread&tid=35268&page=2）。

## 😊 小幽默

### 化 妆

小眉的闺蜜很少化妆，这天两人聊天，小眉就问："你咋不爱化妆？"

闺蜜一脸严肃地说："我不化妆，别人说我丑，我可以说我是没化妆。可万一我化了妆，还有人说我丑，我就什么借口都没有了。"

**4. 化妆的禁忌**

（1）切忌在公共场合化妆。在众目睽睽之下化妆是非常失礼的，这样做有碍于别人，也不尊重自己。

（2）女士不能当着男士化妆。如何让自己更加妩媚，应是每个女性的私人问题，即便是丈夫或男朋友，这点距离也是要有的，从某种意义上来说"距离"就是美。

（3）不能非议他人的化妆。由于个人文化修养、皮肤及种族的差异，每个人对化妆的要求及审美观是不一样的，不要总认为只有自己的化妆才是最好的。在和他人交往的过程中，即便是好朋友，也不要主动去为别人化妆、改妆及修饰，这样做就是强人所难和热情过度。

（4）不要借用别人的化妆品。如确实忘了带化妆盒而又需要化妆，在这种情况下除非别人主动给你提供方便，否则千万不要用人家的化妆品，因为这是极不卫生的，也是很不礼貌的。

(5) 男士使用化妆品不宜过多。目前，男士化妆品也越来越多，但男女有别。男士不能使用过多的化妆品，否则会给人带来不良的印象，不要让人感到你化妆后有"男扮女装"的感觉。

### 💡 小贴士

#### 如何卸妆

① 卸除睫毛膏。首先将假睫毛取下，如果你戴了假睫毛或隐形眼镜，一定要先将其取下。将化妆棉用眼部专用卸妆液沾湿后对折，闭上双眼，两手各用两根手指将化妆棉上下压住眼睫毛，夹紧包住。注意，睫毛根处也不要忽略。等待3~5秒后，让化妆棉上的眼部专用卸妆液将睫毛上的睫毛膏完全溶解，然后轻轻将化妆棉往前拉出，以便顺势将溶解的睫毛膏拭去。通常睫毛膏无法一次完全去除，可以更新化妆棉将上面的步骤再重复一次，直至完全清除为止。

② 卸除眼影及眼线。取一片化妆棉，同样以眼部专用卸妆液将其沾湿。闭上眼，将化妆棉用食指、中指与无名指夹紧，覆盖于眼皮上两三秒。然后将化妆棉轻轻地往眼尾拉，以顺势拭去眼皮上的眼影。如果因为使用了防水眼线而没有去除干净，可再重复一次。

③ 卸除不沾杯唇膏。用面纸按压嘴唇，吸掉唇膏里的多余油脂。将两片蘸满卸妆液的棉片叠在一起轻敷嘴唇，微笑使唇纹舒展。由外围向唇部中心垂直卸除，不要来回搓。将棉片对折，清理嘴角遗落的残妆。

④ 卸除面部妆容。将卸妆产品适量涂抹于脸上，用指腹轻轻按摩脸部，让卸妆产品将脸上的彩妆充分溶解。注意细小的地方，如鼻梁两侧、嘴角、发际等处也要彻底卸除。用面纸将脸上所有的东西拭去，如果一次不干净，同样的步骤可再来一次。

### ⭐ 小案例

#### 换 妆

吴菲，某高校文秘专业高材生，毕业后就职于一家公司做文员。为适应工作需要，上班时，她毅然放弃了"清纯少女妆"，化起了整洁、漂亮、端庄的"白领丽人妆"：不脱色粉底液，修饰自然、稍带棱角的眉毛，与服装色系搭配的灰度高偏浅色的眼影，紧贴上睫毛根部描画的灰棕色眼线，黑色自然形睫毛，再加上自然的唇形和略显浓艳的唇色。虽化了妆，却好似没有化妆，整个妆容清爽自然，尽显自信、成熟、干练的气质。但在公休日，她又给自己来了一个大变脸，化起了久违的"清纯少女妆"：粉蓝或粉绿、粉红、粉黄、粉白等颜色的眼影，彩色系列的睫毛膏和眼线，粉红或粉橘的腮红，自然系的唇彩或唇油，看上去娇嫩欲滴，鲜亮淡雅，整个身心都倍感轻松。

心情好，工作效率自然就高。一年来，吴菲以自己得体的外在形象、勤奋的工作态度和骄人的业绩，赢得了公司同事的好评。

【点评】有人说"化妆不只是技术，还是一门艺术、一种生活"，这句话一点不错，吴菲的两种妆容正是其集中体现，得体的妆容给她带来美丽，带来风采，带来自信。

### 🏋 小训练

请根据自己的脸型、五官特征和皮肤状态，找到自己化妆时必须掩盖和修饰的部分，并找到相应的方法。

## 二、饰发

合适的发型，使人在社交中增强自信心，陶冶情操，领略对生活的热爱。不同的发型，能带给人整洁、庄重、洒脱、文雅、活泼的不同感觉，因而不同的气质、爱好、脸型、发质、年龄的人要针对自身情况，扬长避短，选择和修饰适合自己的发型。图3-3所示是影星赫本的经典发型。

图3-3　影星赫本的经典发型

（资料来源：http://www.chdia.net.cn）

### 📖 小故事

#### 松下与理发师

日本著名跨国公司"松下电器"的创始人、被称为"经营之神"的松下幸之助，从前不修边幅，企业也不注重形象，因此企业发展缓慢。一次他到银座的一家理发室去理发，理发师看到他的形象后，毫不客气地对他说："你对自己的容貌修饰毫不重视，就如同将你的产品弄脏似的。作为公司的代表，如果你不注意形象，产品能打开销路吗？"一句话将松下幸之助问得哑口无言。他将理发师的劝告牢记在心，从此后对自己的外在形象十分重视，生意也随之兴旺起来。现在，松下电器的产品享誉天下，这与松下幸之助长期率先垂范，要求员工懂礼貌、讲礼节是分不开的。

【点评】头发表现了一个人的生活状况和情绪，尤其对于男士来说，仪容是从"头"开始的。理发师的话无疑给松下幸之助很大启发，作为一名企业领导者，其个人形象还关系到企业的形象。

饰发主要应注意如下几个方面。

### 1. 保持头发的清洁和健康

中国人一般认为头发健康的标准就是具有光泽、发色乌黑、清洁滋润、无头皮屑。当然这离不开平日均衡的营养、适当的运动、充分的休息与头发的护理，另外也离不开定期清洁与修剪。至于洗头的次数可以因人而异，如发质较油腻的人，或是运动量多且易流汗的人，天天洗较理想，而活动量少或头皮较干燥的人可两三天洗一次头。清洁是保持美丽头发最重要的一项。其次要勤梳理修剪，如头发像堆稻草，毫不修整，就会给人邋遢之感。

不同发质有不同的护理方法，如表3-3所示。

表3-3　不同发质的成因及其护理

| 发质类型 | 表现 | 成因 | 护理 |
| --- | --- | --- | --- |
| 油性 | 头发细长、发丝油腻、需要经常清洁；洗后第二天，发根出现油垢；头皮厚，容易头痒 | 荷尔蒙分泌紊乱、精神压力大、遗传、过度梳理、常吃高脂肪食物 | 缓解精神压力、勤于洗发、调解内分泌平衡、少吃高脂肪食物 |

续表

| 发质类型 | 表现 | 成因 | 护理 |
|---|---|---|---|
| 干性 | 头发缺乏光泽、干燥、油脂少；爱打结、难梳理、易生头皮屑；一般发根稠密、发梢稀薄、时有分叉，头发僵硬弹性较低 | 皮脂分泌不足、头发蛋白缺乏水分、经常漂染或高温吹干、天气干燥等 | 多摄入高脂肪食物和水分、少漂染头发、少用高温吹干，最好自然风干、勤于梳理 |
| 中性 | 头发不油腻、不干燥，柔软顺滑、有光泽，只有少量头皮屑 | 皮脂分泌正常，日常护理良好 | 无须特别护理，按常规进行护理即可 |
| 混合性 | 头皮油腻、干燥，靠近头1厘米以内的头发有很多油，越往发梢越干燥甚至分叉 | 经期女子或青春期少年体内的激素水平不稳定；过度烫发或染发等 | 少烫发或染发，在护发专家的指导下进行护发 |

### 2. 发型与脸形、体形的配合

发型的选择要符合自己的职业，符合自己的内在气质和风度，要与脸形、体形等协调搭配才能显示出和谐美。同时，要慎重染色。

女性常见脸形与发型的搭配如表3-4所示。

表3-4 女性常见脸形与发型的搭配

| 脸形 | 适合发型 |
|---|---|
| 椭圆脸形 | 东方女性的最佳脸形，可选任何发型 |
| 圆脸形 | 尽量使脸趋于椭圆形，使头顶部头发提高蓬松，而脸部两侧头发较为拉长并使之服帖 |
| 方脸形 | 尽量使脸趋于圆形，头顶区头发稍微提高，而额头两侧与下颌两侧较为拉低，能使脸形看起来修长柔和；也可以烫发，用烫出头花的曲线修饰方形脸的欠缺 |
| 长形脸 | 适当用刘海儿遮住前额，头顶区头发不要太过蓬松 |
| 三角形（梨形）脸 | 可以尝试比较温柔的波浪卷发，长度最好是以中长及肩的长度，并增加额头两侧头发的厚度 |
| 瓜子（心形）脸 | 让下颌两侧的头发看起来较蓬松，而在上额两侧的头发则较为服帖，以视觉平衡的方式来修饰这类脸型。短发较适宜此种脸型 |

女性常见体形与发型的搭配如表3-5所示。

表3-5 女性常见体形与发型的搭配

| 体形 | 发型 |
|---|---|
| 瘦高形 | 不宜留短发或把头发高盘在头上，适宜留长发或大波浪的卷发 |
| 矮小形 | 不宜留长发、披肩发，适宜留短发和盘发 |
| 高大形 | 适宜留直发或大波浪的卷发，适宜盘发 |
| 矮胖形 | 适宜轻便的运动式发型或盘发 |

💡 小贴士

**用发型矫正面部缺陷的方法**

① 遮盖法。以头发组成适当的线条来改变脸型的不足，主要是在视觉上把原来比较突出而不够完美的部分遮盖掉，冲淡突出的部分。

②衬托法。主要将顶部和两侧的部分头发梳得蓬松或紧贴，以改变面部轮廓。如圆形脸顶发向上梳得高而挺，下颌两侧紧缩些，脸型即有拉长感。脸型平扁时，发型的起伏要大，以增加脸型的立体感等。

③填补法。利用头发或饰物来填补不足的部位。例如，头部有瘪塌部分，可用结扎蝴蝶结、发夹、插花或衬假发填补。

④增美法。脸型肤色都很美时，则要求发型不能破坏自然美，而应该衬托或者增加自然美。

### 小训练

请根据自己的脸型、头型、身材及性格等要素，设计一款适合自己的发型（学生可用软件制作发型图像，用PPT方式在学生之间进行解说和点评）。

#### 3. 兼顾发型的美观与方便

美丽的发型千姿百态，而且随着时代的发展，发型的流行趋势也在千变万化，昨天还流行飘逸的长发，今天又流行翻翘式的短发。在选择发型时既要追求美观与时尚，又要兼顾方便易梳。例如，在美容院可以梳理出许多漂亮的发型，但若是自己无法整理出此发型，那么最好还是放弃，因为很少有人能天天去美容院。尤其是职业女性，每天既要工作又要照顾家庭，最好选择洗发后不必太费时整理的发型。发型的整理既然每天都必须做，所以以简单方便又易于整理的发型为佳，这样可避免增加不必要的额外负担。如果想使头发长久保持发型，简单易行的方法就是早上吹头发时预先喷些胶水或啫喱水，然后用热风吹干，这样发型就可长久不变，保持一天的美丽与清爽。

### 小训练

今天天气很好，公司安排你去拜访一个重要的客户，为了使双方洽谈成功，并给客户留下美好的第一印象，你打算在仪容方面多下些功夫。请谈一下应该在哪些方面需要注意。

## 三、护手

社交中要经常与人握手，要做各种手势，所以健康美观的双手和手上的指甲都是不可忽视的一部分。

#### 1. 护理指甲

和保持身体其他部分的健康一样，指甲也必须从护理和营养着手，才可保持其健康。指甲是身体最先表露紧张、疾病或不良饮食习惯的部分。如果它们的健康被忽视，便会出现干燥、起薄片和脆裂的现象，因此必须注意日常的营养和定期护理。应定期修剪指甲，将其修剪成椭圆形不仅使之变得美观，而且可保持它们的健康。对手指进行简单地按摩，可促进指尖血液循环，有利于营养和氧气输至指甲。另外，女性可根据不同情况的需要，涂上不同颜色的指甲油来美化指甲。

涂指甲油的步骤如下：①先用蘸满洗甲水的棉花彻底抹去原来所有的指甲油；②将指尖浸在肥皂水中几分钟，会有舒缓作用；③抹开双手，在每只指甲根部涂点表层去除剂，两分钟后，用指甲签轻轻将指甲根部的表皮向后推，直至显现指甲根部的半弯月位；④涂上底层护甲油，以使指甲油更加持久，而且防止深色指甲油渗到指甲的缝隙中；⑤涂指甲油时，每只指甲只需涂三下便足够，先是指甲中央，接着是两旁；在第一层指甲油干透后，可再涂第二层；⑥涂上表层护甲油，可在甲尖底部也涂护甲油，有助于防止折断、崩裂。

**2. 滋润双手**

拥有一双美丽的纤纤玉手对女性来说是非常重要的。在招待客人并给对方端茶时，在签字仪式上众目注视时，如果自己的手非常漂亮，不但可表现出自己的魅力，同时也会让他人觉得非常舒服。因此，平时就要多注意手部的保养。

手部肌肤的油脂腺较少，较身体其他部分更易变得干燥，但又经常需要暴露于空气中，因此应细心呵护双手。要注意以下几点：①每晚用滋润的润手霜按摩双手；②经常除去手上的死皮；③做家务或粗活时戴上手套；④经常运动，使之保持柔软；⑤偶尔可敷上一些现成或自制的护手膜。

💡 小贴士

**五种手部的健美运动**

（1）对手指按摩。最好利用看电视的时间来从事这种简单的指部运动（当然也可以专门做）。先从指尖开始按摩到手指底部，动作要坚定而柔和，就像戴手套差不多。在按摩时，有条件的可以先涂上润手霜或蜜，以增加柔润。

（2）模仿弹钢琴动作。这项运动就是把双手平放在台面上，柔和地向下压，然后每次举起一个手指，尽量举高。这项运动也可以说是假装在练习弹钢琴一样，它的功能是伸展手掌和手指，这样能使你的手轻快敏捷。

（3）举手。这种简单的动作可以使你的手恢复白嫩，并减少青筋显露。只要展开五指，高举双手过头，每次数分钟就可以。

（4）握拳伸展。这是解除紧张的良好动作，并可以使手部柔软。先紧握拳头，然后展开，尽量伸展五指，每天用力做3~5分钟。

（5）放松手部。这是避免紧张，使手部无僵硬感的好方法。先把双手放在与肘弯持平的高度，然后放松手腕，让手有气力地垂下来。反复进行这种放松手部的动作。

## 第二节　职场服饰礼仪

衣食住行是现代人生活当中最基本的生活条件，衣服是人类的第二张皮肤。行为学家迈克尔·阿盖尔曾做过试验，他本人以不同的装扮出现在同一地点，结果却完全不同：当他穿着西装以绅士模样出现，无论是向他提问题还是问时间的陌生人，大多彬彬有礼，颇有教养；而当他装扮成无业游民的时候，接近他的人以流浪汉居多，他们或者来借火点烟或者来借物。服饰作为一种无声语言，既表现人类不同时代、不同国别、不同行业的文化特性，又在一定程度上反映出某个人的品格与审美趣味，更重要的是它对人体具有"扬美"与"抑丑"的功能。如何着装，可从一个侧面真实地传递出一个人的修养、性格、气质、爱好和追求。商务人员因其职业特点，其着装要求端庄、稳重、得体，并充分表现出个人的气质。职场着装礼仪是人际交往的艺术，教养体现细节，细节展现素质。因此，职场人员在工作中，对于有关着装的礼仪规范，务必严格遵守，不可忽视。

> ⭐ **小案例**
>
> 一次失败的合作
>
> 国内一家效益很好的大型企业的总经理叶明，经过不断努力，在上级有关部门的牵线搭桥下，终于使德国一家著名的家电企业董事长同意与自己会面商谈企业合作。谈判时为了给对方留下精明强干、时尚新潮的印象，叶明上身穿了一件T恤衫，下身穿一条牛仔裤，脚上穿一双旅游鞋。当他精神抖擞、兴高采烈地带着秘书出现在对方面前时，对方瞪着不解的眼睛上下打量了他一会儿，显得非常不满意，最终这次合作没能成功。
>
> 【点评】英国前首相撒切尔夫人曾说过："衣着美丽整齐，使人看了有赏心悦目之感，一个人的服装可以衬托出这个人的气质。"作为男士，商务洽谈场合必须着正装——西装，规范的着装也是对客户的尊重。

## 一、男士西装的穿着

西装是举世公认的国际服装，它美观大方，穿着舒适，又因其具有系统、简练、富有气派的风格，所以正发展成为当今世界上最标准、最通用的礼服，在各种礼仪场合，尤其是商务场合被广泛穿着。

**1. 男士西装的穿着原则**

（1）三三原则。即穿西装要坚持以下三个三。

① 三色原则：在穿着西装时，全身的颜色不能多于三种，包括上衣、裤子、衬衫、领带、鞋子、袜子在内。

② 三一定律：在重要场合穿西装套装外出时，鞋子、腰带、公文包必须是一个颜色，而且首选黑色。

③ 三大禁忌：袖子上的商标不拆；在非常重要的场合，尤其在国际交往中，穿西装套装不打领带；商务男士在正式场合穿西装套装时穿白色的袜子或尼龙丝袜。

> ⭐ **小案例**
>
> 黑色皮鞋里的秘密
>
> 曾经有个国内公司老总到国外宣传推广自己的企业，听众都是国际著名的投资公司管理人员。在这个很正式的场合里，听众们发现台上的老总裤脚下露出一道棉毛裤的边，而且老总的黑皮鞋里是一双白色袜子。这样的穿着在商务场合很是失态。这样一个公司老总能管好他的企业吗？听众们马上对这个公司的管理产生了疑问。
>
> 【点评】作为企业老总，着装不注重细节，违反穿西装的禁忌，是很不应该的，这样不但影响其个人形象，而且更影响了其所代表的企业形象。

（2）庄重原则。这首先要求西装熨烫平整。线条笔直、熨烫平整挺括的西装穿在身上显得美观而大方，而脏兮兮、皱巴巴、美感尽失的西装穿在身上定会"惨不忍睹"，有失庄重。所以若着装美观，除了定期对西装干洗外，还要在每次正式穿着之前认真熨烫，使其平整。要使西装平整还要做到细心呵护，无论什么时间、什么场合，都不要把西装上衣的袖子挽上去，也不要把西装当披风一样披在肩上。其次西装的色彩及图案必须符合规范。西装的色彩必须显得庄重、保守，如藏蓝、藏青、灰色、棕色等，黑色的西装也可以考虑，但它更适合在庄严和肃穆的礼仪活动中穿着。按照惯例，越是正规的场合，越讲究穿单色的西装。西装表现的是成熟、稳重，所以西装一般以没有图案的为好。

(3) 合身原则。合身的西服上装，其标准长度应该符合以下特点：当人自然站立手指自然弯曲时，手指刚好触及西装的底边（也可以因人而异，稍长或稍短），如果手伸直，底边应该在中指的第二关节处。而西裤后脚以落在鞋帮1/2处为宜。

**2. 男士西装的搭配**

(1) 西装与衬衫的搭配。搭配西装的衬衫，颜色应与西装颜色协调。在正式场合，一般选择棉质的白色衬衫。与西装配套的衬衫要求是硬领式的，必须挺括、整洁、无皱褶，尤其是领口。衬衫大小合身，就是西装穿好后，衬衫领应高出西装领口1厘米左右，衬衫袖长应比西装上装衣袖长出1厘米左右，这就是穿西装的"两一规则"。这样既可以避免西装袖口受到过多的磨损，又可以用白色衬衫衬托西装的美观，显得更干净、利落。在正式场合，不管是否与西装合穿，长袖衬衫的下摆必须塞在西裤里，袖口必须扣上，不可翻起。系领带时，衬衣领口扣子必须系好，不系领带时衬衣领口扣子应敞开。

选衬衫时，领围以合领后可以伸入一个手指头为宜。正装衬衫以无胸袋为佳，如果穿着有胸袋的衬衫，要尽量不放或少放东西。每位男士都应该至少有一件白色或浅蓝色的衬衫。商界男士在自己的办公室里，可以暂时脱下西装上衣，直接穿着长袖衬衫，打上领带，但不能以此形象外出办事，否则就会有失体统。衬衫的领型如图3-4所示。

图3-4　衬衫的领型

(2) 西装与领带的搭配。领带属于男士的饰物，女士一般不打领带。男士打领带，在穿着西装时效果最佳，因此领带又称为"西服的灵魂"。穿西装时，特别是穿西装套装时，不打领带往往会使西装黯然失色。然而在平时穿着其他服装，例如大衣、风衣、夹克、猎装、毛衣、短袖衬衫时，打领带就是"无的放矢"，不成体统，因此大可不必煞有介事地打领带。

💡 **小贴士**

### 领带的由来

领带最先出现在17世纪，当时欧洲克罗地亚的一支骑兵部队来到巴黎街头，那些士兵都身穿制服，脖颈上系着一根细布条。法国部队的军官见了，赞叹不已，争相效仿，后来连贵族也系上了围巾。有一天，一位大臣上朝，颈上围着一条白色绸巾，并在前面打了个结，路易十四见了大为欣赏，他宣布领结为高贵的标记，下令凡尔赛的上流人士都该这样打扮。领带的前身——领巾就这样诞生了。

一套同样的西装，只要经常更换不同的领带，往往也能给人以耳目一新的感觉。领带打好之后，外侧应略长于内侧，其标准的长度，应当是领带的下端正好触及腰带扣的上端。领带打好以后，应被置于合乎常规的位置。穿西装上衣系好衣扣后，领带应该处于西装上衣与内穿的衬衫之间。如果穿毛衣或者毛背心，应将领带置于它们与衬衫之间。

领带结的基本要求是：挺括、端庄，形状呈倒三角形。原则是领带结的大小大体上应与同时所穿的衬衫领子的大小成比例，即衬衣的领角越大，领带结扎得越大；领角越尖，领带结扎得越小；领角适中，领带结也扎得适中。

为使领带保持贴身、笔直、下垂，可以使用领带夹。领带夹可体现男士的绅士风采，显示对别人的尊重和不失礼仪。领带夹应别在特定的位置，即从上往下数，在衬衫的第四与第五粒纽扣之间，将领带夹别上，然后扣上西服上衣的扣子，从外面一般应看不见领带夹。

西装、衬衫、领带颜色的搭配如表3-6所示。

表3-6 西装、衬衫、领带的颜色搭配

| 西装颜色 | 衬衫颜色 | 领带颜色 |
| --- | --- | --- |
| 黑色 | 白色为主的淡色 | 灰、蓝、绿色 |
| 灰色 | 白色为主的淡色 | 灰、绿、黄、砖色 |
| 浅蓝色 | 白色、明亮蓝色 | 蓝、胭脂红、橙黄色 |
| 深蓝色 | 乳黄、粉红、银灰和明亮蓝色 | 浅蓝、灰、胭脂、黄、砖色 |
| 褐色 | 白、灰、银色和明亮褐色 | 浅褐、灰、绿、黄色 |

**小训练**

学生两人一组，互相练习打领带，每人至少采用两种打法。

**小幽默**

**马克·吐温的领带**

美国著名作家马克·吐温曾经是斯托夫人的邻居。他比斯托夫人小24岁，对她很尊敬。他常到她那里谈话，这已成为习惯。

一天，马克·吐温从斯托夫人那里回来，他妻子吃惊地问："你怎么不结领带就去了？"不结领带是一种失礼。他的妻子怕斯托夫人见怪，为此闷闷不乐。

于是，马克·吐温赶快写了一封信，连同一条领带装在一个小盒里。送到斯托夫人那里去。信上是这样写的："斯托夫人，给您送去一条领带，请您看一下。我今天早晨在您那里谈了大约30分钟，请您不厌其烦地看它一下吧。希望您看过马上还给我，因为我只有这一条领带。"

（3）西装与皮带的搭配。与西服相匹配的皮带要求是皮质材料，光面、深色，带有钢质皮带扣。皮带的宽窄一般在2.5厘米，颜色应与鞋子和公文包的颜色相统一。穿西装时，皮带上不要挂手机、钥匙等物品。

（4）西装与鞋袜的搭配。穿西装一定要穿皮鞋，即便是夏天也应如此。和西装搭配的皮鞋最好是系带的、薄底素面的西装皮鞋。皮鞋的颜色要与西装颜色搭配，深色西装搭配黑色皮鞋。皮鞋要上油擦亮，不留灰尘和污迹。穿西装皮鞋时，袜子的颜色要深于鞋的颜色，一般选择黑色。特别强调的是穿西装一定不能穿白色袜子。袜筒的长度要高及小腿并有一定的弹性，袜口太短或松松垮垮的袜子，坐下来时会露出腿部皮肤或腿毛，不符合礼仪规范。

（5）西装与公文包、钱夹的搭配。与西装搭配的公文包是长方形公文包，面料以真皮为宜，并以牛皮、羊皮制品为最佳。颜色一般选择黑色或咖啡色，最好与皮鞋和皮带的颜色一致。造型要求简单大方。除商标外，公文包在外观上不宜带有任何图案和文字。穿西装时，应该使用皮制的、造型长而扁的西服钱夹，钞票可以平放其中。西服钱夹应该插放在西装内兜里，不能装太多东西，以免破坏西装的平整。

（6）西装与手表和饰品的搭配。与西服相配的手表要选择造型简约、颜色保守、时间标示清楚、表身比较平薄的商务款式。男士在职业场合的首饰要减到最少，至多戴一枚婚戒。西装手帕是以熨烫平整的各种单色丝质手帕折叠而成的，可以折叠成三角形、三尖峰形、V形等，插于西装上衣左上侧的胸袋，达到锦上添花的效果。

图3-5　标准的男士西装穿着

标准的男士西装穿着如图3-5所示。

归纳起来，男士西装的着装要求见表3-7。

表3-7　男士西装的着装要求

| 着装 | 要求 |
| --- | --- |
| 衬衣 | 白色或单色衬衫，无污渍，袖口不要长于手。领口不得显露破痕，所有的扣子系上，质地、款式、颜色与其他服饰相匹配，并符合自己的年龄、身份和公司文化 |
| 领带 | 领带紧贴领口，端正整洁，不歪不皱，不过分华丽耀眼，与衬衣、西裤匹配，并符合自己的年龄、身份和公司文化 |
| 西装 | 整洁笔挺，背部无头发和头屑。不打皱，不过分华丽。与衬衣、领带和西裤匹配。与人谈话或打招呼时，将第一颗扣子扣上。上衣口袋不要插笔，所有口袋不应因放置钱包、名片、香烟、打火机等物品而鼓起 |
| 铭牌 | 擦亮，表面没有胶条及皮筋。佩戴在上衣口袋连缝处，不能随意佩戴各种纪念牌 |
| 皮带 | 松紧适度，高于肚脐，不选用怪异的皮带头，颜色与鞋子、公文包搭配 |
| 裤子 | 无褶皱，适体，不系皮带时裤子不掉落。站立时裤脚不应拖地，应能盖住袜子 |
| 鞋子 | 鞋袜搭配得当。鞋面干净亮泽，鞋底不宜钉铁掌。不穿尼龙丝袜，袜子颜色和皮鞋接近 |

💡 小贴士

### 西装纽扣的系法

穿西装时，上衣纽扣的系法尤为讲究。西装有单排扣和双排扣之别，其系法也有不同的要求。一般来讲，单排扣西装的系法是"扣上不扣下"，即最下面的扣子不系。

单排一扣的西装——系上或敞开均可。

单排双扣的西装——系上面一粒扣或者不系；全扣和只扣第二粒不合规范。

单排三扣的西装——系第一第二粒扣或者只系中间一个，即一、三颗不扣。

双排扣的西装——扣子要全部扣起。也可以只扣上面一粒，但是不可以不扣。

双排扣的西装是不能敞开怀的，无论站起来还是坐下，其纽扣都应系上。

而穿单排扣西装的要求是站起来时系好，以示郑重；坐下来之后则要解开，以防西装扭曲走样。

☆ **小案例**

小李的尴尬

夏日星期天，小李和几个外国朋友相约一起过周末，为了不失礼节，小李一早就开始打扮。他系上领带，穿上西装，对着镜子看了又看，然后心满意足地出门了。上海的7月已经是高温酷暑天气，在一家餐馆碰面后，小李发现外国朋友穿的都是T恤衫和牛仔裤等普通的休闲服装，他觉得有点不自在。吃饭时，大家边吃边聊，很是开心，只有小李热得汗流浃背。饭后，大家又相约去打保龄球。当小李摆好姿势用力把保龄球投出去时，只听到"嚓"的一声，西服上衣的袖子扯开了一个大口子，小李的脸一下子红了……

问题：

小李穿着正装见朋友为何还会如此尴尬？

## 二、女士西装套裙的穿着

女士在商务场合的着装以西装套裙最为规范和常见。一方面，这种形式和线条的服装，正如著名设计师韦斯特任德所说："职业套装更能显露女性高雅气质和独特魅力。"同时还会给职业女性以权威感，塑造出职业女性精明强干的形象。另一方面，西装套裙早已为具有国际影响力的大集团、大公司所采用，被赋予了很强的职业符号性和标记功能。

☆ **小案例**

小张的一场面试

一次某公司招聘文秘人员，由于待遇优厚，应聘者很多。中文系毕业的小张同学前往面试，她的背景材料十分出类拔萃：大学期间在各类刊物上发表了3万余字的作品，内容涵盖小说、诗歌、散文、评论、政论等；为6家公司策划过周年庆典；英语口语表达得极为流利；书法作品也堪称佳作。此外，在外形上，小张五官端正，身材高挑、匀称。在面试时，招聘者拿着她的材料在等她进来。这时，小张穿着迷你裙，露出藕段似的大腿，上身是露脐装，涂着鲜红的唇膏，轻盈地走到一位考官面前，不请自坐，随后跷起了二郎腿，笑眯眯地等着问话。孰料，3位招聘者互相交换了一下眼色后，主考官便说："张小姐，请回去等通知吧。"

【点评】在日常工作与生活中，女性商务人员的着装应当因场合不同而异，在不同的场合选择不同的服装，以此来体现自己的身份、教养与品位。一般而言，女性商务人员涉及的场合有3类，即社交场合、休闲场合和公务场合。社交场合，可体现时尚个性，宜着礼服、时装；休闲场合要求舒适自然，宜着运动装、牛仔服、便装等；而公务场合，要求正规、保守，宜着西装套裙、制服等，不宜穿时装、便装等。案例中的小张在着装上的问题就不言自明了。

### 1. 女士西装套裙的分类

20世纪30年代，法国时装设计师克里斯蒂安·迪欧以拉丁字母为形式，创造了H形、X形、A形、V形4种造型款式。这4种套裙造型各有其特点，如表3-8所示。

表 3-8 套裙款式列表

| 款式 | 特 点 |
|---|---|
| H形 | 上衣较为宽松,裙子亦多是筒式,显得优雅、含蓄,可以为身材肥胖者避短 |
| X形 | 上衣多为紧身式,裙子则都是喇叭式,可以突出着装者腰部的纤细,可以令着装者看上去婀娜多姿,魅力无穷 |
| A形 | 上衣为紧身式,裙子则为宽松式,可以适当地遮掩下半身的缺陷,适合上身苗条但臀部大或腿粗的女士 |
| V形 | 上衣为松身式,裙子多为紧身式,并且以筒式为主,可以遮掩上半身的缺陷,使上半身肥胖而下半身苗条的着装者看上去亭亭玉立,端庄大方 |

**2. 西装套裙的穿着规范**

(1) 符合标准。套裙色彩以冷色调为主,藏蓝、炭黑、烟灰、雪青、黄褐、茶褐、监灰、暗黄、紫红等颜色都是很好的选择。不宜选择过于鲜亮扎眼的色彩,同时,应当与流行色保持一定的距离。另外,套裙的上衣和裙子可以是一色的,也可以采用上浅下深或上深下浅两种并不相同的颜色,使之形成鲜明的对比。前者显得庄重、正统,后者显得富有活力和动感。

套裙应图案简洁、尺寸适宜、造型简约。上衣和裙子的面料应相同;在正式的商务场合中,无论什么季节,正式的商务套装都必须是长袖的,袖子长及手腕,裙子应该长及膝盖,坐下时裙子会自然向上缩。如果裙子向上缩到离膝盖的长度超过10厘米,就表示这条裙子过短或过窄。

(2) 穿着到位。上衣的领子要完全翻好,衣袋的盖子要拉出并盖住衣袋;裙子要穿得端端正正,上下对齐。穿衬衫时下摆必须掖入裙腰内,衬衫的纽扣要一一系好,除最上端的一粒纽扣按惯例允许不系外,其他纽扣均不得随意解开,衬衫在公共场合不宜直接外穿。

(3) 注意细节。穿套裙时,鞋袜应该完好无损;袜子的穿着应规范文明。

💡 **小贴士**

**套裙穿着六不准**

①不准过大或过小。②不准衣扣"不到位"。③不准不穿衬裙。④不准内衣外现。⑤不准随意自由搭配。⑥不准乱配鞋袜。

**3. 套裙的搭配**

(1) 套裙与衬衫的搭配。女士衬衫面料要求轻薄而柔软,可选择真丝、麻纱、纯棉等。与职业套裙搭配的衬衫颜色色彩要求雅致而端庄,且不失女性的妩媚。最好是白色、米色、粉红色等单色,衬衫色彩与套裙的色彩要协调,内深外浅或外浅内深,形成深浅对比,最好无图案,也可以有一些简单的线条和细格图案。衬衫的款式要裁剪简洁,不带花边和皱褶。穿衬衫时,衬衫的下摆必须放在裙腰之内,不能放在裙腰外,或把衬衫的下摆在腰间打结。除最上端一粒纽扣按惯例允许不系外,其他纽扣不能随意解开。在穿着职业套裙时,不能在外人面前脱下西装,直接以衬衫面对对方。尤其是身穿紧身而透明的衬衫时,特别要注意这一点。

(2) 套裙与丝巾的搭配。职场女性一定要准备一款唯美的丝巾,丝巾是职场女性的标志，既能展示出干练的气质，还能增添几分柔情似水，使女性朋友们显得更有魅力和气质。

丝巾的款式丰富，按规格可分为大、中、小丝巾，按材质可分为丝、棉、麻、混纺丝巾，按形状可分为长方形、正方形和三角形丝巾。在商务场合常用的小方巾的规格一般是60cm×60cm，形状为正方形，优选丝绸材质丝巾。

佩戴丝巾要注意，如果脸色偏黄，则不宜选用深红、绿、蓝、黄色丝巾；若脸色偏黑，则不宜选用白色、有鲜艳大红图案的丝巾。

丝巾折叠的基本动作包括折、收、绕、拧、拉、系和穿。其折叠方法有平结、三角结、花冠结、领带结和玫瑰结等。

平结系法简单，造型简洁、大方，既适合无领贴颈佩戴，也适合翻领领下佩戴。

三角结造型自然，给人以轻松的感觉，既适合无领贴颈佩戴，也适合翻领领下佩戴。

花冠结适合无领贴颈佩戴，其皱褶灵动、活泼，突出青春气息。

领带结具有较强的垂坠感，凸显职业女性的帅气、干练，既适合无领贴颈佩戴，也适合翻领领下佩戴。

玫瑰结适合无领贴颈佩戴，贴合颈部曲线，立体感十足，突出颈部的美感。

💡 **小贴士**

**丝巾的搭配**

丝巾折叠的宽度可根据颈部比例而定，太宽会导致整条丝巾失去平衡感。搭配圆领时，可以将带有休闲风格的衣领演绎得更加华美；搭配方领时，会看上去充满女人味；搭配套装时，最好选用尺寸稍大一些的丝巾，看起来更加协调，使丝巾的两端垂在前面，增加丝巾的垂感。

**小训练**

学生两人一组，互相练习折叠丝巾，每人至少采用两种折叠方法。

对照镜子，分析自己的脸型特点，并选择适合的丝巾打法。

（3）套裙与鞋袜的搭配。与职业套裙配套的鞋子，应该是高跟、半高跟的船式皮鞋。黑色的高跟或半高跟船鞋是职场女性必备的基本款式，几乎可以搭配任何颜色和款式的套装。系带式皮鞋、丁字式皮鞋、皮靴、皮凉鞋等，都不宜在正式场合搭配套裙，露出脚趾和脚后跟的凉鞋和凉拖更不适合商务场合。皮鞋的颜色最好与手袋一致，并且要与衣服的颜色相协调。任何有亮片或水晶装饰的鞋子都不适合商务场合，这类鞋子只适合正式或半正式的社交场合。中筒袜、低筒袜，绝对不能与套裙搭配穿着。让袜边暴露在裙子外面，是一种公认的既缺乏服饰品位又失礼的表现。穿长筒袜时，要防止袜口滑下来，也不可以当众整理袜子。正式场合穿职业套裙时，要选择肉色长筒丝袜。丝袜容易划破，如果有破洞、跳丝，要立即更换。可以在办公室或手袋里预备好一两双丝袜，以备替换。

（4）套裙与佩饰的搭配。女士的饰物有戒指、项链、耳环、手镯（手链）、胸针、头饰等。在职业场合，女士佩戴的饰物与服装要协调搭配，款式简单、精致；同时佩戴的饰物不要超过3种，否则会造成焦点过多，影响整体效果。

① 戒指。戒指的佩戴隐含了一定的意义，所以佩戴戒指时不能随心所欲。一般情

况下，一只手上只戴一枚戒指。戒指通常戴在左手上。戴在食指上，表示没有交男朋友；戴在中指上，表示正处在恋爱之中；戴在无名指上，表示已经订婚或结婚；戴在小手指上，表示自己是独身主义者。

### 小案例

#### 小芳的戒指

小芳毕业后到一家公司做文秘工作不久，一次在接待客户时，领导让她照顾一位华侨女士。临别时，华侨对小芳的热情和周到的服务非常满意，留下名片，并认真地说："谢谢！欢迎你到我公司来做客，请代我向你的先生问好。"小芳愣住了：因为他根本没有男朋友，何谈"先生"！可是，那位华侨也没有错，她之所以这么说，是因为看见小芳的左手无名指上戴有一枚戒指。

【点评】戒指的佩戴是有基本规定的，这些规定透露出相应的信息，为了避免交际对象的误解，一定要注意戒指佩戴在合适的手指上。

② 项链。佩戴项链时，可以利用项链的长短来调节视线，起到锦上添花的作用。如又细又长的项链，可以拉长视线，弥补脖子短粗的缺陷等。项链上的挂件，也体现佩戴者的气质和个性。如椭圆形的挂件体现佩戴者成熟、圆润的个性；菱形和方形的挂件，体现独立、自信的个性等。

③ 耳环。在职业场合，不要佩戴造型夸张的耳环。造型简洁的耳饰，既具女性美，又显端庄、稳重。戴耳钉时，一只耳朵只能戴一只，不能出现一只耳朵戴好几只耳钉的造型。穿礼服时可以佩戴装饰性较强的耳环，但是也要注意和脸型相适应。

④ 手镯及手链。一只手腕不要同时戴手表和手链（或手镯），也不要同时戴两只手链（或手镯）。如果戴手链（或手镯）妨碍工作（例如办公室文员经常要打字复印），就不要佩戴。

⑤ 胸针。胸针是西服裙装最主要的饰品。穿西装套裙时，别上一枚精致的胸针，能使视线上移，让身材显得高挑一些。胸针一般别在左胸襟，胸针的大小、款式、质地可根据每个人的喜好决定。

### 小贴士

#### 职业着装"六不准"

① 不准过分杂乱；② 不准过分鲜艳；③ 不准过分暴露；④ 不准过分透视；⑤ 不准过分短小；⑥ 不准过分紧身。

标准的女士套裙穿着如图3-6所示。

### 小训练

（1）作为男性职业人员，请每天出门前对照以下"男士仪容仪表自我检测准则"仔细审视自己，看看自己哪些方面需要改进，以养成良好的习惯。

#### 男士仪容仪表自我检测

衬衣领口整洁，纽扣已扣好。
耳部清洁干净，耳毛不外露。
领带平整、端正。

图3-6 标准的女士套裙穿着

衣、裤袋口平整服帖。衬衣袖口清洁，长短适宜。

手部清洁，指甲干净整洁。

衣服上没有脱落的头发和头皮屑。

裤子熨烫平整，裤缝折痕清晰。裤腿长及鞋面。拉链已拉好。

鞋底与鞋面都很干净，鞋跟无破损，鞋面已擦亮。

（2）作为女性职业人员，请每天出门前对照以下"女士仪容仪表自我检测准则"仔细审视自己，看看自己哪些方面需要改进，以养成良好的习惯。

### 女士仪容仪表自我检测

服饰端庄：不太薄、不太透、不太露。

领口干净，脖子修长，衬衣领口不过于复杂和花哨。

饰品不过于夸张和突出，款式精致、材质优良、耳环小巧、项链精细，走动时安静无声。

公司标志佩戴在要求的位置，私人饰品不与之争夺别人的注意力。

衣袋中只放小而薄的物品，衣装轮廓不走样。

指甲精心修理过，不太长，不太怪，不太艳。

裙子长短、松紧适宜。拉链拉好，裙缝位正。

衣裤或裙子以及上衣的表面无明显的内衣轮廓痕迹。

鞋洁净，款式大方简洁，没有过多装饰与色彩，鞋跟不太高、不太尖。

衣服上没有脱落的头发和头皮屑。

丝袜无勾丝，无破洞，无修补痕迹，包里有一双备用丝袜。

## 三、制服的穿着

制服是绝对统一的规范服装，是由某些机构特别制作供特殊人群穿着的服装。它是标志一个人从事某种职业的服装，也称为岗位识别服。服务行业工作人员穿上醒目、统一的制服不仅是对宾客的尊重，便于宾客辨认；同时也使穿者产生职业的自豪感、责任感，是敬业、乐业在服饰上的具体表现。它也使宾客产生信赖感和安全感，也是宾客再次光顾的影响因素之一，如图3-7所示。穿制服要注意以下几点。

### 1. 整齐

（1）制服穿着忌乱，必须合体，尤其要讲究"四长"，即袖至手腕、衣至虎口、裤至脚面、裙到膝盖。

（2）还要讲究"四围"，即领围以插入一指大小为宜，上衣的胸围、腰围及裤裙的臀围以穿一套羊毛衣裤的松紧为宜。

（3）制服的领口要系好纽扣，不袒胸露怀、不漏扣、不掉扣。

（4）袖口与裤脚不卷起。

（5）工号或工牌要佩戴在左胸的正上方。

（6）有些岗位还要戴好手套与帽子。

### 2. 清洁

图3-7　女士制服穿着

（1）制服穿着忌脏，要洁净无油渍、污垢、皱褶、异味等。

（2）领口与袖口要保持干净，要定期或不定期进行换洗。

（3）制服一旦出现开线、破洞等情况要立即更换。

### 3. 挺括

（1）制服穿着忌皱，要线条笔直，穿前烫平，穿后应当挂好或叠好，做到上衣平整、裤线笔挺。

（2）洗后的制服，要熨烫或上浆。

（3）穿制服时，不乱倚、靠、坐等。

### 4. 大方

（1）款式简练、高雅，线条自然、流畅。

（2）穿着制服时，要按规定要求与其配套使用服饰，同时色彩最好是本单位的标志性色彩，以表现组织的自身特色。

（3）图案除本单位标志外，制服上不宜有任何其他图案或饰物。

> ☆ **小案例**
>
> **事与愿违的着装**
>
> 某大型上市公司的总经理张强获悉有一家著名的美国企业的董事长约翰逊先生正在本市进行访问，并有寻求合作伙伴的意向。于是他想尽办法，请有关部门为双方牵线搭桥。让张总欣喜的是，对方也有兴趣同他的企业进行合作，而且希望尽快与他见面。
>
> 到了双方会面的那一天，张总对自己的形象刻意地进行了一番修饰，他根据自己对时尚的理解，上穿夹克衫，下穿牛仔裤，头戴棒球帽，足蹬旅游鞋。无疑，他希望自己能给对方留下精明强干、时尚新潮的印象。然而事与愿违，张总自我感觉良好的这一身时髦的"行头"，却偏偏坏了他的大事。约翰逊先生在和张总简单闲聊不到半小时就借故离开。以后，张总多次尝试和约翰逊先生联系再次见面，均被对方婉言谢绝。
>
> **【点评】** 在涉外商务交往中，每个人都必须时刻注意自己的形象，特别是正式场合留给初次见面的外国友人的第一印象。张经理与美方同行的第一次见面属国际交往中的正式场合，应穿西服或传统中山服，以示对对方的尊敬。张经理的穿着会让美方同行认为：此人着装随意，尚欠沉稳，与之合作之事当再作他议。这样一来，接下来的合作也就泡汤了。

## 第三节 职场仪态礼仪

仪态，又称"体态"，是指人的身体姿态和风度。姿态是身体所表现的样子，风度则是内在气质的外在表现。人的一举手、一投足、一弯腰乃至一颦一笑，并非偶然的随意的，这些行为举止自成体系，像有声语言那样具有一定的规律，并具有传情达意的功能。人们可以通过自己的仪态向他人传递个人的学识与修养，并能够与其交流思想、表达感情。职场人士必须十分注意自己的仪态，以体现良好的素质和教养。

> ☆ **小案例**
>
> **金先生失礼**
>
> 风景秀丽的某海滨城市的朝阳大街上高耸着一座宏伟建筑，楼顶上"远东贸易公司"6个大字格外醒目。某照明器材厂的业务员金先生按照计划，拿着企业新设计的照明器材样品，兴冲冲地上了6楼，脸上的汗珠未及擦下，便直接走进了业务部张经理的办公室，正在处理业务的张经理被吓了一跳。"对不起，这是我们企业设计的新产品，请您过目。"金先生说。张经理停下手中的工作，接过金先生递过的照明器，随口赞道：

"好漂亮啊！"并请金先生坐下，倒上一杯茶递给他，然后拿起照明器仔细研究起来。金先生看到张经理对新产品如此感兴趣，如释重负，便往沙发上一靠，跷起二郎腿，一边吸烟一边悠闲地环视着张经理的办公室。当张经理问他电源开关为什么装在这个位置时，金先生习惯性地用手搔了搔头皮。好多年了，别人一问他问题，他就会不自觉地用手去搔头皮。虽然金先生做了较详尽的解释，张经理还是有点半信半疑。谈到价格时，张经理强调："这个价格比我们的预算高出较多，能否再降低一些？"金先生回答："我们经理说了，这是最低价格，一分也不能降了。"张经理沉默了半天没有开口。金先生却有点沉不住气，不由自主地拉松领带，眼睛盯着张经理，张经理皱了皱眉，"这种照明器的性能先进在什么地方？"金先生又搔了搔头皮，反反复复地说："造型新，寿命长，节电。"张经理找了个借口离开了办公室，只剩下金先生一个人。金先生等了一会儿，感到无聊，便非常随便地抄起办公桌上的电话，同一个朋友闲谈起来。这时，门被推开，进来的却不是张经理，而是办公室秘书。

【点评】业务人员金先生在与客户的交往过程中，使客户不满，严重损害了公司形象和产品形象，原因就在于他没有做到仪态美，表现出了许多失礼之处。

## 一、体态

### 1. 站姿

俗话说"站如松"，站姿是人类的一种象征，男子的站姿如"劲松"之美，具有男子汉刚毅英武、稳重有力的阳刚之美；女子的站姿如"静松"之美，具有女性轻盈典雅、亭亭玉立的阴柔之美。正确的站姿是自信心的表现，会给人留下美好的印象。

（1）标准的站姿如下。

① 头正，双目平视，嘴角微闭，下颌微收，面容平和自然。

② 双肩放松，稍向下沉，人有向上的感觉。

③ 躯干挺直，挺胸、收腹，立腰。

④ 双臂自然下垂于身体两侧，中指贴拢裤缝，两手自然放松。

⑤ 双腿立直、并拢，脚跟相靠，两脚尖张开约60°，身体重心落于两脚正中。

（2）站姿的种类。以一个人的脚位为依据，男士、女士的站姿可以做如下分类。

① 正步站姿。这是男士、女士均适用的站姿，通常在较庄严的仪式场合使用。要领是：两脚并拢，两膝侧向贴紧，两手自然下垂，如图3-8所示。

② 分腿站姿。这是男士采用的站姿，门迎、侍应人员可采用此种站姿。要领是：两脚左右分开，与肩同宽，脚尖朝前并略开，手或交叉于前腹，或交叉于后背，如图3-9所示。

图3-8　正步站姿

图3-9　分腿站姿

③ 丁字步站姿。这一般是女子采用的站姿，礼仪小姐、节目主持人多采用此种站姿。要领是：两脚尖展开，一脚向前将脚跟靠于另一只脚内侧中间位置，腰肌和颈肌略有拧的感觉。女子可以双手交叉于腹前，身体重心可在两脚上，也可以在一只脚上，通过两脚的重心转移来减轻疲劳，如图3-10所示。

④ 扇形站姿。这是男士、女士均适用的站姿。要领：两脚跟靠拢，两脚尖张开呈45°～60°，身体重心在两脚上，如图3-11所示。

图3-10　丁字步站姿　　　　图3-11　扇形站姿

💡 **小贴士**

**站姿与性格**

双腿并拢站立者，给人的印象是可靠、意识健全、脚踏实地而且忠厚老实，但表面有时显得有点冷漠。

两腿分开尺余，脚尖略朝外偏的站姿，表现出站立者果断、任性、富有进取心，不装腔作势。

双腿并拢站立，一脚稍后，两足平置地面，则体现出站立者有雄心，性格暴躁，是个积极进取、极富冒险精神的人。

站立时一脚直立，另一脚则弯置其后，以脚尖触地，则说明站立者情绪非常不稳定，变化多端，喜欢不断地刺激与挑战。

（3）站姿禁忌如下。

① 站立时，切忌手插在衣袋里，忌无精打采或东倒西歪。

② 忌弯腰驼背，低头，两肩一高一低。

③ 忌把其他物品作为支撑点，依物站立，更不要倚靠在墙上。

④ 双手忌做无意的小动作，更不要叉在腰间或抱在胸前。

⑤ 腿不要不停地抖动或晃动。

**2. 坐姿**

俗话说"坐如钟"。坐姿是人际交往中人们采用最多的一种姿势，它是一种静态姿势。幽雅的坐姿给人一种端庄、稳重、威严的美。

（1）标准的坐姿。坐姿要根据凳面的高低及有无扶手与靠背来调整，并注意两手、两腿、两脚的正确摆法。

① 两手摆法。有扶手时，双手轻搭或一搭一放；无扶手时，两手相交或轻握或呈八字形置于腿上，或右手搭在右腿上，左手搭在右手背上。

② 两腿摆法。凳面高度适中时，两腿相靠或稍分，但不能超过肩宽；凳面低时，两腿并拢，自然倾斜于一方；凳面高时，一腿略搁于另一腿上，脚尖向下。

③ 两脚摆法。两脚跟和两脚尖全靠或一靠一分，两脚也可一前一后（可靠拢也可稍微分开），或右腿放在左腿外侧。

### 小案例

**张明的面试**

张明今天上午要去参加面试，一大早张明穿戴完毕，准时到达面试点。面试官让他坐，他客套地说："您先坐。"这时面试官稍显尴尬。因为位置不合适，张明入座后不停地调整椅子，导致发出各种嘈杂的声音。面试过程中，考官问的几个问题确实不好把握，张明习惯性地使劲摩擦双手，同时双腿还在不停地抖动，考官看到张明的表现，眼神中有些不解和失望。面试结束后，等待了许久，张明始终没有收到录用通知……

【点评】正确而优雅的坐姿是一种文明行为，将给人留下良好的印象。张明面试时呈现出入座、坐姿的问题是与文雅、稳重、大方、优美的坐姿要求相悖的。

（2）女士坐姿的类型如下。

① 正坐式。双腿并拢，上身挺直，坐下，两脚尖并拢略向前伸，两手叠放在双腿上，略靠近大腿根部。入座时，若是着裙装，应用手将裙摆稍稍拢一下，然后坐下。具体坐姿如图3-12所示。

② 重叠式。上身挺直，坐正，腿向前方，左小腿垂直于地面，全脚支撑，右腿重叠于左腿上，小腿向里收，脚尖向下，双手叠放在左右腿上。特别要注意将上面的小腿回收，脚尖向下。具体坐姿如图3-13所示。

③ 斜放式。坐在较低的沙发上时，若双腿垂直放置的话，膝盖可能高过腰，极不雅观。这时最好采用双腿斜放式，即双腿并拢后，同时向右侧或左侧斜放，与地面呈45°左右角。具体坐姿如图3-14所示。

图3-12 正坐式坐姿　　图3-13 重叠式坐姿　　图3-14 斜放式坐姿

④ 交叉式。双腿并拢，双脚在脚踝部交叉之后略向左侧斜放。坐在办公桌后面、主席台上或汽车上时，比较适合采用这种坐姿，感觉比较自然、舒适。具体坐姿如图3-15所示。

(3) 男士坐姿的类型如下。

① 正坐式。上身挺直，坐正，双腿自然弯曲，小腿垂直于地面并略分开，两手分别放在两膝上。具体坐姿如图3-16所示。

② 扶手式。坐在有扶手的宽大的椅子或沙发上，入座后上体自然挺直，将两手分别搭在扶手上。具体坐姿如图3-17所示。

图3-15　交叉式坐姿　　　图3-16　正坐式坐姿　　　图3-17　扶手式坐姿

💡 小贴士

### 坐姿与性格

心理学专家认为，将椅子转过去骑着坐的人显得自信好胜，但内心的防御性多半很强，不太爱与人交心。

喜欢抖腿的人多数聪明，反应快，接受能力强，但不是很有耐心，内心有浮躁或焦虑的一面，有时给人不够稳重的感觉。

端坐在椅子前半部分的人一般性格内向，谦虚有礼，善于倾听、体谅别人，他们多半个性成熟、亲和力强，容易受人信赖。

双腿张开且伸得很长的人一般性格外向、开朗、不拘小节，但有时比较傲慢、霸道，支配性强，容易发脾气、耍性子，不愿退让。

前胸紧靠桌子，双腿并拢的坐姿显得内向、拘谨，有些害羞，不够自信。这样的人多半不太果断，缺乏灵活性。

跷二郎腿的人通常自在随性，有时有些自大，喜欢挑剔，喜欢对别人的事指手画脚，爱给人提建议。

双腿自然分开，手放腿上的坐姿是古代男性的标准坐姿，体现出闲适、儒雅的气度。这种人通常稳重，值得信赖。

喜欢靠着椅背的人可能性格慵懒、散漫，做事拖沓，对自己要求不高，但对别人也比较宽容。

了解这些由无声语言"坐姿"所传递出的不同信息，将给我们带来不同的影响。

(4) 入座与离座注意事项。

① 在入座时，注意座位的尊卑，主动将上座让给来宾或客人，先让对方入座，切勿自己抢先入座。

② 在就座时最好从座椅的左侧接近它，这样做既是一种礼貌，又易于就座。

③ 就座时，要减慢速度，放轻动作，尽量不要弄得座椅乱响，噪声扰人。

④ 为了使自己坐得端正舒适，或为了方便整理衣服，可在坐下后调整一下体位，但这动作不可与就座同时进行。

⑤ 离座时身旁如有人在座，需以语言或动作向其示意，随后方可起身。

⑥ 与他人同时离座，须注意起身的先后次序，地位低于对方时，应稍后离座。

⑦ 起身离座时，最好动作轻缓，无声无息，尤其要避免"拖泥带水"，弄响座椅或将椅垫罩弄得掉在地上。

（5）坐姿的禁忌。女性不雅坐姿容易造成"走光"失礼，男性松懈的坐姿经常给人猥琐之感。故商务人士应注意以下坐姿禁忌。

① 入座后，忌弯腰驼背，东倒西歪，前俯后仰。

② 入座后，忌双腿不停地抖动，甚至鞋跟离开脚跟晃动。

③ 忌坐姿不符合环境要求。例如，求职面试或与领导、长辈谈话，不用重叠式坐姿。

💡 小贴士

**使用计算机时的坐姿**

使用计算机，究竟怎样坐才能既不累又美观，是很多商务人士关注的问题，以下是几点提示。

① 上半身应保持颈部直立，以使头部获得支撑，两肩自然下垂，上臂贴近身体，手肘弯曲呈90°。操作键盘或鼠标时，应尽量使手腕保持水平姿势，手掌中线与前臂中线应保持直线状态。下半身腰部挺直，膝盖自然弯曲呈90°，并维持双脚着地的坐姿。

② 必须选择符合人体工学设计的桌椅，使用专用的电脑椅，坐在上面遵循三个直角：电脑桌下膝盖处形成第一个直角，大腿和后背形成第二个直角，手臂在肘关节处形成第三个直角。肩胛骨靠在椅背上，双肩放松，下巴不要靠近脖子。两眼平视计算机屏幕中央，座椅最好有支持性椅背及扶手，并能调整高度。

③ 计算机的摆放高度要合适。将计算机屏幕中心位置安装在与操作者胸部同一水平线上，最好使用可以调节高低的椅子。应有足够的空间伸放双脚，膝盖自然弯曲呈90°，并维持双脚着地，不要交叉双脚，以免影响血液循环。

### 3. 走姿

俗话说"行如风"，这说的是走姿，走姿始终处于动态之中，体现了人类的运动之美和精神风貌。男士的走姿要刚健有力，豪迈稳重，有阳刚之气；女士的走姿要轻盈自如，含蓄飘逸，有窈窕之美。

（1）标准的走姿。有人编了走路的动作口诀，体现了走姿的要领：双眼平视臂放松，以胸带动肩轴摆，提髋提膝小腿迈，跟落掌接趾推送。标准的走姿说明如下。

① 以站姿为基础，双目向前平视，微收下颌，面容平和自然，不左顾右盼，不回头张望，不盯住行人乱打量。

② 双肩平稳，双臂前后自然、有节奏地摆动，摆幅以30°～35°为宜，双肩及双臂都不应过于僵硬。

③ 上身自然挺拔，头正、挺胸、收腹、立腰，重心稍向前倾。

④ 行走时，两只脚内侧行走的线迹为一条直线。

⑤ 步幅要适当。男性步幅（前后脚之间的距离）约40 cm，女性步幅约36 cm。

（2）走姿的种类如下。

① 前行式走姿。身体保持直立挺拔，行进中若与人问候时，要同时伴随头部和上身的左右转动，微笑点头致意。禁止只转动头部，用眼睛斜视他人的举止。

② 后退式走姿。当与他人告别时，扭头就走是不礼貌的。应该先后退2~3步，再转身离去。退步时不能轻擦地面，不高抬小腿，后退的步幅要小些，两腿之间距离不能太大，要先转身再转头。

③ 侧行式走姿。当引导他人前行或在较窄的走廊、楼道与他人相遇时，要采用侧行式走姿。引导时要走在来宾的左侧，身体稍向右转体，左肩稍前，右肩稍后，身体朝向来宾，保持两步左右的距离。

💡 小贴士

**美国影星简·方达的走路健身法**

① 活泼轻松地走。为了获得走路的有氧锻炼效果，简·方达摸索出理想的步速是6.9~8km/h，即每分钟120m左右。

② 中心向前倾。走路时，脚掌的用力方向应是向后蹬，而不是向下扣。

③ 步伐不要过小。步伐要稍微大一些，可以加快速度，并使步子富有节奏感，使腿和臀部处于充分活动的状态。

④ 提高重心。走路时，要挺胸收腹，背要直，头要抬。颈部和腰部都要有挺起感。身体要保持挺直，但不要紧张、僵直，要放松。

⑤ 两手臂的摆动要自然有力。甩臂要像吊钟的钟摆一样，幅度要大而有力，但始终要保持轻松自如。

（3）走姿的禁忌如下。

① 走路时忌摇头晃脑，弯腰驼背，歪肩晃膀，左顾右盼；

② 走路时忌内八字和外八字步伐，不可脚蹬地面，发出声响。

③ 走路时忌大甩手，扭腰摆臀。

④ 行走时，切忌把手插在衣裤口袋里，更不要把手背在身后。

⑤ 多人一起行走时，忌勾肩搭背，边走边说。

⑥ 穿礼服、裙子或旗袍时步履要轻盈优美，忌大步流星。

### 4. 蹲姿

俗话说"蹲要雅"，蹲姿是人的身体在低处取物，拾物，整理物品，整理鞋袜时所呈现的姿势，它是人体静态美与动态美的综合。蹲姿要动作美观，姿势优雅。

（1）标准的蹲姿。标准的蹲姿有如下要求：首先要讲究方位，当需要拣拾低处或地面物品的时候，可走到其物品的左侧；当面对他人下蹲时，要侧身相向；当需要整理鞋袜或整理低处物品时可面朝前方，两脚一前一后，一般情况下是左脚在前，右脚在后，目视物品，直腰下蹲。直腰下蹲后，方可弯腰捡低处或地面的物品，以及整理鞋袜或低处工作。取物或工作完毕后，先直起腰部，使头部、上身、腰部在一条直线上，再稳稳站起。

（2）蹲姿的种类如下。

① 高低式。这是常用的一种蹲姿，基本特征是双膝一高一低。此蹲姿男士、女士均可适用。要领是：下蹲后，左脚在前，右脚在后；左脚完全着地，小腿基本垂直于地

面；右脚要脚掌着地，脚跟提起；右膝要低于左膝，右膝内侧可靠于左上腿的内侧，形成左膝高右膝低的姿态；臀部向下，基本上以右腿支撑身体；女士应注意紧靠双腿，男士两腿之间可有适当的距离，如图3-18所示。

② 单膝点地式。这种蹲姿适用于男士，其特征是双腿一蹲一跪。它是一种非正式的蹲姿，多用于下蹲时间较长或为了方便用力时采用。要领是：下蹲后，右膝点地，臀部坐在其脚跟之上，以其脚尖着地；另一条腿全脚掌着地，小腿垂直于地面；双膝同时向外，双腿尽力靠拢，如图3-19所示。

③ 交叉式。这种蹲姿优美典雅，其基本特征是双腿交叉在一起，此蹲姿适用于女士。要领是：下蹲后，左脚在前，右脚在后，左小腿垂直于地面，全脚着地；左腿在上，右腿在下，两者交叉重叠，右膝从后下方伸向左前侧，右脚跟抬起，脚掌着地，两腿前后靠近，全力支撑身体；上身略向前倾，臀部朝下，如图3-20所示。

图3-18　高低式蹲姿　　　图3-19　单膝点地式蹲姿　　　图3-20　交叉式蹲姿

💡 小贴士

**应力戒的种种不良举止**

一个人的举止端庄、行为文明、动作规范，是良好素养的表现，它能帮助个人树立美好形象，也能为组织赢得美誉；反之，则会损害组织形象。

在商务场合中，以下不受欢迎的坏习惯和不良举止就应在交际中努力戒除。

① 打呵欠。当你在与人谈话的时候，尤其是当对方在滔滔不绝地发表意见时，那时你也许感到疲倦了，但要按捺住性子让自己不打呵欠，因为这会引起交际对象的不快。打呵欠在社交场合中给人的印象是：你不耐烦了，而不是你疲倦。

② 掏耳和挖鼻。有的人有这类不雅的小动作，大家正在喝茶、吃东西的时候，掏耳的小动作往往令旁观者感到恶心。即使你想"洗耳恭听"，此时此地也不是时候。同样，用手指挖鼻也是非常失礼的动作。

③ 剔牙。宴会上，谁也免不了有剔牙的小动作。既然这小动作不能避免，就得注意剔牙时不要露出牙齿，而且不要把碎屑乱吐一番，最好用左手掩嘴，头略向侧偏，吐出碎屑时用纸巾接住。

④ 搔头皮。有些头皮屑多的人，在社交场合也忍耐不住头皮屑刺激的瘙痒，而搔起头皮来。搔头皮必然使头皮屑随风纷飞，这不仅难看，而且令旁人大感不快。搔头皮这种现象在社交场合是非常失礼的。特别是在宴会上，或者较为严肃、庄重的场合，这种小动作是很难让人谅解的。

⑤ 双腿抖动。这种小动作多发生在坐着的时候，站立时较为少见。这种小动作虽然无伤大雅，但双腿颤动不停，令对方觉得不舒服，而且也给人情绪不安定的感觉，这也是失礼的。同样，让跷起的腿儿像钟摆一样打秋千也是相当难看的姿态。

⑥ 频频看表。在与人交谈时，如果无其他重要约会，最好少看自己的手表。这样的小动作会使对方认为你还有什么重要的事情，不会使谈话继续下去；同时，你的这种小动作可能引起对方的误会，认为你没有耐心再谈下去。如果你确实有事在身，不妨婉转地告诉对方改日再谈，并表示歉意。

### 小训练

分小组进行站、坐、走、蹲姿强化训练，组与组之间进行点评。

## 二、表情

表情是指一个人内心的思想感情体现在颈部以上（包括眼、眉、鼻、嘴等）各个部位的综合而微妙的反应。人的面部表情可以给人们以最直接的感觉和情绪体验。在人际交往中，如果表情和语言所表述的内容高度和谐统一，就会使人们相信这种表述的真实可信性，否则人们就会更加相信表情所带来的信息。

现代心理学家认为，感情表达中存在一个规律，并用公式加以表述：感情表达=言语（7%）+声音（38%）+表情（55%）。因此，表情在人际交往的过程中起到十分重要的作用。

在构成表情的诸要素中，眼神和微笑占有至关重要的地位，在生活和工作中使用的频率最高。一般说来，在人际交往中眼神和微笑的应用，要遵循下面几项共同的标准和原则。

（1）尊敬。商务人员要处处体现出对客户的尊敬，受到尊敬是客户首要的心理需求，也是评价商务人员的重要标准。

（2）友好。友好是商务人员向客人表示希望与之沟通和欢迎的表现形式，是顺利完成交流的重要基础。

（3）适时。适时是要求商务人员的表情神态，要与所处的场合和情境协调恰当，要求商务人员要有较强的应变能力和对情境气氛的感受能力。

（4）真诚。所有的语言和行为，如果不是建立在真诚的基础上，都会背离商务活动的目标而走向虚伪，而虚伪必将导致失败。

### 1. 眼神

俗话说"眼睛是心灵的窗户"，它是人体传递信息最有效的器官，而且能表达最细微、最精妙的差异，显示出人类最明显、最准确的交际信号。

眼神礼仪的构成，一般涉及时间、角度、区域等几个方面。

（1）时间。在人际交往中，尤其是与熟人相处时，注视对方时间的长短十分重要。在交谈中，听的一方通常应多注视说的一方。

① 表示友好。对对方表示友好，则注视对方的时间应约占全部相处时间的1/3。

② 表示重视。对对方表示关注，比如听报告、请教问题时，则注视对方的时间应占全部相处时间的2/3左右。

③ 表示轻视。注视对方的时间不到全部相处时间的1/3，意味着对其瞧不起或没有兴趣。

④ 表示兴趣。注视对方的时间长于全部相处时间的2/3以上。还有另一种情况，即对对方产生了兴趣。

（2）角度。在注视他人时，目光的角度，即发出的方向事关与交往对象亲疏远近的问题。注视他人的常规角度有以下几种。

①平视，即视线呈水平状态，也叫正视。一般用于在普通场合与身份、地位平等之人进行交往。

②侧视，这是一种平视的特殊情况，即位于交往对象一侧，面向对方，平视着对方。侧视的关键在于面向对方，否则就成了斜眼看对方，那是很失礼的。

③仰视，即主动居于低处，抬眼向上注视他人。仰视表示尊重、敬畏之意，适用于面对尊长之时。

④俯视，即抬眼向下注视他人，一般用于身居高处之时。俯视可对晚辈表示宽容、怜爱，也可对他人表示轻慢、歧视。

（3）区域。在人际交往中目光所及之处就是注视的区域。注视他人的区域不同，不仅说明自己的态度不同，也说明双方关系有所不同。在一般情况下，与他人相处时，不宜注视其头顶、大腿、脚部与手部，或是"目中无人"。对异性而言，通常不应注视其肩部以下，尤其不应注视其胸部、裆部、腿部。人们交往中，允许注视的常规区域如下。

①公务凝视区。公务凝视区适用于洽谈公务的正式场合，例如磋商、谈判和小型会议等。凝视时目光停留的区域在对方脸部，以双眼为底线，上到前额的三角部分。谈话时适时自然地注视对方这个区域会显得严肃、认真、友好而有诚意，如图3-21所示。

②社交凝视区。社交凝视区适用于各种社交场合，例如会见同学和朋友、与熟悉的同事谈轻松或非正式的话题等。凝视的目光应停留在对方的唇心到双眼之间的三角区。谈话时注视对方这个区域会使对方感到轻松自然和亲切，如图3-22所示。

③亲密凝视区。亲密凝视区适用于亲人、恋人和家庭成员之间的交流。凝视时目光停留的区域为对方双眼到胸部之间。如果非亲密关系却凝视亲密凝视区，对方会觉得受到冒犯甚至侮辱，是很不礼貌的行为。注视的不同区域如图3-23所示。

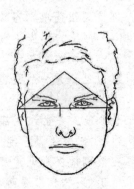
图3-21　公务凝视区

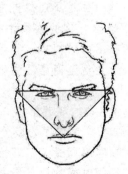
图3-22　社交凝视区

图3-23　亲密凝视区

### 2. 微笑

微笑是人际交往中最美丽的语言，是公共关系和商务礼仪中的亮点。保持一个微笑的表情、谦和的面孔，是表示自己真诚、守礼的重要途径。微笑是有自信心的表现，是对自己的魅力和能力抱积极的态度。微笑可以表现出温馨、亲切的表情，能有效地缩短双方的距离，给对方留下美好的心理感受，从而形成融洽的交往氛围。面对不同的场合、不同的情况，如果能用微笑来接纳对方，可以反映出你良好的修养和挚诚的胸怀（图3-24）。商务交往中，应遵循以下微笑的要求。

图3-24　奥黛丽·赫本的微笑

（资源来源：http://www.qiyeku.com/xinwen8122394.html）

### 小故事

#### 希尔顿的微笑服务

"旅馆大王"康拉德·希尔顿就是善于利用微笑来获得成功的典型。"旅馆大王"希尔顿于1919年才把父亲留给他的1.2万美元连同自己挣来的几千美元投资出去，开始了他雄心勃勃的经营旅馆生涯。当他的资产奇迹般地增值到几千万美元的时候，他欣喜而自豪地把这一成就告诉了母亲，想不到母亲却淡然地说："依我看，你跟以前根本没有什么两样……事实上你必须把握比5100万美元更值钱的东西，那就是除了对顾客诚实之外，还要想办法使来希尔顿旅馆的人住过了还想再来住，你要想出简单、容易、不花本钱而行之久远的办法去吸引顾客，这样你的旅馆才有前途。"母亲的忠告使希尔顿陷入迷惘：究竟什么办法才具备母亲指出的"简单、容易、不花本钱而行之久远"这四大条件呢？他冥思苦想，不得其解。于是他逛商店，住旅店，以自己作为一个顾客的亲身感受，得出了准确的答案："微笑服务。"

由此开始，"微笑服务"成了希尔顿的经营策略。每天不管多累多忙，他都会微笑着提醒员工们："你微笑了没有？顾客感受到你的微笑没有？"他把微笑服务定为制度，要求每位员工不论什么时候都要对顾客报以微笑，哪怕顾客在挑剔地提意见，哪怕受到了误解和委屈。即使是酒店最不景气的时候，他也经常要求员工们："我们要面带微笑，不要把心里的愁云摆在脸上，顾客走来是接受我们的服务的，不是来听我们的委屈的。"因此，无论酒店本身遇到多大的困难，希尔顿旅馆每位员工的脸上永远挂着微笑。

【点评】希尔顿对员工说得最多的一句话就是："你今天对客人微笑了吗？"依靠微笑，希尔顿旅馆历经百年不衰，一直是旅馆业的佼佼者，可见，微笑是多么重要呀！

（1）把握微笑的时机。在与对方交谈中，最好的微笑时机是在与对方目光接触的瞬间展现微笑，这样能够促进心灵的友好互动。

（2）把握微笑的层次变化。微笑有很多层次，有浅浅一笑、眼中含笑，也有哈哈大笑。在整个交谈过程中，微笑要有收有放，在不同时候使用不同的笑。如果一直保持同一层次的笑，表情会显得僵硬、呆板，被对方认为是傻笑。

（3）注意微笑维持的时间长度。微笑的最佳时间长度以不超过3秒为宜，时间过长会给人假笑或不礼貌的感觉，过短则会给人皮笑肉不笑的感觉。

（4）根据场合而定微笑的深度。微笑的表情很有讲究，不同的场合适合不同深度的微笑，不同的笑，也可以显示着不同的思想态度和感情色彩，产生不同的影响。在与别人交谈中，放声大笑或傻笑，都是非常失礼的，工作中要把握好微笑的尺度，更能显示你的内在修养。

（5）微笑要自然。商务人士要发现自己最美的每一个瞬间，展现出独特的气质，自信、勇敢、自然、真诚地去微笑。微笑要发自内心，亲切自然，做到"诚于中而形于外"，表里如一地微笑，切不可故作笑颜，假意奉承。用善良、包容的心对待他人，用敬业奉献的热情对待工作，微笑就会自然甜美。

（6）微笑要协调。微笑一般要注意以下4个结合。

① 口眼结合，要口到，眼到，神色到，笑眼传神，微笑才能扣人心弦。

② 笑与神、情、气质相结合。这里讲的"神"，就是要笑得有情入神，笑出自己的神情、神色、神态，做到情绪饱满、神采奕奕；"情"，就是要笑出感情，笑得亲切、甜美，反映美好的心灵；"气质"就是要笑出谦逊、稳重、大方、得体的良好气质。

③ 笑与语言相结合。语言和微笑都是传播信息的重要符号，只有注意微笑与美好语言相结合，声情并茂，相得益彰，微笑方能发挥出它应有的特殊功能。

④ 笑与仪表、举止相结合。以笑助姿、以笑促姿，形成完整、统一、和谐的美。尽管微笑有其独特的魅力和作用，但若不是发自内心的真诚的微笑，那将是对微笑的亵渎。礼貌地微笑应是自然、坦诚的，应是内心真实情感的表露，否则强颜欢笑、假意奉承的"微笑"则可能演变为"皮笑肉不笑""苦笑"。如拉起嘴角一端微笑，使人感到虚伪；吸着鼻子冷笑，使人感到阴沉；捂着嘴笑，给人以不自然之感。这些都是失礼之举。

💡 小贴士

**正式场合笑的禁忌**

在正式场合笑的时候，应力戒以下几种"笑"。

① 假笑，即笑得虚假，皮笑肉不笑。

② 冷笑，是含有怒意、讽刺、不满、无可奈何、不屑、不以为然等意味的笑。这种笑非常容易使人产生敌意。

③ 怪笑，即笑得怪里怪气，令人心里发麻。它多含有恐吓、嘲讥之意，令人十分反感。

④ 媚笑，即有意讨好别人的笑。它亦非发自内心，而来自一定的功利性目的。

⑤ 怯笑，即害羞或怯场的笑。例如，笑的时候，以手掌遮掩口部，不敢与他人交流视线。

⑥窃笑，即偷偷地笑。多表示洋洋自得、幸灾乐祸或看他人的笑话。

⑦狞笑，即笑时面容凶恶。多表示愤怒、惊恐、吓唬他人。这种笑容无丝毫的美感可言。

**⃞ 小训练**

两人一组，互相进行表情练习。可以将每人的微笑表情拍张照片，大家投票评选出"最佳表情个人"。

## 三、手势

手是人体上最富灵性的器官，如果说"眼睛是心灵的窗户"，那么手就是心灵的触角，是人的第二双眼睛。手势在传递信息、表达意图和情感方面发挥着重要作用。

**1. 手势的类型**

（1）情意性手势。主要用于带有强烈感情色彩的内容，其表现方式极为丰富，感染力极强。比如说"我非常爱她"时，用双手捧胸，以表示真诚之情。

（2）象征性手势。主要用来表示一些比较复杂的感情和抽象的概念，从而引起对方的思考和联想。例如把大军乘胜追击的场面，用右手五指并齐，并用手臂前伸这个手势来形容，象征着奋勇前进的大军，就能引起听众的联想。

（3）指示性手势。主要用于指示具体事物或数量，其特点是动作简单，表达专一，一般不带感情色彩。如当讲到自己时，用手指向自己；谈到对方时，用手指向对方。

（4）形象性手势。其主要作用是模拟事物的形状，以引起对方的联想，给人一种具体明确的印象。如说到高山，手向上伸；讲到大海，手平伸外展。

**💡 小贴士**

### 手势活动的范围

手势活动的范围，有上、中、下三个区域。此外，还有内区和外区之分。肩部以上称为上区，多用来表示理想、希望、宏大、激昂等情感，表达积极肯定的意思；肩部至腰部称为中区，多表示比较平静的思想，一般不带有浓厚的感情色彩；腰部以下称为下区，多表示不屑、厌烦、反对、失望等，表达消极否定的意思。

**2. 常见的手势**

（1）引领手势。在各种交往场合都离不开引领动作，例如请客人进门、请客人坐下、为客人开门等，都需要运用手与臂的协调动作。同时，由于这是一种礼仪，还必须注入真情实感，调动全身活力，体现出形体的美感。引领动作主要有以下几种表现形式。

①横臂式。这种手势用来指引较近的方向。大臂自然垂直，小臂轻缓地向一旁摆出时微弯曲，与腰间呈45°左右，另一手下垂或背在身后，面带微笑，双脚并拢或形成右丁字步，同时加上礼貌用语，如"请""请进"等，如图3-25所示。

②曲臂式。这种手势常用于一只手扶门把手或电梯门，或拿东西，同时又要做出"请"或指示方向时。五指伸直并拢，从身体的一侧前方由下向上抬起，以肘关节为轴，手臂由体侧向体前摆动，摆到距身体20 cm处停住，掌心向上，手指引方向，头部随客人由右方转向左方。具体手势如图3-26所示。

③ 直臂式。这种手势用来指示或引领较远方向。五指并拢伸直，手臂穿过腰间线，屈肘由身前向前方抬起，抬到约与肩同高时，再向要指示的方向伸出前臂。身体微向指示方向倾。身体侧向宾客，眼睛要看着手指引的方向，同时加上礼貌用语，如"先生，请一直往前走""先生，里边请"等。具体手势如图3-27所示。

④ 双臂式。这种手势用来向众多来宾表示"请"或指示方向。两手五指分别伸直并拢，掌心向上，从腹前抬起至上腹部处，双手一前一后同时向身体一侧摆动，摆至身体的侧前方。肘关节略弯曲，上身稍向前倾，面带微笑，向客人致意，如图3-28所示。

图3-25　横臂式手势　　图3-26　曲臂式手势　　图3-27　直臂式手势　　图3-28　双臂式手势

（2）招呼他人。手放于体侧，手臂伸直在一条直线上，向前向上抬起，手掌向下，屈伸手指作搔痒状或晃动手腕，如图3-29所示。这种手势在中国、欧洲的大部分地区以及拉丁美洲的许多国家都比较适用，但在美国、日本等国却与此相反，他们用掌心向上，向内屈伸手指作搔痒状或晃动手腕招呼别人，而这种手势在中国和马来西亚等国却是用来召唤动物的。

（3）挥手道别。要领是：身体要站直，不晃动，目视对方。手臂伸直，呈一条直线，手放在体侧，向前向上抬至与肩同高或略高于肩，手臂不可弯曲，掌心朝向对方，指尖朝向上方，五指并拢，手腕晃动，如图3-30所示。

图3-29　招呼他人　　　　　　　　　　图3-30　挥手道别

（4）递接物品。递接物品时，要双手递送或接取物品。不方便双手时，也可用右手，但绝不可单用左手。双方距离比较远时，应起身站立，主动走近对方递送或接取物品。递送时最好直接递至对方手中并且要方便对方接取。递送有文字、图案、正反面的物品时，要正面向上且朝向对方；接取物品时，要缓而且稳，不要急着抢取。递送带尖、带刃或其他易于伤人的物品时，应使其朝向自己或朝向他处，切不可朝向对方，如图3-31所示。

图3-31 递笔、刀、剪子

**3. 常见手势语**

（1）OK的手势。拇指和食指合成一个圆圈，其余三指自然伸张，如图3-32所示。这种手势在西方某些国家比较常见，但应注意在不同国家其语义有所不同。如：美国表示"赞扬""允许""了不起""顺利""好"；在法国表示"零"或"无"；在印度表示"正确"；在中国表示"零"或"三"两个数字；在日本、缅甸、韩国则表示"金钱"；在巴西则是"引诱女人"或"侮辱男人"之意；在地中海的一些国家则是"孔"或"洞"的意思，常用此来暗示、影射同性恋。

图3-32 OK的手势

**小案例**

**OK手势闹出笑话**

礼仪专家李荣建曾因为OK手势闹出笑话。他在上中学的时候，由于学校修路把侧门关闭了，就要绕很远去上课。有一次眼看就要迟到了，于是他决定翻墙进去，但学校明令禁止跳墙，经常派保安埋伏在墙下。他正犹豫不决的时候，看见一个同学刚好经过，隔着栅栏门，他小声问："墙底下有没有保安？"同学四下看看，也不说话，只是冲他打了个OK的手势。他一见很高兴，如武林高手一般，攀住墙头，"噌"地一下翻了过去。就在他双脚落地之时，3个保安过来将他团团围住，二话不说，把他带到了保卫处。回到教室，李荣建十分生气地问那个同学："明明墙底下有3个保安，你怎么做OK的手势来骗我？"那位同学也十分气愤地说："你是真傻还是装傻呀？我这是中国手势，意思是墙下有3个保安！"（笑声）

【点评】由此案例可知，同一种手势在不同的地方就会有不同的含义，因而，在交际中我们务必弄清手势的含义。

（2）伸大拇指手势。大拇指向上，在说英语的国家多表示OK之意或是打车之意；若用力挺直，则含有骂人之意；若大拇指向下，多表示坏、否定之意。在我国，伸出大拇指这一动作基本上是向上伸表示赞同、一流、好等，向下伸表示蔑视、不好等之意。伸大拇指手势如图3-33所示。

（3）V字形手势。伸出食指或中指，掌心向外，其语义主要表示胜利（英文Victory

的第一个字母），掌心向内，在西欧表示侮辱之意。这种手势还时常表示"二"这个数字。V字形手势如图3-34所示。

图3-33　伸大拇指手势

图3-34　V字形手势

☺ 小幽默

手　势

两支部队正在打仗，一个士兵气喘吁吁地跑进营帐，冲着参谋长伸出了两根手指。参谋长看到这个V字形的手势，问："用了我的计策，这么快就胜利了！"

士兵着急地说："别做梦了！就剩咱们俩了，快跑吧！"

（4）伸出食指手势。伸出食指在我国以及亚洲一些国家表示"一""一个""一次"等；在法国、缅甸等国家则表示"请求""拜托"之意。在使用这一手势时，一定要注意不要用手指指人，更不能在面对面时用手指着对方的面部和鼻子，这是一种不礼貌的动作，且容易激怒对方。

（5）捻指作响手势。就是用手的拇指和食指弹出声响，其语义或表示高兴，或表示赞同，或是无聊之举，有轻浮之感。应尽量少用或不用这一手势，因为其声响有时会令他人反感或觉得没有教养，尤其是不能对异性运用此手势，这是带有挑衅、轻浮之举。

💡 小贴士

**不良的手势**

商务人员在使用手势语时，以下几种手势是值得特别重视的；否则，将会给对方传达出不良的信息。

① 指指点点。交往中绝不可随意用手指对服务对象指指点点，与人交谈时更不可这样做。指点着别人说话，往往引起他人较大的反感。

② 随意摆手。在接待服务对象时，不可将一只手臂伸在胸前，指尖向上，掌心向外，左右摆动。这些动作的一般含义是拒绝别人；有时，还有极不耐烦之意。

③ 端起双臂。双臂抱起，然后端在胸前这一姿势，往往暗含孤芳自赏、自我放松或置之度外、袖手旁观、看他人笑话之意。

④ 双手抱头。这一体态的本意是自我放松，但在服务时这么做，则会给人以目中无人之感。

⑤ 摆弄手指。工作中无聊时反复摆弄自己的手指，活动关节或将其捻响，打响指，要么莫名其妙地攥紧拳，或是手指动来动去，在桌面或柜台不断敲扣，这些往往会给人不严肃、很散漫之感，令人望而生厌。

⑥ 手插口袋。这种表现会使客人觉得服务人员忙里偷闲，在工作方面并未尽心尽力。

⑦ 搔首弄姿。这种手势，会给人以矫揉造作、当众表演之感。

⑧ 抚摸身体。在工作之时，有人习惯抚摸自己的身体，如摸脸、擦眼、搔头、挖鼻孔、剔牙、抓痒、搓泥，这会给别人缺乏公德意识，不讲究卫生，个人素质极其低下的印象。

⑨ 勾指手势。请他人向自己这边过来时，用一只食指或中指竖起并向自己怀里勾，其他四指弯曲，示意他人过来，这种手势有唤狗之嫌，对人极不礼貌。

### 小训练

两人一组进行训练，练习运用不同的手势（手势语），互相纠正不雅观或者不正确的地方。

## 案例讨论

### 1. 林肯对长相的要求

一次林肯总统面试一位新员工，后来他没录取那位应征者。幕僚问他原因，他说："我不喜欢他的长相！"幕僚不理解，又问："难道一个人天生长得不好看，也是他的错吗？"林肯回答："一个人40岁以前的脸是父母决定的，但40岁以后的脸应是自己决定的。一个人要为自己40岁以后的长相负责。"

（资料来源：佚名.形体训练与形象塑造[EB/OL].[2017-10-01].https://wenku.baidu.com/view/c51ad2537ed5360cba1aa8114431b90d6c85898f.html.）

**思考题：**

（1）你同意林肯的说法吗？为什么？

（2）如何才能拥有良好的仪容？

### 2. 一道道奇特的风景线

阿美和阿娟是一所美容学校的学生，初学化妆非常感兴趣，走在大街上，总爱观察别人的妆容，因此发现了一道道奇特风景线。

一位中年妇女没有做其他化妆，只涂了嘴唇，而且是那种很红很艳的唇膏，只突出了一张嘴。一位女士的妆容看起来真的很漂亮，只可惜脸上精彩纷呈，脖子却粗糙得马虎，在脸庞轮廓上有明显的分界线，像戴了面具一样。再看，还有的女士用粗的黑色眼线将眼睛轮廓包围起来，像个"大括号"，看上去那么的生硬、不自然。一位很漂亮的女士，身穿蓝色调的时装，却涂着橘红色的唇膏……

（资料来源：佚名.护士的仪容礼仪[EB/OL].[2017-04-30]. https://www.doc88.com/p-0184695744560.html.）

**思考题：**

（1）请帮助阿美和阿娟分析一下，针对以上几种情形，自己化妆时应注意哪些问题。

（2）本案例对你有何启示？

### 3. 你代表不了公司

一个炎热的下午，一位销售钢材的专业推销员走进了一家制造公司的总经理办公室。这个推销员身上穿着一件有泥点的衬衫和一条皱巴巴的裤子。他嘴角叼着雪茄，含糊不清地说："早上好，先生，我代表森筑钢铁公司。"

"你也早上好！你代表什么？"这位总经理问，"你代表森筑公司？听着，年轻人，我认识森筑公司的高层领导，你不能代表他们——你的形象和外貌代表不了他们。"

（资料来源：佚名.成功人士99个销售细节[EB/OL].[2010-10-05]. https://nuoha.com/book/chapter/186750/11.html.）

**思考题：**
本案例对你有何启示？

### 4. 李小姐的秀发

李小姐长着一头乌黑漂亮的秀发，她总是舍不得将它盘起，而是让头发垂于腰际，并不时地用手去撩起头发，以免挡着自己的眼睛和面庞。所以她就不时地用手整理头发，以确保仪容整齐。可是，谁会认为不时地用手抚弄自己的头发会有一种说不出的风度和气质呢？

（资料来源：佚名.国际商务礼仪[EB/OL].[2011-02-16]. http://www.cnbm.net.cn/wenda/81482326.html.）

**思考题：**
案例中的李小姐存在哪些违背仪容礼仪的问题？

### 5. 小李的尴尬

小李和几个外国朋友相约周末一起聚会娱乐，为了表示对朋友的尊重，星期天一大早，小李就西装革履地打扮好，对照镜子摆正漂亮的领结前去赴约。北京的八月天气酷热，他们来到一家酒店就餐，边吃边聊，大家好不开心快乐！可是不一会儿，小李已是汗流浃背，不住地用手帕擦汗。饭后，大家到娱乐厅打保龄球，在球场上，小李不断地为朋友鼓掌叫好，在朋友的强烈要求下，小李勉强站起来整理好服装，拿起球做好投球准备，当他摆好姿势用力把球投出去时，只听到"嚓"的一声，上衣的袖子扯开了一个大口子，弄得小李十分的尴尬。

（资料来源：佚名.商务礼仪[EB/OL].[2016-02-27]. https://wenku.baidu.com/view/0809a30b3186bceb18e8bbac.html.）

**思考题：**
（1）小李着装上存在什么问题？
（2）本案例对你有何启示？

### 6. 不善沟通的应聘者

某公司要招聘一位市场部经理，一位名校硕士的简历深深地吸引了老总。这位应聘者有相关理论著述，而且在两家单位任过职，有一定经验。公司通知他3天后来公司面试，但面试的结果竟然是没能通过。老总后来说，那次面试是他亲自主持的。他发现这位应聘者有个特点，就是不管什么时候都锁着双眉，不会微笑，且在近20分钟的谈话过程中，只与自己有过很少的眼神交流，他的眼睛一直看着自己的脚尖或墙角，显出很沉闷的样子。这位老总还提到，虽然他的专业知识非常扎实，长得也仪表堂堂，但坐下后，双脚一直在不停地抖动，还不时把手夹在两腿中间。老总认为：这种人是典型的不擅做沟通工作的人，而作为市场部的负责人，沟通则是重要的工作内容。

（资料来源：佚名.礼宾礼仪[EB/OL].[2019-04-03]. https://wenku.baidu.com/view/0ded0ad7ce84b9d528ea81c758f5f61fb63628c3.html.）

思考题：
(1) 案例中的应聘者在仪态上存在哪些问题？
(2) 善于沟通的人在仪态上应是怎样的？

### 7.3 家公司

甲、乙、丙3家公司被通知来大华公司进行项目竞标。不仅这个标的金额很大，更重要的是大华公司在业内举足轻重的行业地位，如果能拿下这个项目，其战略意义不言而喻。3家公司都做了精心准备。因为在这场角逐中，必须要淘汰掉其他两家对手。从现场来看，无论是从哪方面来说，3家公司好像不相上下，看不出谁是赢家。

第二天，丙公司被通知他们中标了。高兴之余，丙公司问为什么选择了他们。"说实话，我们确实不好选择。"大华公司市场部经理笑着说，"不过，在各自陈述的时候，你们称呼的是我们公司老总的姓氏和职务，而且是伸开手掌做的指示动作。另外两家公司却叫不出姓名，并且用一个食指直接指着我们老总。试想，怎能选用一家连我们的老总都不尊重的公司合作呢？"

（资料来源：佚名.商务礼仪[EB/OL].[2011-04-05].https://wenku.baidu.com/view/bb851510a2161479171128b8.html.）

思考题：
(1) 在社交中应怎样使用伸出食指的手势？
(2) 本案例对你有何启示？

## 实训项目

**1. 女性面部化妆实训**

实训目标：掌握化妆的基本操作规程。
实训学时：1学时。
实训地点：实训室。
实训准备：化妆盒、棉球、粉底霜、胭脂、眼影、眉笔、唇彩、香水等。
实训方法：按照化妆的一般方法，教师为一名学员操作示范，然后学员分别操作，教师重点指导。针对若干化妆好的学员进行分析总结。

**2. 组织不同场合的服饰展示会**

实训目标：掌握不同场合服饰的穿戴与搭配。
实训学时：2学时。
实训地点：礼仪实训室。
实训准备：半正式场合、休闲场合、运动场合、商务酒会等场合男士、女士的服饰，数码摄像机、投影设备等。
实训方法：学生分组设计不同场合，每组学生进行角色扮演，演示各场合服饰的穿戴与搭配，用数码摄像机记录整个过程，然后投影回放，学生自我评价，找出不合规范之处，授课教师总结点评学生存在的个性和共性问题。最后，评选出"最佳表现组"。

**3. 仪态训练**

1）站姿训练
(1) 面向镜子按照动作要领体会标准的站姿。
(2) 个人靠墙站立，要求后脚跟、小腿、臀、双肩、后脑勺都紧贴墙，进行整体的直立和挺拔训练。每次训练20分钟左右（应坚持每天一次）。

（3）在头顶放一本书，使其保持水平，促使人把颈部挺直，下巴向内收，上身挺直，每次训练20分钟左右（应坚持每天一次）。

（4）训练时可以配上优美的音乐，放松心情，减轻单调、疲劳之感。女性穿半高跟鞋进行训练，以强化训练效果。

2）坐姿训练

（1）面对镜子，按坐姿基本要领，着重脚、腿、腹、胸、头、手部位的训练，体会不同坐姿，纠正不良习惯，尤其注意起坐、落座练习。每次训练20分钟（应坚持每天一次）。

（2）训练时可以配上优美的音乐，放松心情，减轻单调、疲劳之感。

（3）利用器械训练，增强腰部、肩部力量和灵活性，进行舒肩展背动作练习。

3）走姿训练

（1）在地面上画一条直线，行走时手部掐腰，上身挺直，双脚内侧踩在线上，行走时按要求走出相应的步位与步幅。可以纠正行走时摆胯、送臀、扭腰以及"八字步态"、步幅过大过小的毛病。训练时配上行进音乐，音乐节奏为每分钟60拍。

（2）头顶书本行走，进行整体平衡练习。重点纠正行走时低头看脚、摇头晃脑、东张西望、脖颈不正、弯腰弓背的毛病。

（3）进行原地摆臂训练。站立，两脚不动，原地晃动双臂，前后自然摆动，手腕进行配合，掌心要朝内，以肩带臂，以臂带腕，以腕带手，纠正双臂横摆、同向摆动、单臂摆动、双臂摆幅不等的毛病。

（4）对着镜子行走，进行面部表情等的整体协调性训练。

（5）训练时可以配上优美的音乐，放松心情，减轻单调、疲劳之感。女性穿半高跟鞋进行训练，以强化训练效果。

4）蹲姿训练

（1）加强腿部膝关节、踝关节的力量和柔韧性训练，具体方法是压腿、踢腿、活动关节。

（2）有意识地、主动经常地进行标准蹲姿训练，形成良好习惯。

5）眼神训练

以下方法坚持天天训练，不要间断，必使目光明亮有神。

（1）睁大眼睛训练：有意识地练习睁大眼睛的次数，以增强眼部周围肌肉的力量。

（2）转动眼球训练：头部保持稳定，眼球尽最大的努力向四周做顺时针和逆时针360°转动，以增强眼球的灵活性。

（3）视点集中训练：点上一支蜡烛，视点集中在蜡烛火苗上，并随其摆动，坚持训练可使目光集中、有神，眼球转动灵活。

（4）目光集中训练：眼睛盯住3米左右的某一物体，先看外形，逐步缩小范围到物体的某一部分，再到某一点，再到局部，再到整体。这样可以提高眼睛明亮度，使眼睛十分有神。

（5）影视观察训练：观看影像资料，注意观察和体会优秀影视剧中的演员和节目主持人是如何通过眼神表达内心情感的。

6）微笑训练

（1）情绪记忆法，即将自己生活中最高兴的事件中的情绪储存在记忆中，当需要微笑时，可以想起那件最使你兴奋的事件，脸上会流露出笑容。注意在练习微笑时，要使双颊肌肉用力向上抬，嘴里念"一"音，用力抬高口角两端，注意下唇不要过分用力。普通话中的"茄子""田七""前"等的发音也可以辅助微笑口形的训练。

（2）对着镜子练习微笑，调整自己的嘴形，注意与面部其他部位和眼神的协调，做最让自己满意的微笑表情，到离开镜子时也不要改变它。

（3）练习微笑之前要忘掉自我和一切的烦恼，让心中充满爱意。

（4）训练后，每人提供一张自己的电子版最美微笑形象照，将全班所有同学的最美形象照在课堂上展示出来。

7）手势训练

（1）调整体态，保持良好的站姿。

（2）每两人一组练习常用手势，包括请，招呼他人，挥手道别，指引方向，递接物品（剪子、文件），鼓掌，展示物品等手势，并互相纠正。

## 课后练习

**1. 简答题**

（1）化妆的步骤和要领是什么？

（2）化妆的禁忌有哪些？

（3）你的脸型、体型适合什么样的发型？

（4）如何护手？

（5）男士如何保持仪容整洁？

（6）男士如何选择适合自己的西装？穿西装有哪些要求？

（7）女士穿西装套裙应注意什么？

（8）制服的穿着有哪些礼仪规范？

（9）作为职场人士在选择衣着款式时应考虑哪些因素？

（10）站、立、行、蹲体态的标准是怎样的？

（11）你的眼神是否充满了自信和活力？怎样才能使眼神充满自信和活力？

（12）为什么在交际中需要多一点微笑？怎样才能做到恰到好处的微笑？

（13）使用手势应注意哪些问题？

**2. 实践训练**

（1）有人说："化妆不只是技术，还是一门艺术，一种生活。"请谈谈你对这句话的理解。

（2）作为女士，你能用5分钟的时间给自己化一个漂亮的工作妆吗？请实际操作，如果结果不令你满意，要继续实践，反复练习，直到取得满意效果为止。

（3）请对着镜子检查一下，此刻的你，在个人卫生方面还有哪些地方需要改进。

（4）与同学讨论一下，日常生活中违反服装礼仪规范的常见现象有哪些。

（5）假设下周你被邀请去电视台参加录制一个财经类访谈节目，你觉得自己穿什么衣服比较合适？

（6）请每天拿出10~20分钟时间练习站、立、行、蹲等姿态。

（7）以小组为单位，创设职场交际情境，自编情节，模拟职场仪态礼仪的运用。

# 第四章　职场交际礼仪

生活里最重要的是礼貌，它比最高的智慧、比一切学识都重要。

——[俄]赫尔岑

教养体现于细节，细节展示素质，素质决定成败。

——金正昆

## ◉ 课程思政要求

- 进行社会主义核心价值观教育；
- 进行爱国主义教育；
- 开展诚信教育、法律意识教育和道德意识教育；
- 塑造职业形象，提高职业素养；
- 促进学生全面发展。

## ◎ 学习目标

在职场中能够得体地称呼对方；得体地进行自我介绍、他人介绍，更好地与人相识；熟练运用标准的握手礼节；掌握职场接待的礼仪规范；掌握职场拜访的礼仪规范；接打电话符合礼仪规范要求；能够礼貌地使用手机进行沟通；网络沟通符合礼仪规范要求。

## ✎ 引导案例

如 此 会 面

小李今年刚大学毕业，在大华公司总经理办公室做秘书工作。一天，公司王总经理派他到机场去接广州明光公司销售部的吴丽晶经理。小李准时来到机场，在出口处吴经理见到小李手中的字牌，走到小李面前说："你好！你是小李吧，我是吴丽晶！"小李连忙用不太标准的普通话说："是的是的，我是小李，您好！您就是广州过来的狐狸精（吴丽晶）吧？我是王总派来接您的。我是东方大学行政管理专业毕业的研究生，现在是王总的秘书。"一边说一边伸手准备与吴经理握手。面对小李这样的称呼、这样的自我介绍、这样的握手方式，吴经理会是什么感觉呢？

思考题：

小李与吴经理会面中存在哪些问题？

# 第一节　职场见面礼仪

见面礼仪是职场交往的第一礼节，它给人的印象如何，往往会成为交往是继续还是中断的一个至关重要的砝码。感觉好，交往将继续深入发展，协作有望；感觉不好，心中别扭，交往将磕磕绊绊，协作艰难，甚至有可能使原先的协作中断。因此，职场交往中按规范标准行好见面礼，是极其重要的一个环节，可以给交往对象留下良好的印象，使交往继续深入发展。

常用的见面礼节有称呼、介绍、握手等。在不同的场合，面对不同的对象，见面礼节都有相应的规范要求。

## 一、称呼

在职场中，正确地称呼别人是最基本的交往礼仪，它是进一步交往的敲门砖。在交往中，双方见面时如何称呼对方直接反映了双方之间的亲疏关系、了解程度、尊重与否以及个人修养等。一个得体的称呼，会令彼此如沐春风，顿生好感；反之，不恰当或错误的称呼，可能会令对方心里不悦，影响彼此的关系乃至交际的成功。选择称呼要合乎常规，要照顾被称呼者的个人习惯，入乡随俗。称呼的基本要求是称谓要准确、妥当，表现尊敬、亲切和文雅，能够使双方心灵沟通、感情融洽，缩短彼此间的距离。

**1. 称呼的类型**

职场中使用称呼语一般分尊称和泛称两种。尊称是指对交往对象尊敬的称呼；泛称是指对交往对象的一般称呼。

（1）尊称。具体包括以下几种。

① "您"加"老"，如"您老近来如何？"等。

② "姓"加"老"，如"冯老""李老"。

③ "姓"或"姓名"加"职衔""职称""职务""职业"。如刘厅长、王教授、陈律师、张经理等。采用这种方式尊称对方要注意，姓"傅"的正职领导不能在职务前冠姓，以免引起他人误解。在非正式场合，还可用"姓"加"职务简称"，如"张工（程师）""王董（事长）""陈局（长）""李处（长）"等。

④ 爷爷、奶奶、叔叔、伯伯、大爷、大娘等，这是我国对年龄较大者的一种尊称，称呼前可加姓氏，也可不加。

⑤ 在涉外交往中，对男子称先生，对女子称夫人、女士或小姐。一般地，对已婚女子称夫人，对未婚女子称小姐。对婚姻状况不明的女子称"小姐"或"女士"。这在我国商务场合已广为使用。

☆ 小案例

### 小姐还是太太

有一位先生为一位外国朋友订做生日蛋糕。他来到一家酒店的餐厅，对服务小姐说："小姐，您好，我要为我的一位外国朋友订一份生日蛋糕，同时打一份贺卡，你看可以吗？"小姐接过订单一看，忙说："对不起，请问先生，您的朋友是小姐还是太太？"这位先生也不清楚这位外国朋友结婚没有，从来没有打听过，他很为难地抓了抓后脑勺，想想说："小姐？太太？一大把岁数了，太太。"生日蛋糕做好后，服务员小姐按地址到酒店客房送生日蛋糕，敲门，一女子开门，服务员小姐有礼貌地说："请问，您是怀特太太吗？"女子愣了愣，不高兴地说："错了！"服务员小姐丈二和尚摸不着头脑，抬头看了看门牌号，再回去打电话问那位先生，没错，房间号码没错，再敲一遍。"没错，怀特太太，这是您的蛋糕。"那女子开门后大声说："告诉你错了，这里只有怀特小姐，没有怀特太太。"啪的一声，门被用力关上，蛋糕掉到了地上。

【点评】案例中的服务员小姐其实犯了一个逻辑错误，就是一个人是否结婚与其年龄是两件事情，不是说一个人年龄大就一定结婚了。当然，在涉外交往中，作为商务人员更应注意称呼。

（2）泛称。具体包括以下几种。

① 在正式商务场合，先生、太太、小姐、女士是一种表示尊重但不特别亲密的称呼，称呼前可冠上姓或姓名，但不能单带名不带姓。

② 在我国，正式场合还可称同志，称呼前可冠上姓、名或连姓带名一起叫。

③ 在正式场合，对职位较低、年龄较小者，可直呼其名或连姓带名或在姓前冠"小"，如"小李""小陈"等；对年龄较大者则在姓前冠"老"，如"老张""老黄"，这样的称呼显得亲切。

☺ 小幽默

甲："大伯，我买一袋盐。"

乙："我有那么老吗？"

甲："不好意思大叔，我买一袋盐。"

乙："我比你大不了几岁。"

甲："大哥，你脸色怎么这么难看？"

乙："我长得那么像男的吗？"

**2. 称呼的注意事项**

（1）注意称呼的顺序。称呼要遵循先尊后卑、先长后幼、先女后男的顺序。

（2）注意称呼的语境。对有生理缺陷的人，应注意不使用带有刺激或轻蔑的字眼；当有外商在场时，注意不在人名前冠"老"，因为西方一些国家忌讳人说"老"；也不要称异性为"爱人"，因为"爱人"在英语里是"情人"的意思，若使用这个称呼，容易引起误会。对外商不可称呼"同志"。

（3）注意称呼时自己的角色。有时环境不同、自己扮演的角色不同，对某一个人的称呼也就不同。

（4）注意使用称呼的语气。在称呼人时，语气要加重，要认真、缓慢、清晰地说出称呼语，称呼完了要停顿片刻，然后再谈你要说的事儿，这样才会收到理想的效果。

💡 小贴士

**不礼貌的称呼**

一天，有位斯里兰卡客人来到某市的一家宾馆准备住宿。前厅服务人员为了确认客人的身份，在办理相关手续及核对证件时花费了较长的时间。看到客人等得有些不耐烦了，前厅服务人员使用中文跟陪同客人的女士作解释，希望能够通过她使对方谅解。谈话中他习惯地用了"老外"这个词来称呼客人。谁料这位女士听到这个称呼后，立刻沉下脸来，表示了极大的不满，原来这位女士不是别人，而是客人的妻子，她认为服务人员的称呼太不礼貌了。见此情形，有关人员及这位服务人员随即赔礼道歉，但客人的心情已经大受影响，并且始终不能释怀，甚至连带着对这家宾馆产生了不良的印象。

【点评】称呼是交际的"敲门砖"，与人交往，一开口就能够得体地、礼貌地称呼对方，会获得对方的认同，使双方的交往更加深入，而商机也会很快呈现。

### 小训练

以小组为单位，分组分角色进行称呼礼仪模拟训练。

## 二、介绍

介绍，是职场中与他人进行沟通、增进了解、建立联系的一种最基本、最常规的方式。职场人士如能正确地介绍自己和他人，不仅可以扩大自己的交际面，而且有助于自己及企业的展示和宣传。

1. 自我介绍

（1）自我介绍的形式。具体包括以下几种。

① 应酬式。在公共场合或一般社交场合，自己不需与对方深入交往，做自我介绍只是向对方表明自己的身份。这样的情况只需介绍自己的姓名，如"您好，我叫张明"等。有时，也可对自己姓名的写法做些解释，如"我叫张明，弓长张，日月明"。

② 工作式。这主要适用于工作中，它是以工作为自我介绍的中心。应当包括自己的姓名、供职的单位及部门、担任的职务或从事的具体工作三项，通常缺一不可，如"你好，我叫张林，是××软件公司经理"。

### 小贴士

**让自我介绍在名字上出亮点**

从自己名字中寻找特点、亮点，与众不同、标新立异地予以介绍，一定会收到意料之外的效果。

① 借助名人的名字。在新生见面会上，徐紫菱自我介绍时说："大家应该都很熟悉琼瑶阿姨的《一帘幽梦》吧，虽然我没有紫菱姐姐的舞蹈天分，但是我有一颗向往舞蹈的心，那么就请记住我，我叫徐紫菱。"再如王菲菲："我叫王菲菲，比'天后'王菲多了一个'菲'字，也许我爸爸希望我比她唱歌唱得更好，所以多加了一个'菲'字。"利用和名人的名字相近的方式来介绍自己，关键是选的名人应该是大家都知道的，否则收不到效果。

② 自嘲。比如王美丽这个名字，在介绍自己时可以说："不知道当年我的爸妈为什么给我取'美丽'这个名字。我既没有标准的身高，也没有苗条的身材，更没有漂亮的脸蛋，这大概是父母希望我虽然外表不美丽，但不要放弃对一切美丽事物的追求吧！"介绍自己时加入一些自嘲的话语，并不会招来别人的嘲笑，对方只会觉得你很幽默和大方。可见只要有积极的态度，就算是自嘲的介绍也会让人印象深刻。

③ 自夸。如李小单的自我介绍如下："我叫李小单，木子李，大小的小，简单的单。都是几个非常简单的字，就像我本人一样，简简单单、快快乐乐。虽然简单，但是并不代表我没有追求，其实我是一个有理想并且非常执着的人，在追求理想的路上我快

乐地生活着。"在自夸的时候也要有个度，适当表现出积极乐观就行，千万不要盲目自大、自吹自擂。

④ 说说姓名的来历。比如陈子健这个名字，可以说："在我还没有出生的时候，我父亲就已经想好我的名字了。因为他们很喜欢这样一句古语'天行健，君子以自强不息'，于是我的名字就被敲定了，同时也希望我可以像君子一样自强不息。"如果给名字加上这样一个有典故的故事，会让自己的名字给人一种形象感。

⑤ 巧用谐音。朱伟慧是这样介绍自己名字的："我的名字读起来特别像'居委会'，大家以后不用客气，尽可以把我当成居委会，有困难的时候来反映反映，本居委会力争为大家解决。"这样的谐音不仅让大家觉得很有趣，而且让人觉得很亲切、很随和，不记住她也不会不记住"居委会"。

⑥ 调换词序。如周非可介绍如下："把'非洲'倒过来读就是我的名字——周非。"如双胞胎姐妹可以这样介绍："她是妹妹杨倩一，我是姐姐杨一倩。"通过颠倒顺序来介绍，往往会给对方一种新鲜感。

⑦ 摘引成语。如任丽群这个名字介绍的时候可以说："大家都知道'鹤立（丽）鸡群'这个成语，但是我呢，是人（任），更希望出类拔萃，所以，我叫任丽群。"从大家都熟悉的成语典故中来解释自己的名字不仅让人记忆深刻，还会让人觉得此人很有文化感呢！

总之，自我介绍是有很大发挥余地的，我们应该想方设法把它丰富起来，不要放过这样一个吸引人注意的机会。①

（2）自我介绍的注意事项包括以下方面。

① 注意时间。自我介绍一定要力求简洁，尽可能节省对方的时间。一般在半分钟左右为佳，无特别需要最好不要超过一分钟。

② 掌握时机。应在对方有空闲、有兴趣或有要求时进行。

③ 讲究态度。举止庄重大方，表情应坦然、亲切，眼睛应看着对方和大家。

④ 力求真实。自我介绍应实事求是，真实可信，不可自吹自擂，夸大其词。

💡 **小贴士**

### 自我介绍的顺序

自我介绍的顺序要求，具体如下：

职位高者与职位低者相识，职位低者应先自我介绍；

男士与女士相识，男士应先自我介绍；

年长者与年少者相识，年少者应先自我介绍；

资历深者与资历浅者相识，资历浅者应先自我介绍。

✦ **小案例**

### 张帆的自我介绍

张帆成为一家化工企业的新员工，在上班的第一天，她认为要想把工作做好，首先就要把自己的人际关系搞好。她决定做自我介绍时给大家留下一个好印象，让大家记住她。所以，整个上午，她都在忙着和同事们自我介绍，也不管别人正在干什么，她上来就说："您好，打扰了，我是人事部门新来的员工张帆，以后大家就在一起工作了，希

---

① 汇智书源.让你身价倍增百万的社交礼仪书[M].北京：中国铁道出版社，2016.

望大家能够多多指点。"

看到张帆这种热情的态度,大家基本上都会对她表示欢迎。但当张帆去车间向大家介绍自己的时候,却发现,当自我介绍完了以后,并没有几个人搭理自己,大家顶多就是抬起头瞟一眼她,然后赶紧忙碌自己手里的工作,张帆不明白自己在什么地方得罪了他们。

【点评】张帆主动与人沟通的精神值得肯定,但是向人做自我介绍一定要根据交往对象的情况来进行,否则只能适得其反,不能取得良好的效果。

### 2. 他人介绍

(1) 他人介绍的形式。具体包括以下方面。

① 简介式。适用于一般的社交场合,其内容往往只有双方姓名一项,甚至可以只提双方姓氏。

② 标准式。适用于正式场合,内容以双方的姓名、单位、职务等为主。

③ 强调式。适用于各种交际场合,其内容除被介绍者的姓名外,往往还会刻意强调一下其中某位被介绍者与介绍者之间的特殊关系,以便引起另一位被介绍者的重视。

💡 小贴士

他人介绍范例

"请让我来介绍一下,这是张先生。"

"王小姐,请允许我向您介绍一下,这位是张林,华中软件公司经理。"

"王小姐,我来介绍一下,这位是刘先生,与黄先生是老乡,都是上海人。"

(2) 他人介绍的注意事项。具体包括以下方面。

① 要注意介绍人的身份。在商务交往中,介绍人应由公关礼仪人员、秘书担任;在社交场合,介绍人则应由女主人或与被介绍双方都有一定交情者担任。

② 他人介绍的顺序。按照国际惯例,他人介绍的顺序是"尊者有优先知情权",如图4-1所示。

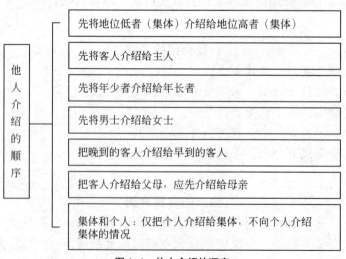

图4-1 他人介绍的顺序

③ 被介绍的双方在介绍完后,应相互握手问好。

他人介绍的场景如图4-2所示。

图4-2 他人介绍的场景

**小训练**

（1）这位是×××公司人力资源部的张经理，他可是实权派，路子宽，朋友多，需要帮忙可以找他。

（2）约翰·梅森·布朗是一位作家兼演说家。一次他应邀去参加一个会议并进行演讲。演讲开始前，会议主持人将布朗先生介绍给听众，下面是主持人的介绍语：先生们，请注意了。今天晚上我给你们带来了不好的消息。我们本想要求伊塞卡·马克森来给我们演讲，但他来不了，病了。（下面嘘声）后来我们要求参议员布莱德里奇前来，可他太忙了。（嘘声）最后，我们试图请堪萨斯城的罗伊·格罗根博士，也没有成功。（嘘声）所以，最后我们请到了——约翰·梅森·布朗。（掌声）

（3）我给各位介绍一下：这小子是我的铁哥们儿，开小车的，我们管他叫"黑蛋"。

讨论题：

（1）以上介绍各存在什么问题？

（2）在正式交际场合中进行介绍，应注意哪些规范？

**小贴士**

业务介绍的要求

（1）把握时机。应当在消费者或者目标对象有兴趣的时候再做介绍。

（2）讲究方式。在向目标对象介绍业务时应体现出人无我有、人有我优、人优我新、诚实无欺的优势。

（3）不诋毁他人。在业务介绍时注意不能诋毁同行。

### 3. 集体介绍

（1）集体介绍的含义。集体介绍是他人介绍的一种特殊形式，是指介绍者在为他人介绍时，被介绍者其中一方或者双方不止一个人，甚至是许多人。

在需要做集体介绍时，原则上应参照为他人介绍的顺序进行。其基本规则是：介绍双方时，先卑后尊。而在介绍其中各自一方时，则应当自尊而卑。

（2）集体介绍时的顺序。具体如下。

① 将一人介绍给大家。在被介绍者双方地位、身份大致相似，或者难以确定时，应使一人礼让多数人，人数较少的一方礼让人数较多的一方，先介绍一人或人数少的一方，后介绍人数较多的一方或多数人。

② 将大家介绍给一人。若被介绍者在地位、身份之间存在明显差异，特别是当这些差异表现为年龄、性别、婚否、师生以及职务有别时，地位、身份明显高者即使人数较少，甚至仅为一人，仍然应被置于尊贵的位置，先向其介绍人数多的一方，再介绍地位、身份高的一方。

③ 人数较多的双方介绍。若需要介绍的一方人数不止一人，可采取笼统的方法进行介绍，如可以说"这是我的家人""她们都是我的同事"等。但最好还是要对其一一进行介绍。进行此种介绍时，可按位次尊卑顺序进行介绍。先介绍位卑的一方，后介绍位尊的一方；或先介绍主方，后介绍客方的顺序。

④ 人数较多的多方介绍。当被介绍者不止两方，而是多方时，应根据合乎礼仪的顺序，确定各方的尊卑，由卑至尊，按顺序介绍各方。如果需要介绍各方的成员，也应按由卑到尊的顺序，依次进行介绍。

### 小训练

情景一：A男士和A女士在门口迎候来宾。

一辆小轿车驶到，B男士下车。A女士走上前，道："王总您好！"呈上自己的名片。又道："王总，我叫李月，是××集团公关部经理，专程前来迎接您。"B男士道谢。A男士上前："王总好！您认识我吧？"B男士点头。A男士又道："那我是谁？"B男士尴尬不堪。

情景二：B女士陪外公司一女士（C女士）进入本公司会客厅，本公司C男士正在恭候。

B女士首先把C男士介绍给客人："这是我们公司的陈总。"然后向自己人介绍客人："这是××公司的刘总。"

讨论题：

（1）请判断以上情景中人物做法的正误。

A男士（　　）A女士（　　）B男士（　　）B女士（　　）

（2）做法不对的人错在哪里？应怎样做？

### 4. 接受介绍

商务人士在社交场合中，更多的还是以被介绍者的身份出现的。这并不意味着你的角色不重要；相反，你的言行举止都暴露在众人的注意力下。在作为被介绍者的身份出现时，商界人士应该注意以下的态度和行为。

（1）站立。作为被介绍者，应当站立着，并面对对方，表现出彬彬有礼、乐于结识对方的诚意。介绍完毕，应与对方握手致意，并说"您好""幸会""很高兴认识你"等谦敬语。如果在被介绍时，不方便站起，也应尽可能做起立状。

（2）愉悦的神情。当自己被介绍时，应该放弃当时的私事，微笑着目视对方，同时伸出手，与对方热情、友好地握手。不要冷冰冰的样子，那样会让人感到趾高气扬、傲慢无礼，会伤害介绍人和另一方的感情。

（3）短暂交谈。在相互介绍完之后，双方交换名片或联系方式，然后一般会进行简短的寒暄或交谈。结束交谈和寒暄时要注意使用礼貌的语言，表达不舍的心情。

道别时，可以说"再见！""见到您真是太高兴了，以后有问题我多多向您请教。""希望有机会还能与您见面！""有幸能认识您真是太好了，以后保持联系。"等。

🔔 **小训练**

以小组为单位,分角色进行自我介绍和他人介绍礼仪的模拟训练。

## 三、握手

💡 **小贴士**

### 握手的由来

史前时期,人类的祖先以打猎为生,世界对他们来说是充满着危险的。因此,当陌生人相遇时,如果双方都怀着善意便伸出一只手来,手心向前,向对方表示自己手中没有石头或武器,走近之后,两人互相摸摸右手,以示友好。这样沿袭下来,便成为今天人们表示友好的握手。

关于握手礼来源的另一种说法是:中世纪时,骑士们都穿着盔甲,全身披挂后,除两只眼睛外,其余都包裹在盔甲里,随时准备冲向敌人。如果表示友好,互相走近时就应脱去右手的甲胄,伸出右手,表示没有武器,互相握手,这是和平的象征。

当今,握手已成为世界上最为普遍的一种礼节,其应用的范围远远超过了鞠躬、拥抱、亲吻等。在商务交往中,我们必须注意握手的基本礼节。

**1. 握手的顺序**

根据商务礼仪规范,握手时双方伸手的先后次序,一般应当遵守"尊者先伸手"的原则,应由尊者首先伸出手来,位卑者只能在此后予以响应,而绝不可贸然抢先伸手,不然就是违反礼仪的举动。其基本规则如下。

(1) 男女之间握手。男女之间握手,男士要等女士先伸出手后才握手。如果女士不伸手或无握手之意,男士向对方点头致意或微微鞠躬致意。男女初次见面,女方可以不和男士握手,只是点头致意即可。男女握手时,男士要脱帽和脱右手手套,如果偶遇匆匆忙忙来不及脱,要道歉。女士除非对长辈,一般可不必脱手套。

(2) 宾客之间握手。宾客之间握手,主人有向客人先伸出手的义务。在宴会、宾馆或机场接待宾客时,当客人抵达,不论对方是男士还是女士,女主人都应该主动先伸出手。男士因是主人,尽管对方是女宾,也可先伸出手,以表示对客人的热情欢迎。而在客人告辞时,则应由客人首先伸出手来与主人相握,在此表示的是"再见"之意。

(3) 长幼之间握手。长幼之间握手,年幼的一般要等年长的先伸手。和长辈及年长的人握手,不论男女,都要起立趋前握手,并要脱下手套,以示尊敬。

(4) 上下级之间握手。上下级之间握手,下级要等上级先伸出手。但涉及主宾关系时,可不考虑上下级关系,做主人的应先伸手。

(5) 一个人与多人握手。若是一个人需要与多人握手,则握手时也应讲究先后次序,由尊而卑,即先年长者后年幼者,先长辈后晚辈,先老师后学生,先女士后男士,先已婚者后未婚者,先上级后下级,先职位、身份高者后职位、身份低者。

值得注意的是:在商务场合,握手时伸手的先后次序主要取决于职位、身份;而在社交、休闲场合,则主要取决于年龄、性别、婚否。

⭐ **小案例**

### 如此握手

刘兵和新同事小李来集团公司开会的时候,遇到了集团的赵总。刘兵赶紧远远地和赵总打了个招呼，赵总也向他点点头。赵总正要转身离去的时候，刘兵赶紧向前紧走两步向赵总伸出了手，赵总表现出一丝犹豫，但还是勉强地伸出了手。

刘兵和赵总握手后，又赶紧给小李做介绍："小李，这是咱们集团的赵总。"然后又转向赵总："赵总，这是咱集团二公司人力资源部的小李。"敏感的小李明显感觉赵总的脸色转"阴"了。

【点评】与人握手以及作为介绍人为他人做介绍，都是有严格的礼宾次序要求的。刘兵在这方面显得过于随意，对人尤其是对尊者是极不敬的。

### 2. 握手的方法

握手的标准方式是行礼时行至距握手对象约1米处，双腿立正，上身略向前倾，伸出右手，4指并拢，拇指张开与对方相握。握手时应用力适度，上下稍许晃动3～4次，随后松开手来，恢复原状，如图4-3所示。具体应注意以下几点。

图4-3 握手的方法

（1）神态专注。与人握手时神态应专注、热情、友好、自然。在通常情况下，与人握手时，应面带微笑，目视对方双眼，并且口道问候。在握手时切勿显得自己三心二意，敷衍了事，漫不经心，傲慢冷淡。如果在此时迟迟不握他人早已伸出的手，或是一边握手，一边东张西望，目中无人，甚至忙于跟其他人打招呼，都是极不礼貌的。

（2）注意力度与时间。握手时用力应适度，不轻不重，恰到好处。如果手指轻轻一碰，刚刚触及就离开，或是懒懒地、慢慢地相握，缺少应有的力度，会给人勉强应付、不得已而为之之感。

一般来说，手握得紧是表示热情。男人之间可以握得较紧，甚至另一只手也加上，包括对对方的手大幅度上下摆动，或者在手相握时，左手又握住对方胳膊肘、小臂甚至肩膀，以表示热烈。但是注意既不能握得太使劲，使人感到疼痛，也不能显得过于柔弱，不像个男子汉。

对女性或陌生人，轻握是很不礼貌的，尤其是男性与女性握手应热情、大方、用力适度，通常是握紧后打过招呼即松开。但如亲密朋友意外相遇，敬慕已久而初次见面，至爱亲朋依依惜别，衷心感谢难以表达等场合，握手时间可长一点，甚至紧握不放，话语不休。

在公共场合，如列队迎接外宾，握手的时间一般较短。握手的时间应根据与对方的亲密程度而定。

## 小贴士

### 握手方式与性格

① 控制式。用掌心向下或向左下的姿势握住对方的手。这种人想表达自己的优势、主动、傲慢或支配地位。一般具有说话干净利落、办事果断、高度自信的特点。凡事一经自己决定,就很难改变观点,作风不大民主。

② 谦恭式。即用掌心向上或向左上的手势与对方握手。这种人往往性格软弱,处于被动、劣势地位,处事比较谦和、平易近人,不固执,对对方比较尊重、敬仰,甚至有几分畏惧。

③ 对等式。即握手时两人伸出的手心都不约而同地向着左方握在一起。这种人比较友好,也可能是很遵守游戏规则的、平等的竞争对手。

④ 双握式。即在右手相握的同时,再用左手加握对方的手背、前臂、上臂或肩部。加握部位越高,其热情友好的程度也显得越高。这种人热情真挚、诚实可靠、信赖别人。

⑤ 捏手指式。即只捏住对方的几个手指或手指尖部。女性与男性握手时,为了表示自己的矜持与稳重,常采取这种方式。如果是同性别的人之间这样握手,就显得有几分冷淡和生疏。若换成显贵人物,则其意在显示自己的"尊贵"。

⑥ 拉臂式。即将对方的手拉到自己的身边相握。这种人往往过分谦恭,在他人面前唯唯诺诺、轻视自我、缺乏主见与敢作敢为的精神。

⑦ 死鱼式。即握手时伸出一只无任何力度、质感,不显示任何积极信息的手。这种人的性格不是生性懦弱,就是对人冷漠无情,待人接物消极傲慢。

(3) 注意握手的禁忌。在人际交往中,握手虽然司空见惯,看似寻常,但是由于它可被用来传递多种信息,因此在行握手礼时应努力做到合乎规范,要注意以下禁忌。

① 不要用左手与他人握手,尤其是在与阿拉伯人、印度人打交道时要牢记此点,因为在他们看来左手是不洁的。

② 不要在握手时争先恐后,而应当遵守秩序,依次而行。

③ 特别要记住,如与基督教信徒交往时,要避免两人握手时相握的手形成交叉状。

④ 不要戴着手套握手,在社交场合女士的晚礼服手套除外。

⑤ 不要在握手时戴着墨镜,只有患有眼疾或眼部有缺陷者才能例外。

⑥ 不要在握手时将另外一只手插在衣袋里。

⑦ 不要在握手时另外一只手依旧拿着香烟、报刊、公文包、行李等东西而不肯放下。

⑧ 不要在握手时面无表情,不置一词,好似根本无视对方的存在,而纯粹是为了应付。

⑨ 不要在握手时长篇大论,点头哈腰,滥用热情,显得过分客套,让对方不自在、不舒服。

⑩ 不要在握手时把对方的手拉过来、推过去,或者上下左右抖个没完。

此外,不要在与人握手之后,立即揩拭自己的手掌,好像与对方握一下手就会使自己受到感染似的。

### 小训练

两人一组训练标准的握手姿势,并要能说出握手的禁忌。

# 第二节　职场接待礼仪

迎来送往是社交接待活动的最基本形式，是表达主人情谊及体现礼仪素养的重要环节。在整个接待过程中，应遵循以下礼仪规范。

## 一、准备

迎接，是给客人良好第一印象的最重要工作。在接待工作中，把迎宾工作做好，对来宾表示尊敬、友好与重视，来宾就会对东道主产生良好印象，从而为下一步深入接触打下基础。在迎宾工作中，要注意做好以下前期准备工作。

### 1. 掌握基本状况

接待人员一定要充分掌握来宾的基本状况，尤其是主宾的个人情况，如姓名、性别、年龄、籍贯、民族、单位、职务、专业、偏好等，必要时还需了解其婚姻、健康状况、政治倾向与宗教信仰等。如果来宾尤其是主宾曾经来访过，则在接待规格上要注意前后一致，无特殊原因不宜随意升格或降格。来宾如报出自己的计划，比如来访的目的、来访的行程、来访的要求等，应在力所能及的前提下满足其特殊要求，尽可能给对方以照顾。

### 2. 制订具体计划

为了避免疏漏，一定要制订详尽的接待计划，以便按部就班地做好接待工作。根据常规要求，接待计划至少应包括迎送方式、迎送规格、交通工具、膳宿安排、工作日程、文娱活动、游览、会谈、会见、礼品准备、经费开支以及接待、陪同人员等基本内容。

### 3. 确认抵达时间

有时候，来宾到访时间或因其健康状况，或因紧急事务缠身，或因天气变化、交通状况等的影响，难免会有较大变动，因此，接待方务必在对方正式启程前与对方再次确认一下抵达的具体时间，以便安排迎宾事宜。

📖 **小故事**

**周公吐哺，天下归心**

周公姓姬名旦，是周文王第四子，武王的弟弟，我国古代著名的政治家，曾两次辅佐周武王东伐纣王，并制作礼乐，天下大治。因其采邑在周，爵为上公，故称周公。

关于"周公吐哺"的典故，据说周公自言："吾文王之子，武王之弟，成王之叔父也；又相天下，吾于天下亦不轻矣。然一沐三握发，一饭三吐哺，犹恐失天下之士。"周公唯恐失去天下贤人，洗一次头时，曾多回握着尚未梳理的头发；吃一顿饭时，也数次吐出口中食物，迫不及待地去接待贤士。周公堪称礼贤下士的待客典范，也为后世为政者的典范。孔子的儒家学派把周公作为人格的最高典范，孔子终生倡导的是周公的礼乐制度。

## 二、迎宾

### 1. 迎宾人员

一般来说，迎送人员与来宾的身份要相当，但如果己方当事人因临时身体不适或不在当地等原因不能前来迎送也可灵活变通，由职位相当的人士或由副职出面。遇到这种情况，应从礼貌角度出发向对方做出解释。另外，迎宾人员最好与来宾专业对口。

### 2. 迎宾地点

来宾的地位、身份不同，迎宾地点往往也会有所不同。在一般情况下，迎宾的常规地点有：交通工具停靠站（如机场、码头、火车站等）、来宾临时住所（如宾馆）、东道主的办公地点门外等。在确定迎宾地点时，还要考虑以下因素：双方的身份、关系及自身的条件。

### 3. 迎宾时间

到车站、机场去迎接客人，应提前到达，绝不能迟到让客人久等。客人刚下飞机或下车就能看见有人等候，一定会感激万分；如果是第一次到这个城市，还能因此获得安全感。若迎接来迟，会使客人感到失望和焦虑不安，还会因等待而产生不快，事后无论怎样解释都无法消除这种失职和不守信誉造成的印象。

### 4. 迎宾标识

如果迎接人员与客人素未见面，一定要事先了解一下客人的外貌特征，最好举个小牌子去迎接。小牌子上尽量不要用白纸黑字，这样会给人晦气的感觉；也不要写"××先生到此来"，而应写"××先生，欢迎您""热烈欢迎××先生"之类的字样；字迹力求端正、大方、清晰，不要用草书书写。一个好的迎宾标识，既便于找到客人又能给客人留下美好印象——当客人迎面向你走来时会产生自豪感。在单位门口，不要千篇一律地写上Welcome一词，而应根据来宾的国籍随时更换语种，这样使来宾有亲切感。

### 5. 问候与介绍

接到客人后，切勿一言不发、漠然视之，而要先与之略作寒暄，比如说一些"一路辛苦了""欢迎您来到我们这个美丽的城市""欢迎您来到我们公司"之类的话。然后要向客人介绍自己的姓名和职务，如有名片更好；客人知道你的姓名后，如一时还不知如何称呼你，你可以主动表示"就叫我小×或××好了"。其他接待人员也要一一向客人做自我介绍，有时可由领导介绍，但更多的时候是由秘书承担这一职责。在做介绍时，态度要热情，要端庄有礼，要正视对方并略带微笑，可以先说"请允许我介绍一下"，然后按职务高低将本单位的人员依次介绍给来宾。对于远道而来、旅途劳顿的来宾，一般不宜多谈。

### 6. 握手

握手是见面时最常见的礼节，双方相互介绍之后应握手致意。握手时，要注视对方，微笑致意，并使用"欢迎您"等礼貌用语。迎接来宾时，迎宾人员一定要主动与对方握手。

### 7. 献花

有时迎接重要宾客还要向其献花，一般以献鲜花为宜，并要保持花束的整洁、鲜艳。在社交场合，献什么花、怎么献花，常因民族、地域、风情、习俗、目的的不同而有所区别。一般情况下，应注意从鲜花的颜色、数目和品种三个方面加以考虑。

### 8. 为客代劳

接到来宾后，在走出迎宾地点时应主动为来宾拎拿行李，但对来宾手上的外套、钱包或是密码箱等则不必"代劳"。客人如有托运的物件，应主动代为办理领取手续。

#### 9. 休息室接待

在迎送身份特殊的客人（VIP）时，可事先在机场、车站、码头安排贵宾休息室并准备饮料、播放高雅的音乐，以消除客人旅途的劳顿。如对方是外宾，休息室内还可挂上所在国的国旗，摆放一些报刊，以增加酒店与客人之间的感情。

💡 小贴士

**接待人员应做到的3S**

当客人到达时，接待人员应该做到以下三个S。

（1）Standing（站立）：起身迎接客人，不管客人的年龄和辈分怎样，对方刚刚到达时，需要站起来欢迎一下对方，这是最基本的礼貌。

（2）See（目中有人）：聚精会神，正视客人，让客人感觉自己受到重视，通过你的眼神把诚意准确传达给客人。

（3）Smile（面带微笑）：微笑是世界上最好的沟通方式，微笑的魅力是无穷的，它会把欢迎和欣喜无言地传递给对方。

### 三、陪同

#### 1. 话题

在接待客人时，客人一般可能对以下话题感兴趣，比如将要参加活动的有关背景资料、筹备情况、建议，当地的风土人情、气候、物产，富有特色的旅游地点，近期本市发生的大事，本市知名人士的情况，当地的物价等。迎宾人员应有所准备。

#### 2. 陪车

客人抵达后从机场到住地以及访问结束后由住地到机场，有时需要主人陪同乘车。主人在陪车时，应请客人坐在自己的右侧。有司机的时候，后排右位最佳，应留给客人。在上车时，应主动打开车门，以手示意请客人先上车，自己后上。最好让客人从右侧门上车，主人从左侧门上车，以免从客人座前穿过。如客人先上车坐到了主人的位置上，则不必请客人挪动位置。

#### 3. 宾馆接待

将来宾送至宾馆，陪同者要主动代办登记手续，并将其送入房间。进入客人房间后，应告知客人餐厅何时营业，有何娱乐设施，有无洗衣服务等信息以使客人心中有数。客人一到当地，最关心的就是日程安排，所以应事先制订活动计划。客人到宾馆后，应马上将日程表送上，以便客人据此日程安排私人活动。根据活动安排，客人将与哪些人会面与会谈，也应向客人作简略介绍。为了帮助客人尽快熟悉访问地的情况，还可以准备一些有关方面的出版物给客人阅读，如本地报纸、杂志、旅游指南等。考虑到客人旅途劳累，主人不宜久留，应让客人早些休息，分手前要说好下一次见面的时间和地点，并留下自己的地址和电话号码，以便客人有事时联系。

#### 4. 奉茶

我国人民习惯以茶水招待客人。在招待尊贵客人时，选择什么茶具，怎样倒茶和递茶都有许多讲究。在给客人送茶时，茶具不能有破损和污垢，要清洗干净、擦亮，杯内的茶水倒至八分满即可，不可倒满，免得溢出来溅洒到客人身上。茶水冷热也要控制好，千万别烫着客人。端送茶水最好使用托盘，既雅观又卫生；托盘内放一块抹布更好,以便茶水溢出时擦拭。在端茶时,有杯柄的茶杯可一手执杯柄一手托在杯底或单手执杯柄;若茶杯没有杯柄则注意不要用手握住茶杯口,以减少手指和杯沿部分的接触,更不可把拇指伸入杯内。敬茶时可以按由右往左的顺序逐个奉上,也可按主要宾客或年长者—其他客人、上级领导—其他客人这个顺序敬奉。

☺ 小幽默

倒 茶 水

有客人来家里。爸爸倒了杯茶水,对4岁的儿子说:"去,给叔叔端杯茶。"

儿子端着杯子送到客人手里,不小心把茶水洒到了客人的裤子上。

爸爸连忙向客人道歉,帮忙清理完,对儿子说:"茶水太少了,再倒点去。"

儿子一听,把剩下半杯茶水也倒在客人裤子上了。

### 5. 引导

宾主双方并排行进时,引导者应主动走在外侧,而请来宾走在内侧。3人并行时,通常中间的位次最高,内侧的位次居次,外侧的位次最低,宾主的位置可依此酌定。在单行行进时,循例引导者应走在来宾前两三步;走到拐角处时,引导者一定要先停下来,转过头说"请向这边来";引导客人上楼时,应该让客人走在前面,引导者走在后面;引导途中,引导者切勿与客人高谈阔论,更不许与客人玩笑打闹,以免客人走神当众摔跤出丑;下楼时,引导者应走在前面靠墙壁一侧,而让客人走在后面靠楼梯栏杆一侧。

### 6. 乘电梯

引导客人乘坐电梯时,接待人员应先进入电梯,按住电梯"开"钮,等客人进入后关闭电梯门;到达相应楼层后,接待人员应按住"开"钮,让客人先出电梯。如果电梯由专人控制,接待人员则应后入先出。在电梯内,接待人员切忌两眼直盯客人,可视与客人的熟识程度与客人交谈,以示友好。

☆ 小案例

**不懂电梯礼仪的王强**

营销人员王强要到办公大楼门口迎接前来体验产品的顾客张太太。这是王强第一次接待顾客,所以表现得极为热情,一见面就嘘寒问暖。进入电梯时,王强抢先踏入,紧靠最里面站好,想把更多的空间留给顾客。

电梯里,除了王强和张太太还有其他乘梯者,王强为了不冷场,便充分发挥了他的口才,继续和张太太攀谈,问这问那、口若悬河,但是张太太只是礼貌性地冲他微笑,偶尔轻声简单回答他的问题,并没有攀谈的意思,这让王强觉得非常尴尬。最终,张太太匆匆参观了工作室,就表示有急事先回去了。

经过经理的指点王强才知道,因为在电梯里对顾客接待不周的原因,顾客认为她没有得到应有的尊重。知道原因后,王强非常后悔自己的电梯失仪行为。

【点评】电梯虽小,礼仪别有洞天,乘电梯尤其考验一个人的礼仪修养水平。通过得体的电梯礼仪,可以在短短的几十秒内给他人留下良好的印象。

### 7. 开门

引导客人至会客厅,应先敲门、再开门。如果门是向外开的,应用手按住门,让客人先进；如果门往里开，则自己先进，按住门后再请客人进入。一般应右手开门，再转到左手扶住门，面对客人，请客人进入屋内再关门。无论房门是推开式还是拉开式，都必须将其完全敞开。为了不让客人看到自己的背部，引导者应用单手开闭房门。

**8. 会客室接待**

进入会客室后，客人如有外套、帽子、雨伞等物，可接过挂放于衣帽架或明显处，并向客人说明："××先生，您的外套挂在这里。"应将来客让至上座入座，以示尊重和欢迎。一般来说，室内离门口最远的座位就是上座。如果上司还没到，在与客人聊天时，接待者注意不要谈论本公司的长短及涉密事项，可聊一些轻松的无关紧要的话题。

☆ **小案例**

小李的接待观

小李是公司新入职不到两个月的员工。在这不到两个月的时间里，数次接到顾客的投诉。原来，小李自以为是大学生，在业务接待中对顾客爱理不理，态度非常冷淡。他认为：我是大学生，搞业务如果还赔着笑脸"低三下四"地接待，那岂不成侍候人了！再说了，每天的工作都不清闲，哪还有那么多精力去赔笑脸。

甚至有一次一位白发苍苍的老人为了解业务，在小李面前一直站着说话，半蹲着身子写材料前后近半小时，而小李则抖着腿，有一搭没一搭地应付着，更不用说起身请老人坐下说话，给老人端杯水了。

正好经理巡视路过，在月末的大会上点名，严厉地批评了小李。经理说这样的接待行为无疑严重影响了企业形象，绝不允许这样的行为再发生……①

【点评】大学生刚毕业从事商务工作，需要学习、了解的东西很多，应该虚心地向同事们学习。应该从尊重人、懂礼貌等基础做起。

☺ **小幽默**

无 法 接 待

心不在焉的教授生病了，被送到医院住院。

护士："教授，大夫来了。"

教授："请告诉他，很抱歉，我现在病得很厉害，所以不能接待他。"

## 四、送别

送别，是留给客人良好印象的最后一项重要工作。不管前面的接待工作做得多么周到，如果最后的送别让客人备受冷落，那么整个接待工作就会功亏一篑。做好送别工作，关键在于一个"情"字。具体而言，送别时应注意以下礼仪。

**1. 提出道别**

在日常接待活动中，宾主双方由谁提出道别是有讲究的。按照常规，道别应当由客人先提出来，假如主人先与来客道别，会给人以厌客、逐客的感觉。

**2. 送别用语**

宾主道别，彼此都会使用一些礼貌用语来表达与对方的惜别之情，最简单、最常用的莫过于一声亲切的"再见"，除此之外，"您走好""有空多联系""多多保重"等也是

---

① 未来之舟.职场礼仪[M].北京：中国经济出版社，2008.

得体的送别用语。

### 3. 送别的表现

一般客人告辞离去，秘书只需起身将其送至门口并说声"再见"即可。如果上司要求你代其送客，则应视需要将客人送至相应地点：如果对方是常客，通常应将其送至门口、电梯门口或楼梯旁、大楼底下、大院门外；如果是初次来访的贵客，则要陪伴对方走得更远些。如果只将客人送至会议室或办公室门口、服务台边，则要说声"对不起，失陪"并目送客人走远；如果将客人送至电梯门口，则宜点头致意，目送客人至电梯门关上为止；若将客人送至大门口或汽车旁，则应帮客人携带行李或稍重物品，并帮客人拉开车门，开车门时右手置于车门顶端，按先主宾后随员、先女宾后男宾的顺序或客人的习惯引导客人上车，同时向客人挥手道别，祝福旅途愉快，目送客人离去。在送别的过程中，切忌流露出不耐烦、急于脱身的神态，以免给客人匆忙打发他走的感觉。

📖 **小故事**

**李嘉诚送客**

很多知名企业家也很注意送人的礼节。一位内地企业家在接受电视采访时谈到了他去李嘉诚办公室拜访李嘉诚的经历。

那天，李嘉诚和儿子一起接见了他。会谈结束之后，李嘉诚起身从办公室陪他出来，送他到电梯口。更让人惊叹的是，李嘉诚不是送到即走，而是一直等到电梯上来，等企业家进入电梯，再举手告别，一直等到门合上。身为亚洲首富的李嘉诚肯定是日理万机，可他依旧注重礼节，亲自送人，没有丝毫的怠慢。这位内地企业家面对着电视机前的亿万观众动情地说："李嘉诚这么大年纪了，对我们晚辈如此尊重，他不成功都难。"

【点评】李嘉诚作为知名企业家肯定是日理万机，可他依旧注重礼节，亲自送人，没有丝毫的怠慢，这实在令人敬佩并值得学习。

🏋 **小训练**

以小组为单位，模拟在社交场合运用接待礼仪接待客人的情景，注意相关细节。

## 第三节　职场拜访礼仪

拜访是公务、商务等社会活动中经常性的工作，是最常见的社交形式，同时也是联络感情及增进友谊的有效方法。要使拜访更得体、更有效，更好地实现拜访的目的，就要重视和学习拜访的礼仪。

## 一、预约

拜访前，应事先联络妥当，尽可能事先告知，最好提前和对方约定时间，以免扑空或打乱对方的日程安排，即使是电话拜访也不例外，不告而访是非常失礼的行为。

如果双方有约，应准时赴约，不能轻易失约或迟到。但如果因故不得不迟到或取消访问，一定要设法在事前通知对方，并表示歉意。

拜访应选择适当的时间，选择一个对方方便的时间。做客拜访一般可在平时晚饭后或假日的下午，要避免在吃饭和休息的时间登门造访。

📖 小故事

### 守时的康德

德国著名古典哲学家康德是一个十分守时的人,他认为守时是一种美德,代表着礼貌和信誉。1779年,他想要去一个名叫珀芬的小镇拜访老朋友威廉先生,事先写信告诉威廉,说自己将会于3月5日上午11时之前到达。

康德3月5日一早就租了一辆马车上了去威廉先生家的路。途中经过一条河,需要从桥上穿过去。但马车来到河边时,车夫停了下来,对车上的康德说:"先生,对不起,桥坏了,再往前走很危险。"康德只好从马车上下来,看看从中间断裂的桥,他知道确实不能走了。康德看了看时间,已经10时多了,他焦急地问:"附近还有没有别的桥?"车夫回答:"有,在上游,如从那座桥上过去,最快也得40分钟才能到达目的地。"康德算了算时间,那就赶不上约好的时间了。于是,他跑到附近的一座破旧的农舍旁边,对主人说:"请问您这间房子肯不肯出售?"农妇听了很吃惊地问:"我的房子又破又旧,而且地段也不好,你买这间房子干什么?""你不用管我有什么用,你只要告诉我你愿不愿意卖?""当然愿意,200法郎就可以。"康德毫不犹豫地付了钱,对农妇说:"如果您能够从房子上拆一些木头,在20分钟内修好这座桥,我就把房子还给你。"农妇再次感到吃惊,但还是立即把儿子叫来,及时修好了那座桥。马车终于平安地过去了。

10时50分的时候,康德准时来到了老朋友威廉家门前。这时,已等候在门口的老朋友看到康德,大笑着说:"亲爱的朋友,你还像原来一样准时啊!"可他哪里知道康德路途中间买房修桥的事。康德认为,守时也是一种信誉。

【点评】守时是一种美德。懂得珍惜时间的人,不仅要注意不浪费自己的时间,也要时时注意不能够白白浪费别人的时间。守时的人才会受到别人的尊重。

☺ 小幽默

### 换 只 手 表

乔治·华盛顿是美国的第一位总统。他有一个年轻的秘书,一天早晨,这位秘书来迟了,他发现华盛顿正在等候着,感到很内疚,便说他的表出了毛病。华盛顿平静地回答:"恐怕你得换一只表,否则我得换一位秘书了。"

## 二、准备

拜访具体要做好以下准备工作。

**1. 明确拜访目的**

无论是初次拜访还是再次拜访,都要事先明确拜访的主要目的。

**2. 准备有关资料**

商务拜访,比如客户拜访,要准备的资料就包括公司及业界的资料、相关产品资料、客户的相关信息资料、销售资料及方案、针对可能出现的情况事先拟订的解决方案或应对方案及一些小礼品等。此外,名片、电话号码簿等资料也要事先准备好。

**3. 设计拜访流程**

要针对拜访环节准备好最稳妥、最得体的称呼和开场白,选择好话题材料,确定话题范围等。

**4. 电话预约确认**

出发前应致电被拜访者,再次确认本次拜访人员、时间和地点等事宜。

#### 5. 注意礼仪细节

到达前，最好先整理服装仪容。如果是重要的拜访对象，要事先关掉手机，这体现了对拜访对象的尊敬及对访问事宜的重视。

☆ **小案例**

有 备 无 患

王莉在某公司市场部工作，她准备去拜访顺达公司的市场部经理胡军先生。王莉预约的拜访时间是本周三下午3点。事前王莉准备好了有关的资料、名片，并对顺达公司及胡军先生进行了了解。拜访前王莉对自己的仪容、仪表进行了精心、得体的修饰。到了周三，王莉提前5分钟到达顺达公司。在与胡军先生的交谈过程中，王莉简明扼要地表达了拜访的来意，交谈中始终紧扣主题，给胡军先生留下了很好的印象，最终促成了合作。

【点评】同接待人员一样，拜访人员也是身处公司对外工作的第一线，自身的一言一行、一举一动都是公司形象的展现，王莉充分认识到了这点，她在拜访中的礼仪表现无懈可击，堪称完美。

☺ **小幽默**

拜 访 耶 稣

一个教师在课堂上打了一会儿瞌睡，当他醒来时，他哄骗学生说："我做了个梦，梦里我去见耶稣了。"第二天，他的一个学生也在课堂上打起了瞌睡。这个教师就拿着教鞭敲着桌子叫醒他，说："你怎么能在上课时睡觉？"

学生回答说："我也去拜访耶稣了。"

老师问道："那么耶稣对你说什么了呢？"

学生回答："他告诉我说他昨天根本没看见您——我尊敬的老师。"

### 三、登门

到达拜访地点后，如果对方因故不能马上接待，可以在对方接待人员的安排下在会客厅、会议室或前台安静地等候。如果等待时间过久，可以向有关人员说明，并另定时间，不要显出不耐烦的样子。有抽烟习惯的人，要注意观察该场所是否有禁止吸烟的警示，即使没有，也要问问工作人员是否介意抽烟。如果接待人员没有说"请随便看看"之类的话，就不要随便东张西望，到处窥探，那是非常不礼貌的行为。

到达被访人所在地时，一定要事先轻轻敲门，进屋后等主人安排好座位再坐下。后来的客人到达时，先到的客人应站起来，等待介绍或点头示意。对室内的人，无论认识与否，都应主动打招呼。

如果与对方是第一次见面，应主动递上名片或做自我介绍，熟人间可握手问候。如果客人带其他人来，要介绍给主人。

进门后，应把随身带来的外套、雨具等物品搁放到接待人员指定的地方，不可任意乱放。

接茶水时，应从座位上欠身，双手捧接，并表示感谢。

吸烟者应在主人敬烟或征得主人同意后，方可吸烟。和主人交谈时，应注意掌握时间，有要事必须要与主人商量或向对方请教时，应尽快表明来意，不要不着边际，浪费时间。

### 📄 小案例

**如 此 拜 访**

金勇是一位刚刚大学毕业分配到利华公司的新业务员，今天准备去拜访某公司的王经理。由于金勇没有王经理的电话，所以他没有预约就直接去了王经理的公司。金勇刚入职，还没有公司制服，所以他选择了休闲运动装。到达王经理的办公室时，刚好王经理正在接电话，就示意让他在沙发上坐下等。金勇便往沙发上一靠，跷起"二郎腿"，一边吸烟一边悠闲地环视着张经理的办公室。在等待的时间里不时地看表，不时地从沙发上站起来在办公室里走来走去，还随手翻了一下放在茶几上的一些资料。

【点评】"不速之客""不请自来"，从这些成语中不难看出人们对唐突拜访的抵制态度。金勇无疑在这方面首先失礼了，此外，其着装、在办公室的举止表现都不符合礼仪规范，也大大损害了其个人形象。

## 四、告辞

拜访结束时彬彬有礼地告辞，可给对方留下良好的印象，同时也给下次的拜访创造良好氛围和机会，所以及时告辞、礼貌告辞这一环节相当重要。

拜访时间的长短应根据拜访目的和主人意愿而定，通常宜短不宜长、适可而止。当接待者有结束会见的表示时，应立即起身告辞。

告辞时要同主人和其他客人一一告别。如果主人出门相送，应请主人留步并道谢，热情地说声再见。

拜访中途因特殊情况不得不离开时，无论主人在场与否，都要主动告别，不能不辞而别。

### 😊 小幽默

**话 别**

小林是个不太会说话的人。这天去火车站送别妻子，妻子怕小林难受，就说："亲爱的，你不要到站台送我了，我怕你伤心，而且还要花一块钱买站台票。"小林脱口而出："没关系，花一块就能把你送走，挺值的！"

## 五、拜访过程应注意的礼仪

**1. 准时到达**

让被拜访者无故等候无论因何原因都是严重失礼的行为。如果是对方要晚点到，要耐心等待，可充分利用剩余的时间检查准备工作。

**2. 控制时间**

谈话时应开门见山，不要海阔天空，浪费时间。最好在约定时间内完成访谈，如果被拜访者表现出有其他要事的样子，千万不要再拖延时间；如未完成工作，可约定下次拜访时间。

**3. 注意言谈举止**

要以优雅得体的言谈举止体现素质、涵养和职业精神，赢得对方的好感和敬重。即便与接待者的意见相左，也不要争论不休，要注意观察接待者的举止神情，当其有不耐烦或为难的表现时，应转换话题或口气，总之，要避免出现不愉快的场面。

### 4. 注意见面礼节

必须要事先搞清对方人员的真实身份，根据主次或亲疏的关系，去施行握手礼、拥抱礼还是其他见面礼节，处理好见面时的礼仪关系十分必要。

### 5. 尊重对方习惯

由于被拜访者的国别、民族、年龄、性别以及爱好、兴趣、习惯各有不同，要事先了解清楚，并给予充分的尊重。

### 6. 讲究服饰

服饰事关拜访者自身的职业形象和所代表的机构形象，也体现对被拜访者的尊重，所以，拜访者在拜访前对服饰的选择和斟酌，马虎不得。

### 7. 及时致谢

对拜访过程中接待者提供的帮助要及时适当地致以谢意。

### 8. 事后致谢

若是重要约会，拜访之后给对方寄一封谢函或发一条短信，会加深对方的好感。

**小训练**

以小组为单位，创设社交的情景，模拟练习拜访，注意相关细节。

## 第四节　职场通信礼仪

世界已经进入信息时代，人们之间的联系交流因为科学技术提供的先进通信工具和手段而变得更加方便、准确和及时。过去人们通联主要是写信、拍发电报，现在不仅固定电话普及，移动电话、电子邮件、传真机等也都成为现代社交活动的重要通信工具。电报这种过去的重要通信工具在现代社交活动中使用得越来越少，逐渐居于次要地位，但传统的书信通联依然具有其独特的功效和魅力。在享受通联便捷与快乐时，请不要忘记通联时的礼貌。

### 一、电话

**小贴士**

**电话的语言要求**

（1）态度礼貌友善。当我们使用电话交谈时，我们不能简单地将对方视作一个"声音"，而应看作是面对一个正在交谈的人，尤其是对某组织的办公人员来说更是如此。如果你与之是初次交往，那么，这样一次电话接触便是你给公众的第一次"亮相"，应十分慎重。因此，在使用电话时，多用肯定语，少用否定语，酌情使用模糊用语；多用些致歉语和请托语，少用些傲慢语、生硬语。礼貌的语言、柔和的声音，往往会给对方留下亲切之感。正如日本一位研究传播的权威所说："不管是在公司还是在家庭里，凭着个人在电话里的讲话方式，就可以基本判断出其'教养'的水准。"

（2）传递信息简洁。电话用语要言简意赅，将自己所要讲的事用最简洁明了的语言表达出来。因为通话的一方尽管有诸如紧张、失望而表情异常的体态语言，但通话的另一方不知道，他所能得到的判断只能是来自他听到的声音。在通话时最忌讳发话人吞吞吐吐，含糊不清，东拉西扯。其正确的做法是：问候完毕对方，即开宗明义，直言主题，少讲空话，不说废话。

（3）控制语速语调。通话时语调温和，语气、语速适中，这种有魅力的声音容易使对方产生愉悦感。如果说话过程语速太快，则对方会听不清楚，显得应付了事；太慢，则对方会不耐烦，显得懒散拖沓；语调太高，则对方听得刺耳，感到刚而不柔；太低，则对方会听不清楚，感到有气无力。一般说话的语速、语调和平常的一样就行了，即使是长途电话，也无须大喊大叫，把受话器放在离嘴两三寸的地方，正对着它讲就行了。另外通电话时，周围有种种异样的声音，会使对方觉得自己未受尊重而变得恼怒，这时应向对方解释，以保证双方心情舒畅地传递信息。

（4）使用礼貌用语。在电话交际中应使用礼貌用语，尤其是"你好""请""谢谢""对不起""再见"等礼貌用语应该常用不懈。

**1. 接听电话的礼仪**

（1）及时接听。电话铃声一响，应该立即去接，最好不要让铃声响过3遍，即所谓的"铃响不过三"。若电话铃声响过数遍后才做出反应，会给人以不愉快的感觉。如果因为其他原因在电话铃声响3声之后才接起电话，在接起电话后首先要说声："对不起，让您久等了！"在工作岗位上遇到距离自己较近的电话铃声鸣响的情况下，即便不是自己的专用电话，也应主动接听，帮助传达消息。

（2）自报家门。接听电话时，首先要问好和自报家门，如："您好，这里是×××公司，请问您找谁？"严禁以"喂"字开头，因为"喂"字表示是希望先知道对方是谁，在等着对方告诉你。而且如果"喂"时语气不好，就极易让人反感。所以，接听电话时的问候应该是热情而亲切的"您好"。如果对方首先问好，则要立即问候对方，不要一声不吭，故弄玄虚。

（3）热情友好。接听电话要使用文明用语，要对对方礼貌、热情，态度要谦和、诚恳，语调要平和，音量要适中。可用："请问您找谁？""我能为您做什么？"等礼貌用语。对方说明要找的人，可回答："请稍等。"然后去找。如遇人不在，可婉转告诉对方："×××人不在办公室，请问您有什么事情需要转告吗？"假如要找的人正在开会，则应礼貌地告诉对方并让对方迟些时候再打过来。不要用生硬的口气说话，如"他不在""打错了""没这人""不知道"等。

（4）认真记录。代接他人电话时，若对方有重要事情转告或需要记录时，应认真予以记录，如时间、地点、联系事宜、需要解决的问题等。记录完毕后，应将重点内容再复述一遍，以证实是否有误。电话记录还应包括对方的姓名、单位、联系方式、致电时间、是否需要回电等内容。之后还应注意向相关人员及时转达电话内容，不可延误。

（5）礼貌结束。要结束电话交谈时，一般应当由打电话的一方提出，然后彼此客气地道别，说一声"再见"，再挂电话，不可只管自己讲完就挂断电话。如果确实需要自己先行结束谈话，要向对方做出解释，并真诚致歉。通话完毕后，应等对方放下话筒后再轻轻放下电话，以示尊重。

💡 小贴士

**接到不懂礼仪的人打来的电话时……**

总是有一些不懂得礼仪的人，在打电话时不考虑对方的感受，遇到这种情况时应如何应对呢？

（1）反复陈述型。接到"反复陈述型"的电话，应适时说："×先生，容我对你刚才所讲的做一下总结，如果有遗漏或错误的地方，请随时更正或补充。"

（2）一心二用型。有的人在和你通电话时又和别人讲话。应付这样的人，可以建议他在不忙时和你见面再谈，或要求他重复刚刚说的话："×小姐，我这里听得并不是很清楚，请你再说一遍好吗？听起来你好像也在和其他人说话。"

（3）避重就轻型。当对方避重就轻时，你可以直接切入主题："×先生，你到底需要什么？我要如何才能帮你的忙？"

（4）喋喋不休型。接到"喋喋不休型"而又与己无关的电话，应立刻打断他的话："对不起，×太太，我不认为这件事我能帮什么忙，但听起来应该和我们的业务部有关，请你稍等，我帮你转业务部李小姐。"

☆ 小案例

问询员的委屈

北京某饭店的一位问询员，每天都要接到若干问询电话。一次，他接到驻外地的一位外商打来的长途电话，询问他夫人所住的房间号。问询员几经翻阅登记簿，未有其人，便如实相告。不料这位外商竟然用不怎么熟练的中国话骂了起来。问询员感到十分委屈，但考虑到对方可能是有急事，为急宾客之所急，便强忍委屈，继续查找。后来终于知道，原来这位外商的夫人是用另一个名字登记入住的。当外商谈完事后，又专门打电话向问询员道歉。

【点评】如果当时问询员得理不让人，对外商的无理之举穷追不放，或是采取对骂的方法，那么也许是挽回了面子，心理上感到一些平衡，但却会使对方产生强烈的逆反心理，不但不会承认自己有错，而且也无益于事情的圆满解决。问询员的做法，维护了自身乃至整个饭店的良好形象。

### 2. 拨打电话礼仪

（1）选好时间。打电话给别人，首先要注意选择恰当的时间。通常情况下，公务电话最好避开临近下班以及用餐时间，因为这些时间段打电话，对方往往急于下班或用餐，极有可能得不到满意的答复。

公务电话应尽量打到对方单位，如果确实需要往家里打电话，则需避开吃饭以及睡觉的时间。通常，最佳打电话的时间是上午9:00—12:00；下午2:00—5:00；晚上8:00—10:00。如果知道对方的上下班时间，则应避免对方刚上班半小时或下班前半小时通话。

如果不是十万火急的情况，一般不要在节假日、用餐时间和休息时间给对方打工作电话。

若是拨打国外电话，则还应该注意时差。

（2）事先通报。电话接通后，要先通报自己的姓名、身份，如"您好，我是×××公司销售部小陈"。必要时，还要询问对方现在是否方便接听电话。若对方现在不方便接听电话，则应等对方方便时再打电话。

（3）控制长度。打公务电话时，必须对电话的长度进行控制，基本要求是"以短为佳，宁短勿长"，即所谓的电话礼仪的"3分钟原则"。

①作为商务场合的电话，刚开始的寒暄是必不可少的，但是要点到为止，不能没完没了，本末倒置。

②开门见山，直奔主题。特别是打重要电话或国际长途电话时，最好事先做好充分准备，把需要的谈话内容要点先罗列在纸上，打电话时就不会出现丢三落四的现象。通话时要干脆利落，不要东拉西扯，既浪费时间，又给对方留下不良印象。

③交谈完毕，再简单复述通话内容，然后结束通话。

（4）文明礼貌。通话过程中态度要热忱，吐字要清晰，语气要亲切。通话时要集中精力，不可边吃边说，更不可一边打电话一边同旁人聊天，或兼做其他工作，给人心不在焉的感觉。

打错电话时，要主动向对方道歉，不可一言不发，挂断了事。

无论哪方原因掉线，都应主动再打一遍，并说明原因，而不要等对方打来。

通话完毕时要说"再见""打扰您了"等礼貌性用语。

（5）举止得体。通话时，要站好或坐端正，举止得体。不可以坐在桌角上或椅背上，也不要趴着、仰着、斜靠着或双腿高架着。

使用电话要轻拿、轻放。

不要在通话的时候把话筒夹在脖子下，抱着话机随意走动。

通话的时候，不要发声过高，免得让受话人承受不起。标准的做法是：使话筒和嘴保持3cm左右的距离，以正常、适中的音量就可以。

### 小贴士

#### 拨打电话的空间环境考虑

拨打电话时，也应考虑自己所处的空间环境。

（1）一般而言，工作电话在办公室内打，私人电话在家中打。

（2）在电影院、音乐厅、剧院等公众场合时，无紧急情况不要拨打电话。

（3）拨打电话时，要同时考虑及留意对方接听电话所处的空间环境。

（4）谈论机密或敏感的商业问题时，应在保密性强、安静的环境中拨打电话，且在接通后询问对方是否方便。

### 小案例

#### 一时口误遭冷遇

王先生在兴发公司购买的产品出了一点小问题，于是他打电话找兴发公司的业务员寻求解决办法。

王先生拨通了兴发公司的电话后，一时口误将兴发公司说成了倾鑫公司。兴发公司的业务员小李一听对方要找的是自己的竞争对手，于是冷冷地说了句"你打错了"，还没等王先生回过神来，便"啪"地一下挂断了电话。对此，王先生觉得心里很不舒服。他之前购买产品时就是与业务员小李联系的，当时小李表现得温文尔雅，而这次就因为一时的口误，小李便表现出这副德行，实在令人寒心。此事之后，王先生再也不想购买兴发公司的产品了。

【点评】业务员小李在接到他人打错的电话后，态度冷淡并随即挂断电话的行为是极其不尊重发话人的行为，损害了兴发公司的商务形象。正确的做法如下：在接通电话后，首先向发话人问好，并作自我介绍，然后主动询问发话人需要哪些帮助等。当发话人出现口误时，则应友好地告知对方，而不可表露出愤怒或不耐烦的情绪。

## 二、手机

手机是一种移动电话,它已成为现代商务人员使用最频繁的电子通信工具。商务人员在使用手机时,应当注意以下几个方面的礼仪。

**1. 遵守秩序**

使用手机时不允许有意、无意之间破坏公共秩序,具体来说,此项要求主要是指以下几点。

(1) 在会议中或和别人洽谈的时候,最好的方式还是把手机关掉,起码也要调到震动状态,这样既显示出对别人的尊重,又不会打断发言者的思路。而那种在会场上铃声不断,像是业务很忙,使大家的目光都转向他,实际给人的印象只能是缺少教养。

(2) 注意手机使用礼仪的人,不会在公共场合或座机电话接听中、开车中、飞机上、剧场里、图书馆和医院里接打手机,就是在公交车上大声地接打电话也是有失礼仪的。

(3) 公共场合特别是楼梯、电梯、路口、人行道等地方,不可以旁若无人地使用手机,应该把自己的声音尽可能压低,绝不能大声说话,同时也不要妨碍他人通行。

(4) 在一些场合,比如在看电影时或在剧院打手机是极其不合适的,如果非得回话,或许采用静音的方式发送手机短信是比较适合的。

(5) 在餐桌上,关掉手机或是把手机调到震动状态还是必要的。避免正吃到兴头上的时候,被一阵烦人的铃声打断。

(6) 在体育比赛场馆,观看射击等比赛项目,运动员需要安静环境,这时也应注意使手机关机或处于静音状态。

**2. 考虑对方**

给对方打手机时,尤其当知道对方是身居要职的忙人时,首先想到的是,这个时间他(她)方便接听吗?并且要有对方不方便接听的准备。在给对方打手机时,注意从听筒里听到的回音来鉴别对方所处的环境。如果很静,应想到对方在会议上,有时大的会场能感到一种空阔的回声,当听到噪音时对方就很可能在室外,开车时的隆隆声也是可以听出来的。有了初步的鉴别,对能否顺利通话就有了准备。但不论在什么情况下,是否通话还是由对方来定为好,所以"现在通话方便吗?"通常是拨打手机的第一句问话。其实,在没有事先约定和不熟悉对方的前提下,我们很难知道对方什么时候方便接听电话。所以,在有其他联络方式时,还是尽量不打对方手机好些。

不要在别人能注视到你的时候查看短信。一边和别人说话,一边查看手机短信,是对别人不尊重的表现。

当与朋友面对面聊天时,不要正对着朋友拨打手机,避免朋友因介意手机辐射而不高兴。

**3. 注意安全**

使用手机时必须牢记"安全至上",否则不但害人,还会害己。要注意以下几点。不要在驾驶汽车时,使用手机电话,或是查看寻呼机内容,以防止发生车祸。不要在病房、油库等地方使用手机,这有可能引发火灾、爆炸。不要在飞机飞行期间使用手机,否则极可能使飞机"迷失方向",造成严重后果。

### 4. 放置到位

在一切公共场合，手机在没有使用时，都要放在合乎礼仪的常规位置。不要在没有使用的时候放在手里或是挂在上衣口袋外。放手机的常规位置有：一是随身携带的公文包里，这种位置最正规；二是上衣的内袋里；有时候，可以将手机暂放腰带上，也可以放在不起眼的地方，如手边、背后、手袋里，但不要放在桌子上，特别是不要对着对面正在聊天的客户。

💡 **小贴士**

网络电话的接打礼仪

网络电话就是运用软件通过无线网或是手机数据流量传输到开发者服务器，通过回拨的方式连接打电话者和接电话者双方。无论是在公司的局域网内，还是在学校或网吧的防火墙背后，均可使用网络电话，实现计算机——计算机的自如交流，无论身处何地，双方通话时完全免费。

（1）下载安装要正规。网络电话品种很多，在很多平台都可以下载，而且只要是智能机就可以使用这些软件，总的来说使用还是非常方便的。但是我们也要注意到一点，就是下载的时候要尽可能地选择官网下载。如果是在非正规的网站下载，很有可能会出现中病毒的情况。为了我们的手机安全，一定要选择正规的下载渠道。

（2）注册按要求填写。注册的时候一定要填写自己的手机号码。如果没有填写正确的信息，那么使用的时候会出现问题，这样不仅影响正常使用，以后更换也会非常麻烦，所以建议在注册时就按要求认真填写。

（3）多使用 Wi-Fi 网络。因为网络电话更多还是要依靠网络的，在有 Wi-Fi 的情况下也是非常经济的，很多公用场所也都有免费 Wi-Fi 可以使用，从而能够轻松拨打电话。

（4）接通时自报家门。使用网络电话拨号后，对方收到的电话显示的是网络号码，因此要先自报家门。杜绝使用网络电话拨打一些违反社会道德、法律的电话，如包括恐吓、诈骗、恶意骚扰、扰乱公共秩序、赌博、色情活动等内容的电话，如发现，应立即举报给公安部门。

（5）不散播不良信息。利用网络电话时，不能出现侮辱、骚扰他人、涉及赌博、毒品、六合彩、色情类、宗教、政治及其他涉嫌违规的内容，不能有一些虚假广告、涉及个人隐私以及危害国家、社会、他人的短信等。一旦计算机检测出有不良的短信内容，账号可能会被锁定，余额也会被冻结，情节严重的，会被举报给公安部门。

🏋 **小训练**

以小组为单位，设计交往情景，模拟练习接打电话（手机），注意礼仪要求。

## 三、网络

### 1. 网络礼仪的基本规范

⭐ **小案例**

违背网络礼仪的小李

小李的女友小丽向他提出了分手，小李怀恨在心，为泄私愤，他在本市一家有名的网络论坛上发布了一个名为"拜金女被人包养，为钱抛弃初恋男友"的帖子。帖子中虚构了女友贪慕虚荣，主动投入有钱富商怀抱而将初恋男子抛弃的情节，并公布了女友的真实身份，引发网友围观。

经朋友提醒后，小丽在网上发现了该帖子，立刻要求该社区版主删除帖子，并向派出所报了案。民警利用网络侦查手段锁定并找到了小李，对其捏造事实诽谤他人的行为给予了应有的处罚。

【点评】网络礼仪是生活礼仪的延伸。网络因具有虚拟性、开放性等特点，导致各类网络暴力事件频出，所以对于网络礼仪的倡导显得越来越重要。

（1）充分尊重他人。当今，在互联网上交流已成为一种重要的交际方式。在互联网上人与人之间的交流，由于各种因素，双方往往难以完全正确理解对方所要表达的意思，这样就很容易使人际关系陷入"言者无心、听者有意"的困境。所以，在网络交往中更要充分尊重他人。

① 记住别人的存在。互联网为来自五湖四海的人们提供了一个交流的空间，这是高科技的优点。但往往也使我们在面对计算机屏幕时忘了自己是在跟其他人打交道，忽略了其他人的存在，自己的行为也因此容易变得更粗劣和无礼。因此，有些话如果你当面不会说，那么在网络上也不要轻易说出口。现实生活中，有法律法规来约束我们的行为；在虚拟的网络世界里，尽管法律法规没有那么完善，同样有相应的条款来约束我们的行为。

② 尊重他人的隐私。别人与你的电子邮件或私聊的记录应该是隐私的一部分。如果你认识某个人用笔名上网，在论坛未经同意就不得将其真名公开。如果不小心看到别人打开的计算机上的电子邮件或秘密，不应该到处传播。

③ 尊重别人的时间。在提问题前，自己先花些时间去搜索和研究。可能同样的问题以前已经被问过多次，现成的答案随手可及，这样可免去别人为你寻找答案而消耗的时间和资源。

（2）注意言行举止。特别要注意以下两点。

① 网络留言文明。因为网络的匿名性质无法根据人的外观对其作出判断，网络语言就成为了解一个人的唯一途径。所以，在网络上留言要格外注意文明、礼貌、规范。如果你对某个领域不是很熟悉，就不要贸然开口。发帖前要仔细检查自己的用词和语法，不要说脏话和故意挑衅的话。网络交流不得使用攻击性、侮辱性的语言。对于常用的语言符号，应当熟练掌握，以便理解对方的意思；同时也要谨慎使用语言符号，以免对方因为不理解而导致交流障碍。

② 注意交流的语气。在谈话中听起来有趣合理的内容，变成书面语就可能会显得咄咄逼人、唐突甚至粗鲁。大多数人写网络信息时，都不像写普通书面文章时那么认真和注意修饰。实际上，在把信息发表到网上之前应该好好地进行检查。与此同时，应当认真阅读别人所写的内容，他们真正要表达的也许并不一定是你所理解的意思。

（3）宽容他人错误。任何人上网都有一个从生疏到熟练的过程，作为新手都会有犯错误的时候。所以，当看到别人写错字、用错词，问一个低级问题或者写一篇没必要的长篇大论时，请不要太在意。如果真的想给别人建议，最好用留言私下提出。

（4）进行合理争论。网络上的争论可以说是一场"没有硝烟的战争"。其实这些争论都属于正常现象，要注意的是争论时要以理服人，不要人身攻击和使用侮辱性的语言。

**小贴士**

文明上网自律公约
（中国互联网协会2006年4月19日）

自觉遵纪守法，倡导社会公德，促进绿色网络建设；
提倡先进文化，摒弃消极颓废，促进网络文明健康；
提倡自主创新，摒弃盗版剽窃，促进网络应用繁荣；
提倡互相尊重，摒弃造谣诽谤，促进网络和谐共处；
提倡诚实守信，摒弃弄虚作假，促进网络安全可信；
提倡社会关爱，摒弃低俗沉迷，促进少年健康成长；
提倡公平竞争，摒弃尔虞我诈，促进网络百花齐放；
提倡人人受益，消除数字鸿沟，促进信息资源共享。

**2. 电子邮件礼仪**

电子邮件又称E-mail，是通过互联网进行信息交换的一种联络工具。它能够帮人们以非常低廉的价格快速地传递信息，逐渐成为交际中不可或缺的联络手段。电子邮件礼仪即指在书写和收发邮件时应当遵守的礼仪规范。

（1）电子邮件的书写礼仪。电子邮件的书写通常应按照纸质信函的格式进行。书写电子邮件时，还应注意以下礼仪。

① 主题明确。添加邮件主题是电子邮件与纸质信函的主要不同之处。商务人员在撰写电子邮件时，一定要在Subject（主题）栏设定一个邮件主题。该主题应明确、具体、提纲挈领，但不宜过长（如"关于洽谈会的准备事宜"等），以便收件人通过主题快速判断邮件内容的轻重缓急，减轻查找或阅读邮件的负担。

② 内容规范。与纸质商务信函一样，电子邮件也应当用语规范、内容完整。与此同时，电子邮件的书写还应注意以下两个方面：一是尽量避免使用晦涩难懂的缩略语，且不要使用网络用语和符号表情，以免影响商务信函的专业性和严肃性；二是在英文电子邮件中，切勿使用大写字母书写正文，以免被误解为态度恶劣或强硬。

③ 签名恰当。商务人员可在电子邮件的签名档中列入写信人的姓名、公司、电话、传真、地址等信息，还可列入个人的座右铭或公司的宣传口号等信息，但信息行数不宜过多，一般不超过4行。

④ 附件合理。商务人员可以通过电子邮件的附件发送整理成文档形式的文件，还可以发送照片、音频、视频等文件。在使用邮件的附件功能时，应在邮件的正文中对附件进行简要说明，并提示收件人查看附件。

若附件为特殊格式的文件，则应在正文中说明其打开方式，以免影响收件人查看。

应为附件设定有意义的文件名。当附件的数目较多（多于2个）时，应将其打包成一个压缩文件。

若附件容量较大（超过25MB），则应事先确认收件人所使用的邮件服务系统有足够的容量收取，否则，应将附件分割成多个小文件分别发送。

（2）电子邮件的收发礼仪。在发送和接收电子邮件时，应当注意以下礼仪。

① 及时确认发送状态。发送电子邮件后，一定要及时确认邮件是否已经发送成功。确认邮件发送状态的方法通常有以下两种：一是检查被发送的邮件是否已显示在"已发

送"列表中，若该列表中有显示，则表明发送成功；二是邮件发送几分钟后，检查邮箱中有无系统退信，若无系统退信则表明发送成功。

②通知收件人。在发完电子邮件后，一定要打电话通知收件人查收并阅读邮件，以免耽误重要事宜。

③及时回复。收到重要或紧急的电子邮件后，通常应当在2小时内回复对方，以示尊重。对于一些不紧急的电子邮件，则可暂缓处理，但一般不可超过24小时。

回复邮件时，最好将原件中相关的问题抄到回件上，然后附上结构完整的答复内容。若只回复"已知道""对""谢谢""是的"等，则是非常不礼貌的。

💡 **小贴士**

**令人反感的行为**

曾有调查结果显示，以下几种行为最受电子邮件接收者反感：①转发伤风败俗的玩笑；②使用大写字母写邮件；③讨论敏感的个人问题；④对工作或老板抱怨不休；⑤就某问题争论不休；⑥不厌其烦地描述自己的不幸；⑦传播不负责任的流言蜚语；⑧随意批评他人；⑨详细谈论自己或者其他人的健康问题。

### 3. 微博礼仪

微博是近几年兴起的一种网络传播和交流的方式，其实就是一种通过关注机制分享简短信息的广播式的社交网络平台。微博可以相互关注，可以共享信息，可以交朋结友，而且使用起来极为方便和快捷，因而一经问世，立即风靡全网，现在依然是很受欢迎的自媒体和社交平台。

对话，是微博的基本形式。虽然大家在微博上彼此互动却不见其人，但微博绝非是一个纯虚拟空间。微博上的一言一行，都能体现出每个用户的不同学识、气质形象与品行素养。而企业的官方微博则更是一个直接的窗口，展现一家企业、一个品牌的内涵。因而，不论是个人的微博，还是企业组织的微博，都应特别注重方法技巧与礼仪规范。

（1）文明高雅，客观评论。对于个人微博，发布的信息语言一定要文明高雅，内容要清新可读，不可语言粗俗，更不可攻击他人，甚至公开骂人；生气时尽量不发微博，别让自己的心情影响到大家；发送前一定要检查是否有错别字，转发时必须确保自己了解这件事情，评论别人的微博时要了解原文，客观地发表自己的意见，不能信口雌黄，更不能随意骂人，这些都是基本的发微博的礼仪。

（2）礼尚往来，互相关注。微博也是一个网络社交的平台，在微博上同样讲究礼尚往来，互相关注也是一种礼貌。一般说来我们会优先关注那些已经关注自己的人，那些回复自己消息的人，主要是获得心理的认知，感觉到互联网上有人关注你，体会到受人尊重的感受。如果你想和一个人交往，你不妨天天围着他的微博转，等到有一天混得脸熟，他会理会你，关注你。如果大家天天来关注你，你一直没有回复，时间久了，没有人再会理会你。也就是说，如果别人粉你（关注你），你也应当适时回访，也加上关注，叫"互粉"才是礼貌的。

（3）官方微博，注重形象。如果你将来在某企业就职，专门管理企业的微博，那就更需要讲究礼仪，这样才能树立企业的良好形象。因为从某种程度上来说，企业的官方微博就是企业形象的一个展示，甚至就是企业的形象。所以，维护好企业的官微，也就是维护好了企业的形象。虽然微博操作的权限属于具体的某一位员工，但操作者必须清楚明白，他的所言所行都是代表一个官方企业账号在公共的平台上互动交流。与公众的关系不再是"我"与"你"，而是直接以企业的形象与众人的在线会面。因此，在具体操作上应尽量减少和避免微博编辑和客服人员的个人行为，而遵循亲和、干练的职业化水准来进行。企业的官微要对大事件高度敏感，对一些公众最为关心或是当前的热点，不妨多加转发；对于一些公益活动，不妨积极参与并转发；对于企业客户，要全心全意服务，并从服务中提升企业的形象。

（4）语言文明，灵活互动。微博上的礼仪，大多数都是通过微博的发布、回复、评论及私信得以体现。发布微博的语言应当文明礼貌、生动、风趣。微博的文明用语，不仅仅有助于培养积极健康的心态，而且是一种热情、亲和、开放合作精神的体现。在微博互动时穿插趣味性、生动性的回复，偶尔与大家开开玩笑，也会起到很好的效果。微博文字中的"小表情"，也可很好地辅助传递情绪，体现人性化的感性内涵。如果一些敏感性问题不适合公开交流的话，那么不妨私信对方，同时要注意，如果没有必要进行私密沟通的事宜，应尽可能不以发私信的形式来处理，以免让对方产生反感，甚至是拉黑。

4. 微信礼仪

微信以其信息发布便捷，传播速度快，影响面广，互动性强等特点，在短短几年的时间里迅速发展成为目前国内社交用户群体最多的软件。为了正确使用微信，提高沟通效果，树立良好形象，需要我们了解和掌握微信礼仪。

（1）规范地命名。微信名虽说是网名，但使用时首先应本着利于交往和利于记忆的目的，起一个规范、高雅的微信名，而不能随波逐流、标新立异、哗众取宠。有人认为，微信用户名就是网名，起名可以随心所欲。如有些微信用户用党和国家机关名称来命名，很不严肃；有些用外国政要人名来命名，更有甚者采用恐怖分子的名字；有些把丑当美，视低俗为高尚；有些名称则让人难记难懂，如用一长串英文字母和数字起名，用看不懂的似汉字非汉字的字当名字，等等。当人们看到这些名字时，虽然没见过本人，但内心会做出怪异、另类的判断，难以留下好的印象。

（2）礼貌加好友。添加他人为好友，要在备注栏里作自我介绍。不作自我介绍就加他人，如果微信名不是自己的真实名字，会让被添加的人感到困惑，有一种"猜猜我是谁"的感觉，更多的时候会被直接忽略掉；即使微信名是自己的真实名字，为体现对被添加人的尊重，作自我介绍也是必要的。添加微信通信录中的好友入微信群，要事先征得当事人的同意。在现实生活中，我们经常会莫名其妙地收到很多弹出信息，而这些信息大多是毫无半点用处的，究其原因，是我们"被"拉入了各种各样的"群"。

（3）对等地沟通。这一方面体现在沟通方式的对等上。沟通信息时，一般采用文字，尽量不用语音。文字表达直观，语音很多时候不方便听取，有时甚至会因为发音不标准或不清晰而让人产生歧义或误解。一方采用文字，而另一方为图省事而进行语音回复，本身就是沟通上的不平等，会使人感觉缺乏修养。表情符号作为一种"非语言的表达方式"，在一定情境下比文字更简练、更形象、更传神、更富有表达力，但是如果作为下级，在回复上级仅仅使用表情符号是不妥的，表情符号并未设定明确含义，每个人的用法都可能不同，在不同情境下含义也可能不同，由于文化环境的差异同一个表情符号会有不同的理解。另一方面体现在沟通过程的对等上。微信和短信不同，发短信只要对方手机开机就能正常收到信息，微信则需要在手机上网的前提下才能正常发挥功能，所以要事先检查微信是否正常运行，以确保及时回复他人信息，因故未及时回复的要表明歉意。

(4) 慎晒"朋友圈"。微信朋友圈不是个人的私人空间，事实上，个人的微信"朋友圈"并非仅仅包括自己的家人和好友，还包括上级、同事，"朋友圈"其实已具有媒体属性，不是私域，而是一个公共场合。既然"朋友圈"是公共场合，因此"晒"什么就要十分慎重。一般来说，应做到三个坚守。一是要坚守政治底线，牢固树立"四个意识"，增强政治敏锐性和政治鉴别力，对重大原则和大是大非问题要有清醒的认识，自觉遵守2017年中共中央宣传部、中共中央组织部、中央网信办发布的《关于规范党员干部网络行为的意见》，不发表违背党的基本路线，否定四项基本原则，歪曲党的政策，或者其他有严重政治问题的文章、演说、宣言、声明等；不妄议中央大政方针，破坏党的集中统一；不丑化党和国家形象，不诋毁、污蔑党和国家领导人，不歪曲党史、国史、军史，不抹黑革命先烈和英雄模范；不制造、传播各类谣言特别是政治类谣言，不散布所谓"内部"消息和小道消息；不制作、传播其他有严重问题的文章、言论、音视频等信息内容。二是要坚守道德底线，坚守高尚的品格，严以修身、严于律己，不断提升道德境界，追求高尚情操，自觉远离低级趣味，自觉抵制歪风邪气，敢于黑脸，敢于亮剑。三是要坚守法律底线，严格执行保密法规和制度，不泄露涉密信息，不传播非法出版物，不宣扬封建迷信、淫秽色情。

(5) 恰当地点赞。微信朋友圈的生命力在于其互动性，互动性越强，"晒"的欲望就越强。在实践中，常会发现一些不等距、不正常的现象：有的人不看内容先点赞，哪怕是发的令人悲痛的事情，标题看都不看就直接点赞，这种点赞只能引起他人的愤怒，不如不赞；有的人只给领导点赞，其他人一概不点赞，溜须拍马的形象在众人面前表现得淋漓尽致；有的人希望别人多关注，多点赞自己"晒"的内容，但对他人所发所"晒"内容不点赞、不评论；有的人点赞先看人，例如同为一个办公室的同事，只为甲点赞，从不为乙点赞，丝毫不顾及别人的感受，人为制造人际关系矛盾……为杜绝上述情况，使用微信点赞时要做到：一是要对同事真诚相待，只有真诚才能获得别人的好感；二是要坚持等距离原则，不厚此薄彼。对上级要尊重而不恭维，不吹捧，不溜须拍马。对同事要保持一视同仁、平等对待，不搞小圈子、小集团。创造团结向上的和谐工作环境。

💡 小贴士

**微信时代过年新礼仪**

(1) 亲朋好友来家里拜年，要及时迎上去告诉Wi-Fi密码。不少亲朋远道而来，流量根本不够用，主动告知家里的Wi-Fi密码，显得体贴又周到。

(2) 吃年夜饭的时候，不要着急动筷子。因为有人肯定想拍照留念发朋友圈，等大家都拍完了，再等长辈先动筷。

(3) 在朋友圈晒年夜饭的时候，记得要感谢辛苦准备年夜饭的亲人。

(4) 除夕当天，不要在整点发祝福短信。影响别人抢红包就不好了。

(5) 春节祝福微信满天飞，要经常检查手机，是否有祝福消息收到没回。最迟也要在48小时内回复，否则别人会觉得你不尊重他的祝福。

（6）如果有人没有及时回你的祝福消息，也要将心比心，对方可能是过节太忙碌，不要太往心里去。

（7）过年非常开心，有很多信息想发到朋友圈和大家分享，但是不要连续发几条朋友圈刷屏，一天的朋友圈最好控制在5条以内。发太多别人会有想屏蔽你的冲动。

（8）群发的节日祝福显得太没诚意，一条好的祝福信息需要三要素：有称呼，有特定（个性化）祝福语，有发信人落款。

（9）过年遇到许久不见的亲朋好友，想添加为好友，一定要主动扫长辈的微信，不要让长辈或者女士手忙脚乱地来扫你。

## 案例讨论

### 1. 握手的魅力

玫琳凯·艾施（1918—2001年）最初是一名推销员，她在一次会议结束后，想和经理握手，但由于和经理寒暄的人太多，她排队等候了3个小时。后来，终于轮到她了，可经理在握手时却瞧都不瞧她一眼，而是用眼睛去看她身后的队伍还有多长。善良的玫琳凯很伤心，虽然她知道经理一定很累，可自己也等了3个小时，同样也很累！她的自尊心受到了伤害。于是，玫琳凯暗下决心：如果有那么一天，有人排队等着同自己握手，自己一定要把注意力全都集中在对方身上——不管自己有多累！

1963年，玫琳凯自己创办了一家公司。之后，她曾多次站在队伍的尽头同数百人握手，每次都要持续好几个小时。可是，无论多累，她总是牢记当年自己握手时受到的冷遇，握手时总设法同对方说句话——哪怕只有一句，如"我喜欢你的发型"或"你穿的衣服很好看"。她在同每一个人握手时，总是全神贯注，不允许任何事情分散自己的注意力。

玫琳凯让与她握手的人都觉得自己是世界上最重要的人。于是，玫琳凯的公司很快就发展壮大，成为世界著名的公司——玫琳凯化妆品公司。

（资料来源：佚名.一次难忘的握手[EB/OL].[2014-10-29]. http://www.doc88.com/p-1436551126378.html.）

思考题：
（1）从商务礼仪的视角评析玫琳凯与其上司的握手。
（2）玫琳凯的握手为何充满"魅力"？
（3）玫琳凯化妆品公司的成功与玫琳凯的握手方式有关系吗？为什么？
（4）本案例对你有哪些感悟？

### 2. 接待

某集团公司汪总经理的日程表上清晰地写着："12月23日接待英国的威廉姆斯先生。"22日下午，汪总经理在着手安排具体接待工作时，案头的电话铃响了，打电话的正是威廉姆斯先生，他说因在某市的业务遇到了麻烦，要推迟到25日才能抵达，问汪总经理是否可以并再三因改期表示歉意。尽管在25日汪总经理需要到省城参加一个会议，时间已经做了安排，但他还是很干脆地答复对方，25日一定安排专人接待，26日同威廉姆斯会面。因为汪总经理知道，威廉姆斯先生拥有众多的国外客户，同他合作，有望使本公司的商品打入更多的国外市场。于是总经理把接待威廉姆斯的任务交给了公关部经理焦小姐。接受任务后，毕业于文秘专业的焦小姐立即着手收集有关资料，并制订了详尽的接待方案。

25日下午4时，威廉姆斯乘坐的班机准时降落，当威廉姆斯走出出口后，焦小姐便热情地迎了上去，并用一口纯熟的英语做了自我介绍，正在茫然四顾的威廉姆斯先生立刻有了一种踏实的感觉。

焦小姐陪同威廉姆斯先生乘轿车离开机场向城市中心的宾馆驶去。一路上，焦小姐不时向威廉姆斯介绍沿途的风光及特色建筑，威廉姆斯对焦小姐的介绍很感兴趣。天色渐暗，华灯初上，望着窗外的景色，威廉姆斯富有感情地说："在我们国家，今天是个非常快乐的日子，亲人团聚，尽情享受生活的乐趣。"话语中透着几分自傲，又似乎有几分遗憾，焦小姐认真地倾听并不断地点头。

车子抵达宾馆，由服务人员将威廉姆斯先生引入房间稍事整理后，焦小姐请威廉姆斯先生共进晚餐。步入餐厅，威廉姆斯先生被眼前的景色惊呆了：圣诞树被五彩缤纷的灯饰装饰得格外绚丽，圣诞老人在异国慈祥地注视着远方的游子，餐桌上布满了丰盛主圣诞食品。威廉姆斯先生非常兴奋。进餐中，服务人员手捧鲜花和生日贺卡走进来呈给他，威廉姆斯先生更是激动不已。原来，这天正是威廉姆斯先生55岁生日。焦小姐举起手中酒杯，对他说："我代表我们公司及汪总经理，祝您圣诞节欢乐，生日快乐！"威廉姆斯兴奋地说道："谢谢你们为我举行这么隆重的圣诞晚宴及生日宴会，你们珍贵的友情和良好的祝愿，我将终生难忘。"

26日汪总经理由省城返回，双方有关合作事项洽谈得非常顺利。客人回国时，再三向焦小姐及公司对他的接待表示感谢。

（资料来源：佚名.商务礼仪与职业形象[EB/OL].[2017-08-20].https://max.book118.com/html/2015/0513/16887605.shtm.）

**思考题：**

（1）某公司特别是焦小姐在这次接待外宾的过程中有哪些值得我们学习的经验与做法？

（2）本案例对你有何启示？

**3. 成功的拜访**

小李参加暑期大学生社会实践，今天，她要去采访一位企业家。电话预约后，来到那家公司，秘书小姐请她在办公室先坐一会儿，因为张总临时有个紧急会议。过了半个多小时，门推开了，门口出现了张总略带疲惫的脸。小李马上站起身来，微笑着说："您好，张总。真是非常感谢您能在百忙之中接受我的拜访。""不用客气，请坐。"坐定之后，小李又诚恳地说："说实在的我刚才心里还有点忐忑。见到张总这么忙，真有点担心您无暇顾及我的这件小事，而且您工作这么辛苦，我占用了您宝贵的时间，实在是不好意思。""哪里的话，约好的事情，我一定会做到的。"

"是呀，从张总的身上我能看到贵公司重实守信的形象。"听到小李这句真挚的赞扬，张总爽朗地笑起来，刚刚的疲惫一扫而空。接下来，双方的交谈显得既轻松又愉快，1个小时很快就过去了。临别时，小李又向张总致谢："今天采访进行得这么顺利，我要谢谢张总的配合。而且张总平易近人的言谈，努力开拓、求实创业的精神给我留下了深刻的印象，更让我感受到了你们企业蓬勃向上的活力和风采。回去我一定把这篇报道好好地写出来，让更多的人以您为榜样，从你们成功的事迹中得到激励。如果我毕后能有机会来贵公司工作,成为贵公司的一员,那将是我莫大的荣幸。"

(资料来源:佚名.与人交谈的技巧[EB/OL].[2019-06-18].https://wenku.baidu.com/view/4bc48496657d27284b73f242336c1eb91b37335f.html.)

思考题:
(1)小李的这次拜访有哪些可取之处?
(2)本案例对你有何启示?

### 4. 打电话的表情

日本有一个特别有名的销售员,有人结合他的经历写了一本书,叫《史上最伟大的推销员》。这个推销员的伟大之处在哪儿呢?他的工作中又有哪些有趣的故事?

有一天晚上,他回到家后,比较累了,决定先睡一觉。但他定了一个闹钟,同时告诉他老婆,晚上十点的时候,一定要把他叫起来,因为他跟一个很重要的客户约好在十点半的时候打电话。

到十点的时候,不等他老婆催他,他听到闹钟就醒了,然后去洗手间洗漱,接着又是刮胡子,又是穿衬衫、打领带的,还穿上了西装和皮鞋。最后拿了个本子,在电话机旁正襟危坐,一到十点半就准时给对方打电话。

业务倒是谈得很顺利,十几分钟就搞定了。但是他这番怪举动让他老婆感到很奇怪:不就一个电话吗?有必要搞得跟个神经病似的吗?大半夜的还要起来精心打扮一通,好像现在不是晚上,而是星期一——大早。

你猜他是怎么解释的?他跟他老婆说,如果我很邋遢、很懒散的话,对方虽然看不到我的样子,但是我自己的精神面貌不好,而这会通过我的语气变化传达到对方那里。经过这么一番打扮,我看起来正式多了,人也精神多了。虽然看不见对方,我也要尊重对方,我相信对方一定能感受得到!

一个人的成功与伟大,从来都不是无缘无故的。他凭借着这样的好心态赢得了众多的客户,很多客户觉得,不管什么时候和这个推销员打电话,都会感觉他精神百倍,好像全心全意地在做这件事。客户要是感觉到你是全心全意的,哪怕只是对待一通电话,他也会觉得受到了极大的尊重。

(资料来源:陈乾文.别说你懂职场礼仪[M].北京:龙门书局,2010.)

思考题:
(1)与客户进行电话沟通时,怎样让客户觉得你是尊重他(她)的?
(2)本案例对你有什么启示?

### 5. 一个秘书的经历

王芳是在某公司工作多年的秘书,主要负责接待以及外线电话的转接。她现在已经是一名优秀的秘书了,可在她成长过程中也出现过许多大大小小的错误。例如,王芳每天负责处理大量的电子邮件,除了那些垃圾邮件,她将所有往来邮件都保留在电子信箱中。这样做确实很方便,即使出差也可以从信箱中查阅历史文件。但有一段时间,她连续7天没有收到任何邮件,给客户的邮件也没有一个回复。她用电话跟客户联系,客户说发出去的邮件全部退回。她赶紧请教有关计算机人员,这才发现这是由于邮箱空间爆满所致。

(资料来源:张岩松.现代交际礼仪[EB/OL].[2016-03-02].https://www.doc88.com/p-0817691832173.html.)

思考题：
（1）使用电子邮件应注意什么？
（2）关于职场网络沟通，你有哪些好的做法？

## 实训项目

**1. 见面场景模拟训练**

训练目标：熟练、规范地运用见面的各种礼节进行交际。

训练学时：1学时。

训练地点：实训室。

训练方法：3~5人为一个小组，每组设计一个见面场景，将称呼、介绍、握手等交际礼仪，连贯地演示下来，学生对各组的表演进行评价，最后教师总结。

表演之前，每组应就设计的场景和成员的角色进行说明。

**2. 职场接待模拟训练**

训练目标：熟悉职场接待的有关礼节，能够正确运用其礼仪规范。

训练学时：1学时。

训练地点：实训楼前、电梯间、会议室。

训练准备：办公家具、茶具、茶叶、企业宣传资料等。

训练方法：一部分学生扮演来访客户，一部分学生扮演某企业的商务人员接待客户，模拟演示以下情景：

（1）在门口迎接客人。

（2）引导客人前往接待室。

（3）与客人搭乘电梯。

（4）引见介绍。

（5）招呼客人。

**3. 职场拜访场景模拟训练**

训练目标：熟练、规范地运用职场拜访的各种礼节进行交际。

训练学时：1学时。

训练地点：实训室。

训练方法：3~5人为一个小组，每组设计一个职场拜访场景，将拜访的相关礼仪连贯地演示下来，学生对各组的表演进行评价，最后教师总结。表演之前，每组应就设计的场景和成员的角色进行说明。

**4. 制定网络沟通礼仪规范训练**

训练目标：明确网络沟通的基本规则和礼仪。

训练学时：1学时。

训练地点：教室。

训练方法：将全班学生分组，4~6人为一小组，要求其结合所学网络沟通的知识和自身使用网络的体会，制定出一份网络沟通行为准则。在课堂上分组进行交流，师生共同评价。

## 课后练习

**1. 简答题**

（1）在职场中，如何得体地称呼他人？

（2）在职场中，如何得体地进行介绍？

（3）在职场中，如何得体地与他人握手？

（4）在职场中，如何得体地接待和拜访他人？

（5）假如你明天要拜访一位重要客户，你需要做哪些形象准备和资料准备？

（6）日常生活中，你在打电话时遇到过哪些不礼貌的情况？

（7）如果发现自己拨错了电话，你应该怎样解决？

（8）结合生活实际谈谈你接打电话（手机）的体会。

（9）在职场中，使用电子邮件应注意哪些礼仪？

（10）结合自身实际，谈谈遵守微博或者微信礼仪的重要性。

**2. 实践训练**

（1）设想几种不同的职场交往场景，如何根据交往对象不同进行称呼。

（2）假如你刚刚毕业到一家外资企业工作，在公司为你专门举行的欢迎会上，请你向全体同事介绍自己。

（3）小王到某学校推销课本，他找到学校的负责人，应怎样做自我介绍？

（4）小李与本单位销售部王经理正在商谈业务，对面走来本单位的一位客户——刘小姐，王经理与刘小姐都有互相认识的愿望，小李应怎样做介绍？

（5）握手是重要的见面礼节。请思考，在下列情境下，见面的双方应该由谁首先伸出手来促成握手，并说明原因。最后请你总结一下握手礼仪的基本动作要领。

① 甲单位的张小姐与乙公司的董先生；

② 公司的总经理和营销主管；

③ 退休的老李和其接任者张小姐；

④ 宴会的主办者和嘉宾；

⑤ 有五年资历的公关经理和刚到任的公司总经理。

（6）在一次业务洽谈会上，小王遇到了一直想与之合作的某集团公司周总，他立即起身走到周总面前，伸出双手去握周总的手。请问：小王的表现有什么不妥？与同学一起模拟演示一下正确的做法。

（7）小王做销售工作多年了，积累了不少经验。近日，领导让他给新来的小张介绍一下接待经验。如果你是小王，你应该怎样介绍？

（8）在你所在学校的"校园宣传日"里，要接待到校参观的应届高考生及其家长，如果由你负责这项接待工作，你准备怎样做？请列出接待方案。

（9）你是五湖集团公司办公室的接待人员，明天上午四海集团公司的总经理亲自带队，来你公司参观考察并落实合作事宜。你将怎样安排这次接待工作？

（10）李经理正在与一位客户进行电话交谈，这时另一位重要客户来到办公室拜访。如果你是李经理正确的做法应该是怎样的？

（11）手机已经和人们的日常生活形影不离，不管是休息、聚会、吃饭，不管是坐姿、站姿、卧姿，甚至上课、开会，人们都可能放不下手机，讲讲你心目中人们的手机综合征有哪些，又有哪些是不礼貌的行为。

（12）或许你在网上对人有不礼貌的行为，或许别人对你有不礼貌的行为。请试举一例，并根据所学的知识和技术，提出解决问题的方案。

# 第五章　职场服务礼仪

## 课程思政要求

- 进行社会主义核心价值观教育；
- 进行爱国主义教育；
- 开展诚信教育、法律意识教育和道德意识教育；
- 塑造职业形象、提高职业素养；
- 促进学生全面发展。

## 学习目标

掌握酒店前厅服务礼仪，掌握酒店客房服务礼仪，掌握酒店餐厅服务礼仪；掌握旅行社服务礼仪，掌握导游服务礼仪；掌握老年生活照料礼仪，掌握老年心理健康服务礼仪，掌握助手礼仪；掌握揽收服务礼仪，掌握投递服务礼仪。

## 引导案例

### 如此服务用语

在某地一家饭店餐厅的午餐时间，来自外地的旅游团正在此用餐。

当服务员发现一位70多岁的老人面前是空饭碗时，就轻步走上前，柔声说道："请问老先生，您还要饭吗？"

那位先生摇了摇头。

服务员又问道："那先生您完了吗？"

只见那位老先生冷冷一笑，说："小姐，我今年70多岁了，自食其力，这辈子还没落到要饭吃的地步，怎么会要饭呢？我的身体还硬朗着呢，不会一下子完的。"

这能怪客人敏感和多疑吗？是饭店餐厅服务员无意中伤害了客人。

思考题：

（1）饭店餐厅服务员在职场礼仪上存在什么问题？

（2）你认为职场服务礼仪除了服务用语，还应该包括哪些方面？

## 第一节　酒店服务礼仪

酒店服务礼仪，从概念上来说是指酒店从业人员面向客人的表示尊重的行为方式，是在酒店服务领域中大众所共同认可的一种行为表现和理解方式，酒店服务礼仪具有一定的仪式感。对于酒店从业人员而言，在其工作岗位和工作环境上必须要遵守酒店服务礼仪规范，以职业礼仪的要求为客人服务。

酒店服务礼仪的服务宗旨是顾客至上、礼貌待人。秉承着全心全意为客人服务的理念，基于我国的国情、民族文化传统的道德基础，在服务工作中讲求科学的服务理念、服务方法、服务艺术和服务规范。强调必须要尊重客人的文化习俗、宗教信仰，满足客人的心理感受，发自内心地为客人提供最为满意的服务，使其对酒店的服务满意和认可，树立较好的酒店形象，从而吸引更多的客户人群。

## 一、前厅服务

前厅部是宾客最先接触饭店的业务经营部门，是饭店的"窗口"，也是酒店服务与管理的"神经中枢"。前厅部担负着协调、沟通和指导酒店业务经营的重任，其工作情况能直接反映出饭店的服务与管理水平及工作效率。前厅部根据其业务特点可分为6个部门，即接待处、问询处、行李接待处、收银处、总机和酒店代表。不同的部门具有不同的工作运行特点，6个部门互相协调合作，共同完成前厅部的各种业务。饭店能否给客人来时有"宾至如归"之感或离别时有"宾去思归"之念，这在很大程度上取决于总服务台服务质量的好坏，而贯穿在饭店整个经营过程中的服务，其技巧和礼仪的质量如何，则更是其最重要的决定因素。

**1. 门厅迎送服务**

门厅迎送服务，是对客人进入酒店正门时所进行的一项面对面的服务。迎宾员，也称门童，是代表酒店在大门口迎送客人的专门人员，是酒店形象的具体体现。迎宾员要承担迎送、调车、协助保安员和行李员等人员的任务，通常应站在大门的两侧或是台阶下、车道边，站立时应微挺胸，眼睛平视，表情自然，抬头，双手自然下垂或前交叉相握，两脚与肩同宽，注意力集中，服务意识强。

（1）迎客服务。包括以下方面。

① 欢迎宾客光临，如果是走路来酒店的客人，应主动为其拉门，致欢迎词；如果是乘车来的客人，应将其所乘车辆引领到适当的地方停好，以免造成酒店门口交通堵塞。

② 趋前开启车门，站在两车门的中间，左手开车门成70°，右手挡在车门上沿，为客人护顶，防止其碰伤头部，并协助其下车。客人下车后，要留意有无物品遗留在车内，再轻轻将车门关上。

💡 **小贴士**

**开车门护顶禁忌**

为宾客开车门时必须注意有两种客人不能护顶：一种是信仰佛教的客人，他们认为手挡在头顶上，会挡住佛光；另一种是信仰伊斯兰教的客人。应根据客人的衣着、言行举止、外貌等特点判断客人是否属于上述两种情况。

③ 如果客人携带较多的行李，应在征求其意见后，协助行李员搬运其行李。

④ 引领客人至前台时，应走在其右前方1米左右处，时时侧身照顾客人。

⑤ 团队客人乘坐的车辆到达后，必须立即与行李员联系，因为大型车辆停在酒店门前会妨碍其他车辆的出入，所以迎宾员应把车引导到稍微偏离正门的位置停放，并提

醒司机留出空位。

⑥将客人介绍给前厅工作人员后，迎宾员应立即回到酒店正门，准备接待下一位客人。

（2）送别客人。包括以下方面。

①客人在离店时，迎宾员应主动为客人叫车，将车引导至客人身边，又不妨碍其他车辆停放的位置，协助行李员装好行李，并请客人清点，然后请客人上车，客人上车时应为其护顶，等其坐稳后再关车门。

②如果客人只是暂时外出，可以说"一会儿见"。

③送别团体客人时，迎宾员应站在车门一侧，向每一位客人点头致意，欢迎客人再次光临，主动搀扶老人或行动不便的客人，待客人全部到齐，司机关门后，伸手示意司机开车，并目送客人离去。

（3）贵宾迎送服务。包括以下方面。

①根据需要，负责升降某国国旗、中国国旗、店旗或彩旗等。

②负责维持酒店门口秩序，协助做好安全保卫工作。

③引导、疏通车辆，确保大门前交通顺畅。

④讲究服务规格，看是否需要铺设红地毯，并正确使用贵宾姓名或头衔向其问候致意。

（4）注意事项。包括以下方面。

迎宾员在进行迎送服务时应注意以下事项。

①搬运客人行李时，应与客人确认行李的数量，以免出现行李数量不符的情况。

②下车时应按照相关原则优先为女宾、老年人、孩子和外宾开车门。

③遇有信仰佛教和伊斯兰教的客人，无须为其护顶，如无法判断则可以把手抬起而不护顶，但随时准备护顶。

④下雨天，迎宾员应替客人提供打伞服务，并有礼貌地请客人擦干鞋后再进入大厅。

⑤开车门轻、稳，注意勿使客人的衣、裙被车门夹住。

⑥与客人抵店时注意"第一印象"一样，最后的印象也很重要。送客时要怀着感激的心情，在车辆开动时面带微笑，躬身致意，挥手道别。

⑦送客时，应该站在车辆斜前方一两步远并靠大门一侧的位置，以使客人清楚地看到迎宾员热情、有礼地欢送他们离店。

⑧国旗一定要是新的，不允许有任何破损和脏污。

⑨从酒店里向外看，我国国旗应挂在左边，外国国旗应挂在右边。

**2. 客房预订服务**

（1）受理预订，要做到接待热情，报价准确，记录清楚，手续完善，处理快速，信息资料输入计算机或预订控制盘无误，订单资料分类摆放整齐规范，为后面的预订、查询、订单核对等提供准确的信息。

（2）受理电话预订，要接听及时，主动问好和询问要求。若有客人要求的房间，应主动介绍设备，询问细节，帮助客人落实订房，并做好记录。若无客人要求的房间，应向客人致歉。

(3)当前台接收到预订网站发来的预订传真时,应立刻根据客房销售情况迅速回复传真,并注意保留网站的传真底本。

(4)当客人来到服务台预订房间时,应主动热情接待客人,询问细节,根据客人要求迅速帮助客人落实订房。

### 3. 入住接待服务

(1)散客的入住接待服务包括以下方面。

① 识别客人有无预订。客人来到接待处时,接待服务人员应面带微笑,主动迎上前去,询问客人有无预订。若有预订,应问清客人是用谁的名字预订的客房,然后根据姓名找出客人的预订资料确认预订内容,着重注意客房类型与住宿天数。如客人没有预订,接待服务人员应先查看房态表,看是否有可供出租的客房。若能提供客房,接待服务人员应向客人介绍客房情况,为客人选房。如没有空房,接待服务人员应婉言谢绝客人,并耐心为客人介绍邻近的酒店。

② 客人填写入住登记表。

③ 验证身份证件。

④ 安排客房,确定房价。

⑤ 确定付款方式。主要有现金结账、信用卡结账、传单结账、转账方式结账、微信支付等。

⑥ 完成入住登记手续,排房、定价、确定付款方式后,接待服务人员应请客人在准备好的房卡上签名,将客房钥匙交给客人。

⑦ 制作相关表格资料。将客人入住信息输入计算机内,并将与结账相关事项的详细内容输入计算机客人账单内。标注"预期到店一览表"中的相关信息,以示客人已经入住。若以手工操作为主的酒店,接待服务人员应立即填写五联客房状况卡条,将客人的入住信息传递给相关部门。

(2)VIP客人的入住接待服务包括以下方面。

① 接待VIP客人的准备工作。填写VIP申请单,上报总经理审批签字认可。VIP房的分配,力求选择同类客房中方位、视野、景致、环境和房间保养等方面处于最佳状态的客房。VIP客人到达酒店前,接待服务人员要将钥匙卡、钥匙、班车时刻表、欢迎信封及登记卡等放至客务经理处。客务经理在VIP客人到达前检查客房,以确保房间状态正常、礼品发送准确无误。

② 办理入店手续。准确掌握当天预抵VIP客人的姓名。以VIP客人姓氏称呼VIP客人,及时通知客务经理,由客务经理亲自迎接。客务经理向VIP客人介绍酒店设施,并亲自将其送至房间。

③ 信息储存。复核有关VIP客人资料的正确性,并准确输入计算机。在计算机中注明哪些客人是VIP客人,以提示其他部门或工作人员。为VIP客人建立档案,并注明身份,以便作为预订和日后查询的参考资料。

(3)团队客人的入住接待服务包括以下方面。

① 准备工作。在团队客人到达前,预先备好团队客人的钥匙,并与有关部门联系确保客房。要按照团队客人的要求提前分配好客房。

② 接待团队入店。前厅接待服务人员与销售部团队联络员一起,礼貌地把团队客

人引领至团队入店登记处。团队联络员告知领队和团队客人有关事宜，其中包括早、中、晚餐地点及酒店其他设施等。接待员与领队确认客房数、人数及早晨唤醒时间、团队行李离店时间。经确认后，请团队联络员在团队明细单上签字，前厅接待服务人员亦需在上面签字认可。团队联络员和领队接洽完毕后，前厅接待服务人员需协助领队发放钥匙，并告知客人电梯的位置。

③ 信息储存。入住手续办理完毕后，前厅接待服务人员将准确的房间号名单转交行李部，以便行李的发送。修正完所有更改事项后，及时将所有相关信息输入计算机。

### 小案例

#### "满意加惊喜"的前厅服务

今年25岁的小徐七年前来到海情大酒店，一直在前厅做服务工作。与他一同来酒店的服务生因为耐不住这份工作的枯燥和琐碎，而相继转行干别的了，只有小徐在这个岗位上一干就是7年。7年来，他像对待亲人一样，对待每一位求助的客人，赢得了客人的称赞。他也因此而获得一把象征酒店服务最高荣誉的"金钥匙"。

今年7月的一天中午，天气热得让人难受。一位住店客人反映护照不知何时丢失，希望小徐帮助查找。在酒店找了半天没有结果。小徐请客人回忆了一下曾经去过什么地方，告诉客人，你放心吧，我会尽力帮你找到护照。整个下午，他顶着烈日，骑着自行车，逐一到客人曾经去过的地方查找，终于在一家酒吧找到了客人的护照。

还有一天上午，小徐正在酒店大堂巡视着，随时准备为客人提供帮助。这时匆匆跑过来一位台湾客人。原来客人的腰带扣突然断了，想请小徐帮忙解决一下。考虑到客人马上要随团出门旅游，小徐将客人领到卫生间，将自己的皮带解下来，请客人先解燃眉之急。客人高兴地随旅游团旅游去了，小徐找了根绳当作腰带系上，又开始为客人忙碌起来。等晚上客人回到酒店，小徐已将客人的皮带扣修好，放到了客人的房间，令客人非常感动。

小徐说，他理解的酒店前厅服务就是使客人"满意加惊喜"，让客人自踏入酒店到离开酒店，自始至终都感受到无微不至的关怀和照料，而他则努力成为一个客人旅途中可以信赖的朋友，一个可以帮助解决麻烦问题的知己，一个个性化服务专家。

【点评】小徐帮助客人解决各种需要，先利人，后利己；用心极致，满意加惊喜，把服务个性化、极致化，在客人的惊喜中，找到富有乐趣的人生。小徐的服务精神值得学习和借鉴。

(4) 注意事项。包括以下方面。

前厅接待服务人员在接待客人时应注意以下事项。

① 切记不要出现客人到跟前也不抬头、边写边谈、用笔指点点等不礼貌的行为。

② 一般来说，VIP客人不在前台办理入住登记手续，而是在客房或贵宾室由客务经理直接办理，这是酒店对VIP客人的一种特殊礼遇。

③ 如果酒店实在无法为客人安排住宿，也不能将客人随意打发，要主动帮助其联络同等条件的其他酒店，要为客人介绍清楚，做到礼貌周到。经客人同意，可为客人安排车辆，送客人到刚才为其预订的酒店。

💡 小贴士

**不同国家、地区的数字禁忌**

在为客人办理入住手续时,除了要了解宾客对客房的具体要求外,还要注意根据不同国家、种族的不同禁忌,为其提供满意的住宿环境。这就要求前厅接待员要准确掌握不同国家或地区宾客的风俗禁忌。

① 韩国:与中国的数字忌讳相同,韩国人也忌讳4(因4与"死"发音相近),饭店等建筑物没有第四层和四号房间。

② 日本:除了与韩国一样忌讳4之外,还忌讳9(因9与"苦"发音相近)。

③ 新加坡:视4、6、7、13、37和69为消极数字,尤其忌讳7。

④ 美国、加拿大:忌讳数字13和星期五,要是"13日"正赶上"星期五"被认为更不吉利。

⑤ 欧洲国家:英国人普遍忌讳13,还忌讳3,英国和法国人在送花时,枝数和朵数都不能是13或双数;意大利人也忌讳送双数,认为双数不吉利;俄罗斯人忌讳数字13,不喜欢星期五,他们视7为吉祥数字,同样送花时枝数和朵数都不能是13或双数。

**4. 行李部服务礼仪**

(1)着装整洁,仪容端庄,精神饱满,客人抵达时,热情相迎,微笑问候。

(2)主动帮助客人提携行李,并问清行李件数,陪同客人到总服务台办理入住手续时,应站在客人身侧后两三步处等候,看管好客人的行李并随时接受宾客的吩咐。

(3)待客人办完入住手续后,应主动上前向客人或总台服务员取房间钥匙,提上行李引送客人到房间。在此过程中,行李员在客人右前方1米左右,遇到转弯应回头向客人示意。并注意根据客人情况介绍饭店设施。

(4)引领客人至电梯,先将一只手按住电梯门,请客人先进电梯,进电梯后应靠近电梯按钮站立,以便于操作电梯,出电梯时自己携行李先出,出梯后继续在前方引领客人到房间。

(5)随客人进入房间后,将行李放在行李架上或按客人吩咐将行李放好;根据客人情况向客人介绍房间设备的用法;房间介绍完毕后,征求客人是否还有吩咐,若客人无其他要求,即向客人道别,并祝客人住店期间愉快,将房门轻轻关上,迅速离开。

(6)客人离开饭店时,行李员在接到搬运行李的通知后,进入客房之前无论房门是否关着,均要按门铃或敲门通报,听到"请进"声,方可进入房间,并说:"您好,我是来运送行李的,请吩咐。"当双方共同点清行李件数后,即可提携行李,并负责运送到车上,如客人跟行李一起走,客人离开房间时,行李员要将门轻轻关上,尾随客人到大门口,安放好行李后,行李员要与大门接应员一起向客人热情告别,方可离开。

**5. 问询服务礼仪**

(1)对大多数住店的客人来说,饭店所在城市是陌生的,客人很可能会遇到很多麻烦,作为问询员,要耐心、热情地解答客人的任何疑问,做到有问必答,百问不厌。

(2)了解客人通常要问的问题。类似问题主要有:离这里最近的教堂在什么地方?你能为我叫一辆出租车吗?这里最近的购物中心在什么地方?我要去最近的银行,怎么走?我要去看电影,怎么走?哪里有比较好的中国餐厅、墨西哥餐厅、法国餐厅?附近有旅游景点吗?

（3）掌握有关店内设施及当地情况的业务知识。这包括：酒店所属星级；酒店各项服务的营业时间；车辆路线、车辆出租公司、价格等；航空公司的电话号码；地区城市地图；本地特产及名胜古迹；其他一些酒店、咖啡厅的营业时间以及餐厅营业时间和商场的营业时间等。

#### 6. 总机服务礼仪

（1）话务员是饭店"看不见的服务员"，虽然不和客人直接见面，但通过声音传播，也是从另一侧面反映饭店服务的水平和质量。故话务员在服务中应做到：坚守岗位，集中精神，话务时坚持用礼貌用语，接外线时，应立即问候并报出饭店的中外名称，切忌一开口就"喂"。为客人接线，动作要快而准，务必不出差错。

（2）话务员的发音要准确、清晰，语速快慢要适中，保证客人听得懂、听得清，音质要甜润、轻柔，语调要婉转、亲切，语气要友好、诚恳。接线中语言要简练，用词要得当；要避免使用"我现在很忙""急什么"等不耐烦语句。

（3）话务服务必须热心、耐心、细心，如果接听电话的客人不在时，应问清对方是否留言，如需留言，应认真做好记录，复述肯定；讲究职业道德，不偷听他人电话；通话结束后，应热情告别，待对方挂断电话后，方可切断线路。

（4）如遇到客人要求叫醒服务，应记录清楚，准确操纵自动叫醒机或准时用电话叫醒，不得耽误，无人接听时，可隔两三分钟叫一次，3次无人接听时，应通知客房服务员。

#### 7. 大堂副理处理投诉的技巧

（1）注意投诉的地点和场合。可根据投诉性质来选择地点，在办公室或现场，但不宜在大堂、餐厅等人流多的地方处理投诉。

（2）认真听取客人的投诉。面对客人投诉，要保持头脑冷静，面带微笑，仔细倾听，并做好记录以表重视。要以自己谦和的态度感染客人，让客人的情绪渐趋平静。

（3）对客人的投诉表示理解、同情和感谢。理解，就意味着尊重；同情，容易让客人觉得你值得信赖；感谢，让客人感觉到自己的投诉有望得到妥善解决。

（4）及时处理好客人的投诉。听完投诉后，立刻判断出是不是酒店方面出的错，如果是要立即向客人表示歉意，作出处理，并征求客人对解决投诉的意见，以示酒店对客人的重视。当投诉处理涉及酒店其他部门时，应立即通知部门经理，查清事实作出处理，大堂副理必须跟进事件，妥善解决问题。

（5）处理完客人的投诉后，要再次向客人表示关注、同情及歉意，以消除客人因该事引起的不快。

（6）处理投诉应详细记录投诉客人的姓名、房号、投诉时间、投诉事由和处理结果。将重大投诉或重要意见整理成文，呈总经理批示。

💡 小贴士

**前厅接待服务用语**

您好！

欢迎光临！

这里是接待处，可以为您效劳吗？

先生（女士），请稍等一下。

对不起，让您久等了。

这里是××饭店，非常乐意为您效劳。

先生（女士），您喜欢什么样的房间呢？

先生（女士），请问您的尊姓大名？

您对这间房感到满意吗？

先生（女士），您对我们的服务感到满意吗？

请慢走！

祝您好运！

欢迎您再次光临！

## 二、客房服务

客房是酒店的主体，是酒店的主要组成部门，是酒店存在的基础，在酒店中占有重要地位。客房是带动酒店一切经济活动的枢纽，是客人在饭店中逗留时间最长的地方，因此，客房是否清洁，服务人员的服务态度是否热情、周到，服务项目是否周全、丰富，直接影响到客人对酒店的评价。

**1. 楼层迎宾服务礼仪**

（1）在客人到来之前，整理好房间，调节好客房空气和温度，掌握客情，准备好香巾茶水。

（2）仪表整洁大方，提前到达电梯口，主动问候客人，并说出自己的身份。

（3）核对房卡，接过客人的房间钥匙，征求客人意见是否需要帮助其提行李。

（4）引领客人到客房，帮助客人打开房门，退到门边，请客人进房，并根据客人要求摆放行李。

（5）客人坐下后，及时送上香巾茶水，根据客人精神状态，详略得当地介绍房间设施和使用方法，以及相关服务项目。

（6）在确认客人暂时无须其他服务后，祝客人住得愉快，礼貌退出客房，面向客人轻手关上房门，回到工作间写好工作记录，随时准备为客人提供服务。

☆ 小案例

### "热情服务"惹来尴尬

服务员小王第一天上班，被分在饭店主楼做值台，由于她刚经过3个月的岗位培训，对做好这项工作充满信心，自我感觉良好，一个上午的接待工作确也颇为顺手。午后，电梯门打开，走出两位港客，小王立刻迎上前去，微笑着说："先生，您好！"她看过客人的住宿证，然后接过他们的行李，一边说："欢迎入住本饭店，请跟我来。"一边领他们走进客房，随手给他们沏了两杯茶放在茶几上，说道："先生，请用茶。"接着她又用手示意，一一介绍客房设备设施："这是床头控制柜，这是空调开关……"

这时，其中一位客人用粤语打断她的话头，说："知道了。"但小王仍然继续说："这是电冰箱，桌上文件夹内有'入住须知'和'电话指南'……"未等她说完，另一位客人又掏出钱包抽出一张面值10元钱不耐烦地塞给她。霎时，小王愣住了，一片好意被拒绝甚至误解，使她感到既沮丧又委屈，她涨红着脸对客人说："对不起，先生,我们不收小费,谢谢您!如果没有别的事,那我就告退了。"说完便退出房间回到服务台。

**【点评】** 在服务过程中一定要以客人为中心,给宾客宾至如归的体验。本案例中的服务员小王只是一味地例行公事提供热情服务,但忽略了宾客的感受,没有把握好热情服务的"度",存在欠妥之处。

### 2. 客房清洁服务礼仪

(1) 填写钥匙领取登记表,领取客房钥匙,了解客房状态,将自己负责的房间分成退房、住房、预走房、空房、维修房等几类,决定清扫顺序,清理好工作车,准备好吸尘器等清洁工具。

(2) 来到客房门前,用食指关节,力度适中,缓慢而有节奏地敲门,并通报"客房服务员"。若客人开门,要礼貌问好并说明来意,在征得客人允许后方可进入;若房内无人,则用钥匙开门,并把"正在清洁"牌挂在门把手上,开始客房清洁工作。

(3) 按照客房清洁流程和质量标准,做好客房清洁工作,一般流程如下:

开——开门、开空调、开窗帘;
撤——撤出用过的用品、用具,倒去茶水;
扫——扫蛛网、尘污,清去所有垃圾杂物;
铺——铺设床上用品;
抹——抹家具、设备;
摆——按陈设布置的要求补充好摆设用品、用具;
洗——洗卫生间;
封——消毒坐垫封套;
补——补充卫生间用品并摆好;
吸——吸尘;
看——看清洁卫生和陈设布置的效果;
关——关窗帘、关灯、关门;
填——填写客房清洁的日报表。

(4) 住房的清扫一般在客人外出时进行,要特别留意,客人房内一切物品,应保持其原来位置,不要随便移动。不可随意翻阅客人的书刊、文件和其他材料,也不可动客人的录音机、照相机等物品,更不得拆阅其书信和电报。

(5) 房间整理完离开时,若客人不在要切断电源锁好门,若客人在房,要礼貌地向客人道歉:"对不起,打扰了。"然后退出房间,轻轻关上房门。

☆ 小案例

### 急促的敲门声

经过岗前培训,小王被分配到酒店楼层做卡房服务员,第一天上班,她满怀信心,相信自己一定能够胜任这份工作,为宾客提供满意加惊喜的服务。下午,她接到客房服务中心通知,1501房间的张女士因客人来访要求服务员马上为其整理房间。小王接到通知后立刻来到1501房间门口,由于怕影响客人来访时间,敲门也急促了起来,张女士听到急促的敲门声,以为发生了什么事情,着急开门时不小心扭伤了脚,小王也因此遭到了投诉。

【点评】敲门通报是客房服务中的一个基本礼仪，在酒店服务工作中，事无大小，都必须严格按照酒店礼仪规范来处理，讲究礼仪。

### 3. 客房日常服务礼仪

（1）在客人到达前，应了解其国籍、风俗习惯、生活特点、到达时间等情况，以便有针对性地搞好服务工作。工作前严禁吃葱、蒜等有浓烈气味的食物。工作中要热情诚恳，谦虚有礼，稳重大方，使客人感到亲切温暖。

（2）在日常工作中要保持环境的安静。搬动家具，开关门窗要避免发出过分的声响。禁止大声喧哗、开玩笑、哼唱歌曲。应客人呼唤也不可声音过高，若距离较远可点头示意，对扰乱室内安静的行为要婉言劝止。

（3）在楼道与客人相遇，应主动问好和让路。同一方向行走时，如无急事不要超越客人，因急事超越时，要说"对不起"。

（4）进入客人房间，须先轻轻敲门，经允许方可进入，敲门时不要过急，应先轻敲一次，稍隔片刻再敲一次，如无人回答，就不要再敲，也不要开门进去，特别是夫妇房间，更不能擅自闯入。

（5）凡客人赠送礼物、纪念品，应婉言谢绝，如不能谢绝时，接受后应立即上报。

（6）要关心客人健康，对病员要多加照顾。对饮酒过度或精神反常的客人，除妥善照顾外，应及时向上级报告。

（7）服务台要随时掌握来往人员情况，发现不认识的人，要有礼貌地查问，防止无关人员进入客人房间。

（8）客人到服务台办事，服务员要起立，热情接待。与客人说话，要自然大方，切忌态度生硬，语言粗鲁。

（9）客人离开饭店后，应即刻清查房间，尤其是枕下、椅下等处，发现遗忘物品，若时间来得及，应追赶当面交给客人；如来不及，则速交接待单位。

### 4. 客房个性化服务礼仪

要使顾客高兴而来，满意而归，光凭标准的、严格的、规范化服务是不够的，只有在规范化的基础上，逐渐开发和提供个性化服务，才能给客人以惊喜，才能让客人感觉到"宾至如归"，才能使客人"流连忘返"。以下相关做法会给我们以启发。

（1）服务员早上清扫房间时发现，客人将开夜床时已折叠好的床罩盖在床上的毛毯上，再看空调是23℃。这时服务员立即主动加一张毛毯给客人，并交代中班服务，夜床服务时将温度调到26℃左右。

（2）服务员为客人清扫房间时，发现客人的电动剃须刀放在卫生间的方石台面上，吱吱转个不停，客人不在房间。分析客人可能因事情紧急外出，忘记关掉运转的刮须刀，这时，服务员要主动为客人关闭刮须刀开关。

（3）服务员清扫房间时，发现一张靠背椅靠在床边，服务员不断地观察，才发现床上垫着一块小塑料布，卫生间还晾着小孩衣裤，服务员这才明白，母亲怕婴儿睡觉时掉到地上，服务员随即为客人准备好婴儿床放入房间。

（4）服务员发现客房中放有西瓜，想必是旅客想品尝一下本地的西瓜，绝对不会千里迢迢带个西瓜回家留个纪念。所以服务员主动为客人准备好了一个托盘、水果刀和牙签。

小贴士

**客房服务礼貌用语**

您好！欢迎您光临我们酒店。
我是客房服务员，非常高兴能为您服务。
我可以帮您拿行李吗？
请往这边走。
这是您的房间，请进。
祝您节日愉快！
祝您玩得开心！
请好好休息，有事请打电话到服务台。
对不起，打扰您了。
我现在可以为您打扫房间吗？
您有衣服要洗吗？
先生（女士），听说您不舒服，我们感到很不安。
我能为您做些什么事吗？
对不起，让您久等了。
对不起，等我弄清楚了再答复您好吗？
请告诉我，您今天早上大概是什么时候走。
请对我们的工作提出宝贵意见。
欢迎您下次再来，请慢走！

## 三、餐厅服务

餐厅是酒店的重要服务部门，它既是酒店宾客用餐的主要场所，也是客人进行人际交往的重要平台，餐饮服务质量的高低直接影响整个酒店的经营水平。因此，餐厅服务员不但要熟练掌握业务技能，还要遵守服务中的各种礼仪，为顾客提供最满意的服务，使顾客不但吃得饱，还要吃得愉快。

### 1. 迎宾礼仪

迎宾服务是餐厅为宾客提供服务的开端，礼貌得体、优雅大方的迎宾服务，在服务宾客的同时，也会为餐厅树立良好的形象。

（1）迎宾员着装应华丽、整洁、挺括，仪容端庄、大方，站姿优美、规范。开餐前5分钟，迎宾员应恭候在餐厅大门两侧，做好迎客的准备。

（2）迎宾员要神情专注，反应敏捷，注视过往宾客。当客人走向餐厅约1.5m处，应面带笑容，拉门迎客，热情问候："小姐（先生），您好，欢迎光临。""小姐（先生），晚上好，请。""您好，请问几位？有预定了吗？"（以便迎候指引）客人离开餐厅时，礼貌道别："小姐（先生），谢谢您的光临，请慢走，再见！"语调柔和、亲切，并致以身体向前30°角的鞠躬礼。

（3）如遇雨天，要主动收放客人的雨具。客人离厅时把雨具及时递上，并帮助客人打开雨伞，穿好雨衣。

（4）迎宾要主动积极，答问要热情亲切，使客人一进门就感觉到他们是受到欢迎的尊贵客人，从而留下美好的第一印象，使客人感觉进餐厅用餐是一种美的享受。

### 2. 引位礼仪

（1）引位服务礼仪要点。具体包括以下几点。

① 引客入座时，迎宾员应对宾客招呼"请跟我来"，同时走在客人左前方距离1m左右的位置，并伴之以手势指引。手势指引的正确姿势应为手臂自然弯曲，手指并拢，掌心向上，以肘关节为轴指向目标。

② 把客人引到餐桌前，按女士优先的原则拉开椅子，帮助客人入座。待客人坐下前，再在后面将椅子轻轻推一下，为客人将椅子挪近餐桌。

③ 当重要宾客光临时，要把他们引领至本餐厅最好的位置就座。

④ 如果是夫妇、情侣来进餐，最好把他们引至较为安静的餐桌就座，这样方便他们说悄悄话。

⑤ 当有容貌漂亮、服饰华丽的女宾来进餐时，要将其引领到众多宾客都能看到的位置。这样既可满足客人的心理需求，又可给餐厅增添华贵的气氛。

⑥ 若是有明显生理缺陷的客人前来就餐，应尽量将其安排在不太显眼的地方，以能遮掩其生理缺陷为宜。

⑦ 当餐厅内空位较多时，引位员可以让客人自行选择他愿意就座的餐位。

⑧ 如果宾客选择的餐位已有人占用时，应向客人解释，表示歉意，然后将客人引领至其他令他较为满意的座位上去。

（2）引位服务规范。具体包括以下方面。

引位服务一般由站立服务、引客、入座、服务、告退5个服务环节组成。

① 站立服务规范。引座小姐在引座台内或餐厅大门一侧成正立站姿。宾客走近2~3m处，由正立换成握指式站姿，同时用"小姐（先生），您好""请问你们几位""请"或"请跟我来"等礼貌语欢迎宾客，使用礼貌语"请"需将语言和动作配合一致。

② 引客服务规范。引座小姐做出"请"的动作后，随即领客走入餐厅。走姿采用"一字步"为佳，行走速度每分钟为90步，步幅为半脚距离。

③ 安排入座规范。先女宾后男宾，引座小姐需两手扶握椅背两侧，将座椅稍提拉开适当距离，然后用"小姐（先生），请坐"礼貌语，与动作配合一致示意宾客入座，宾客就座时，迅速调整椅位。

④ 口布服务规范。引座小姐应从宾客左侧，用右手将杯中的口布取出，轻轻打开，迅速示意给宾客。

⑤ 告退服务规范。服务完毕，引座小姐成握指式站立，同时配合礼貌语"小姐（先生），请慢用"招呼宾客，接着一脚后退一小步，向另一脚方向转体90°离开。

### 3. 点菜礼仪

（1）恭请点菜。如果不是事先包餐，餐厅值台员应及时主动递上菜单，请宾客点菜。同时，微笑站在点菜客人的右侧，身体不要倚靠餐桌，上身微前倾，耐心等候；认真、准确记录宾客点的菜肴，点菜完毕，复述一遍，请其确认。

（2）当好参谋。接受点菜时，热心当好参谋。根据宾客的就餐目的、人数、饮食偏好，介绍本店的特色菜、畅销菜、时令菜等，协助宾客控制好菜品的搭配及数量。

（3）灵活机动。如遇宾客点到已无原料的菜品，应先礼貌致歉解释，求得宾客谅解，再婉转建议宾客点其他菜品，注意语气要亲切委婉："我们这里的××菜很有特色，您可以试试!"如宾客点出菜单上没有的菜肴时,不可一口回绝,可以说:"请允许我与厨师长沟通一下,我们会尽量满足您的要求。"对宾客饮食上的特别要求,应灵活机动,妥善处理。

### 小案例

酸辣汤的启示

服务员小赵刚上班,便迎来一对年轻夫妇,点菜过程中,得知妻子刚怀孕3个月,胃口一直不好,今天特别想吃酸辣汤,但此时饭店并不供应酸辣汤。经过小赵与厨师的沟通,为他们特制了酸辣口味的两菜一汤,用餐完毕后,丈夫感激地告诉小赵,妻子对饭菜特别满意,吃得也比平时多,并表示"孩子的满月酒一定会来这里办"。几个月后,这对夫妇真的抱着孩子,带着亲朋好友,再次光临酒店,并再次向小赵致谢。

【点评】因人而异、满意舒心的真情服务,可以大幅增加宾客的满意度,而宾客的满意度带来宾客的忠诚度,宾客的忠诚度必然会扩大酒店的知名度,从而带来酒店的持久发展。

**4. 中餐服务礼仪**

(1) 斟酒服务礼仪规范。具体包括以下方面。

① 为宾客斟倒酒水时,要先征求宾客意见,根据宾客的要求斟倒各自喜欢的酒水饮料,一般酒水斟八分满即可。

② 斟白酒时,如宾客提出不要酒,应将宾客位前的空杯撤走。

③ 酒水要勤斟倒,宾客杯中酒水只剩1/3时应及时添酒,斟酒时注意不要斟错酒水。

④ 宾客干杯或互相敬酒时,应迅速拿酒瓶到台前准备添酒。

⑤ 主人和主宾讲话前,要注意观察每位宾客杯中的酒水是否已满上。

⑥ 在宾主离席讲话时,主宾席的服务员要立即斟上果酒、白酒各一杯放在托盘中,托好站在讲台侧侍候。

⑦ 致辞完毕,迅速端上,以备宾客举杯祝酒。

⑧ 当主人或主宾到各台敬酒时,服务员要托着酒瓶跟着准备斟酒,宾客要求斟满酒杯时,应予满足。

(2) 上菜服务礼仪规范。具体包括以下方面。

酒席宴会的上菜要严格按照上菜规则进行。

① 要掌握好上菜时机,按进餐的节奏,每一道菜都要趁热上,多台宴会的上菜要看主台或听从主管指挥,做到行动统一,以免造成早上或晚上、多上或少上等现象。

② 要遵循一定的上菜顺序。宴会的上菜顺序要按菜单排定的顺序执行,一般是先上冷盘,再上热炒菜和大菜,后上水果、汤和甜点。

③ 要正确选择上菜位置,操作时在译、陪人员之间进行。

④ 每上一道菜要介绍菜名和风味特点,并将菜盘放在转盘上,再转向主位。

⑤ 上新菜前,先把旧菜撤走或摆向副主位。如盘中还有分剩的菜,应征询宾客是否需要添加,在宾客表示不要时才可撤走。

⑥ 一般宴会通常由主人自己分菜,高档宴会服务员要主动、均匀地为宾客分汤、分菜。分派时要胆大心细,掌握好菜的分量、件数,尽量准确均匀。

💡 小贴士

### 上菜的礼仪习俗

上热菜中的整鸡、整鸭、整鱼时，中国传统的习惯是"鸡不献头，鸭不献掌，鱼不献脊"，即上鸡、鸭、鱼时，不要将鸡头、鸭尾、鱼脊对着主宾，而应当将鸡头与鸭头朝右边放置。上整鱼时，鱼腹可向主人，由于鱼腹的刺较少，肉味鲜美娇嫩，所以应将鱼腹而不是鱼脊对着主宾，以表示对主宾的尊重；鱼眼朝向主人，鱼尾应朝向第二主人与第二或第四宾客（如果是转台，服务人员应该把以上鱼的部位转到位）；也可以根据宴会是否用酒，喝酒的习惯或习俗确定鱼的位置（一般上鱼的时候，鱼头冲客人，表示对客人尊重。这个时候，客人要喝鱼头酒，尾巴方向的人要喝鱼尾酒，一般是"头三尾四""高看一眼""腹五脊六"等）。

（3）撤换餐具礼仪规范。具体包括以下方面。

为显示宴会服务的优良和菜肴的名贵，保持桌面卫生雅致，突出菜肴的风味特点，在宴会进行的过程中，需要多次撤换餐具或小汤碗。重要宴会要求每一道菜换一次餐碟，一般宴会换碟不得少于3次。

①撤换餐碟时，要待宾客将碟中食物吃完方可进行。

②如宾客放下筷子而菜未吃完时，应征得宾客同意后方能撤换。

③撤换时要边撤边换，撤与换交替进行。

④按先主宾后其他宾客的顺序先撤后换，所有操作在宾客右侧进行。

（4）席间服务礼仪规范。具体包括以下方面。

宴会进行中，要勤巡视、勤斟酒、勤换烟灰缸。细心观察宾客的表情及示意动作，主动服务。

①服务时，态度要和蔼，语言要亲切，动作要敏捷。

②宾客用餐完毕，送上热茶和香巾，随即收去台上除酒杯、茶杯以外的全部餐具，抹净转盘，换上点心碟、水果刀叉，然后上甜品、水果，并按顺序分送给宾客。

③宾客吃完水果后，撤走水果盘，递给宾客香巾，然后撤走点心碟和刀叉，摆上鲜花，以示宴会的结束。

（5）结束服务礼仪规范。具体包括以下方面。

中餐宴会结束后，服务员要提醒客人带齐物品。可代主宾挪开座椅，并恭候在餐厅门口热情欢送，客气道别。宴会的结束服务礼仪技巧主要包括以下几项。

①检查现场。客人离席后，必须首先检查现场有无客人遗留的物品，如有应立即交还给客人。如客人已离去，应交餐厅经理处理，积极与有关单位或个人取得联系，尽快将遗留物品交还给失主。

②收拣清理餐具及其他物件。收拣工作宜分工进行。应专人分别收拣酒杯、水杯、盘、碗、勺等。要先收毛巾、口布，再收饮具，最后收餐具。

③清理现场。将桌、椅抹洗干净，撤还原处摆好，打扫好餐厅的卫生。

④结账。核实所用菜点、酒水、香烟、茶及其他食品的数量、价格等，及时与酒席宴会的举办人准确结账。

（6）服务的注意事项。具体包括以下方面。

①服务操作时，注意轻拿轻放，严防打碎餐具和碰翻酒瓶、酒杯，从而影响场内

气氛。如果不慎将酒水或菜汁洒在顾客身上，要表示歉意，并立即用毛巾或香巾帮助擦拭。

② 当宾主在席间讲话时，服务员要停止操作，迅速退到工作台两侧肃立，姿势要端正。餐厅内保持安静，切忌发出声响。

③ 席间如有顾客突感身体不适，应立即请医务室协助并向主管汇报。将食物原样保存，留待化验。

④ 宴会结束后，应主动征求宾主和陪同人员对服务和菜品的意见，客气与宾客道别。服务员还要对完成任务的情况及时进行小结，以利发扬成绩，克服缺点，不断提高餐厅服务质量和服务水平。

### 小案例

#### "一片热心"只换来客人"一声怒吼"

花源酒店的餐厅来了4位客人，看得出来他们是久未相见的老朋友。在点菜时，服务员小李很热心地向客人推荐了餐厅特色茶花鸡，客人欣然接受。在客人们津津有味地品尝茶花鸡时，小李看到客人的骨碟已满，就走近一位年轻客人说："对不起，先生，给您换一下骨碟好吗？"

此时客人右手正拿着一只鸡翅，见状忙侧身让开，为避免碰到小李，客人还把右手举过了肩膀，小李发现骨碟中还有一个鸡爪时，便提醒客人："先生，还有一个鸡爪呢！"客人又连忙用左手拿起鸡爪，手拿鸡爪和鸡翅的客人为不影响小李更换碟子，而双手高举做投降状，一旁的年老客人看到后便打趣说："怎么，是不是喝不下酒向我投降啊？"客人一听，连忙自嘲说："我是向漂亮的服务小姐投降，要说到喝酒，我哪会怕您。等小姐换好碟子，我好好与您喝几杯。"等到小李换好骨碟，两位客人果真要比拼喝酒。

当两人干完第一杯酒正凑在一起说话时，小李过来说："对不起，先生，给您倒酒。"两位客人不约而同地向两边闪，小李麻利地为两人斟满酒，两人又干了一杯，然后又凑在一起说话，小李又不失时机地上前说："对不起，先生，给您斟酒。"

此时的年轻客人突然对着小李大声怒吼道："没看到我们正在说话吗？你烦不烦啊！"服务员小李一脸茫然，不知道自己做错了什么。

【点评】服务员小李虽然工作主动、热情，却没有看清形势，反而用自己的"热情服务"妨碍了客人的感情交流，所以"一片热心"只换来客人"一声怒吼"。可见，主动、热情、讲规程的服务不一定是最好的服务。正如全国劳模谭加加所说："顾客满意的服务才是最好的服务！"

### 5.西餐服务礼仪

（1）客人订餐服务。服务要主动，态度要热情，面带微笑，语言亲切。

（2）迎接客人服务。领位员要熟知餐厅座位安排、经营风味、食品种类、服务程序与操作方法。微笑相迎，主动问好，常客、回头客要称呼姓名。

（3）餐前服务。客人入座后，桌面服务人员主动问好，及时递上餐巾。

（4）开单点菜服务。客人审视菜单并示意点菜时，服务人员应立即上前，询问客人的需求，核实或记录内容。

（5）上菜服务。客人点菜后，服务人员应按面包、黄油、冷菜、汤类、主菜、旁碟、甜品、水果、咖啡和红茶的顺序上菜。20分钟内送上第一道菜，90分钟内菜点出齐。菜点需要增加制作时间的，应告知客人大致等待时间。各餐桌按客人点菜先后次序上菜。

（6）看台服务。客人用餐过程中，照顾好每一个台面的客人。客人每用完一道菜，撤下餐盘刀叉，清理好台面，摆好与下一道菜相匹配的餐碟刀叉。操作要快速、细致。

（7）收款送客服务。客人用餐结束示意结账时，服务人员应将账单准备妥当，账目记录清楚，账单夹呈放在客人面前，收款、挂账准确无误。

（8）注意事项。西餐服务人员在进行服务时应注意以下事项。

① 服务人员询问客人用餐时间、订餐内容、座位时要清楚，复述客人姓名、房号、用餐人数与时间时要准确。台面摆放整齐、横竖成行，餐具布置完好整洁大方，环境舒适。

② 领位员引导客人入座，遵守礼仪顺序。订餐、订座客人按事先安排引导，座次安排适当。客人入座时应主动拉椅，交桌面服务人员照顾。

③ 询问客人餐前饮用何种饮料，服务操作主动热情，斟酒、送饮料服务规范，没有滴洒现象。递送菜单时应用双手。

④ 注意客人所点菜肴与酒水的匹配，善于主动推销，主动介绍菜品风味、营养搭配与做法。

⑤ 上菜一律用托盘，热菜食品加保温盖。托盘走菜轻稳，姿态端正。菜点上桌介绍名称，摆放整齐。为客人斟第一杯饮料，示意客人就餐。

⑥ 上菜过程中，把好质量关，控制好上菜节奏、时间与顺序，无错上、漏上、过快、过慢状况发生。

⑦ 符合西餐服务要求，每上一道菜，主动及时地为客人分菜、派菜。分菜操作熟练准确，斟酒及时。客人需要用手食用的菜点，应呈上茶水洗手皿。客人用餐过程中，随时注意台面整洁。及时撤换烟灰缸，烟灰缸内烟头不超过3个。上水果甜点前，撤下台面餐具，服务要及时周到。

⑧ 客人起身离开时，服务人员要主动拉椅，提醒客人不要忘记个人物品，微笑送客，主动征求意见，告别客人。客人离开后，清理台面快速轻稳，台布、口布、餐具按规定收好，重新铺台摆放餐具，3分钟完成清台、摆台，重新整理好餐桌，准备迎接下一批客人。

**6. 冷餐酒会服务礼仪**

冷餐酒会又称自助餐会，适用于会议用餐、团队用餐和各种大型活动。冷餐酒会一般有设座式与立式两种就餐形式。不设座的立式就餐可以在有限的空间里容纳更多的宾客，而且气氛活跃，不必拘束。设座就餐的规格较立式高，个人得到的照顾多。冷餐酒会的服务礼仪程序如下。

（1）餐前准备。具体包括以下方面。

① 布置会场。从宴会通知单上了解参加人数、酒会形式、台形设计、菜肴品种、布置主题等事项。食品台的摆设，应方便宾客迅速、顺利选取菜肴，考虑宾客流动方向安排取菜顺序。餐桌在摆放时，要突出主桌，预留通道。布置环境，应围绕宴会主题进

行，如元旦、周年庆典、圣诞节等。

②食台的摆设。食台的摆设形式多种多样，除了设完整的自助餐台外，也可将一些特色菜分离出来，如色拉台、甜品台、切割烧烤肉类的工作车等。

③食台的布置。布置食台时，先在食台上铺台布，台子四周围桌裙，台中央可以布置冰雕、雕刻、鲜花、水果等装饰物点缀，以烘托气氛，增加立体感。

④菜肴及其他物品的摆放。菜肴陈列，应根据通知单上所有菜肴品种和食客的取食习惯来排列。宾客盛菜用盘，整齐地放在自助餐台最前端，立式自助餐台应附有杯托架、餐刀、餐叉、餐巾等用具。色拉、开胃品和其他冷菜放在人流首先能取到的一端，摆放时图案新颖美观。接着摆放热蔬菜、肉类菜、其他热主菜，菜肴的配汁与菜肴摆放在一起。热菜通常用保温锅保温。甜品、水果一般是单独设台摆放，也可放在主菜后面即人流最后取到的一端。

⑤设座式自助餐。要摆好宾客用餐桌，桌上的餐具有餐刀、餐叉、汤勺、甜品叉勺、面包碟、面包刀、餐巾、胡椒皿、盐皿等。

（2）餐中服务礼仪。具体包括以下方面。

①冷餐酒会开始前的鸡尾酒服务礼仪。在酒会开始前半小时或15分钟，一般在宴会厅门外大厅或走廊为先到的宾客提供鸡尾酒、饮料和简单小吃，直到酒会时间将到，才请宾客进入宴会厅。

②入座就餐礼仪。除了主桌常设席卡外，其他客桌用桌花区别，由宾客自由选择入座，服务员为每位宾客斟冰水，询问是否需要饮料。主办单位等全部宾客就座后致辞、祝酒，宣布酒会正式开始。座式冷餐酒会中的开胃品和汤则常由服务员送到餐桌上，而面包、黄油是提前派好的。

③自助餐台服务礼仪。自助餐台应有厨师值台，负责向宾客介绍、推荐、夹送菜肴，分切大块烤肉，及时更换和添加菜肴，检查食品温度，回答宾客提问。

④其他服务礼仪。服务员要随时接受宾客点用饮料，并负责送到餐桌或宾客手中。巡视服务区域，及时整理餐台，换烟灰缸，撤走空盘。

⑤管理人员的现场控制技巧。管理人员在现场检查服务运转情况，协调厨房生产与餐厅服务工作，处理各种突发事件，指挥员工圆满地完成各项工作。

（3）餐后结束服务礼仪。具体包括以下方面。

冷餐酒会结束后，由主管或经理及时结账，检查所有账目。厨师负责将余下的菜肴全部撤回厨房分别处理。服务员负责清理餐台、食台，将用过的餐具、物品交洗涤间，由宴会负责人写出"酒会服务报告"备案。

**7. 鸡尾酒会服务礼仪**

鸡尾酒会是较流行的社交、聚会的宴请方式。举办鸡尾酒会简单而实用，热闹、欢愉且又适用于不同场合。无论隆重、严肃或不拘礼节均可采用。它不需要豪华设备，可以在任何时候举行，与会者不分高低贵贱，气氛热烈而不拘泥。从酒会主题来看，多是欢聚、庆祝、纪念、告别、开业典礼等。鸡尾酒会以供应各种酒水为主，也提供简单的小吃、点心和少量的热菜。鸡尾酒会一般不设座，只准备临时吧台、食台，在餐厅四周设小圆桌，桌上放置餐巾纸、烟灰缸、牙签盒等物品。鸡尾酒会的礼仪服务程序如下。

（1）准备工作。具体包括以下方面。

根据宴请通知单的具体细节要求，摆放台形、桌椅，准备所需的各种设备，如立式麦克风、横幅、会标等。

①吧台。鸡尾酒会临时吧台，由酒吧服务员负责在酒会前准备好。根据通知单上的"酒水需要"栏，准备各种规定的酒水、冰块、调酒具及足够数量的玻璃杯具等。

②食品台。将足够数量的甜品盘、小叉、小勺放在食品台的一端或两端，中间陈列小吃、菜肴。高级鸡尾酒会，还要准备工作车为宾客切割牛排、火腿等。

③小桌、椅子。小桌摆放在餐厅四周，桌上置花瓶、餐巾纸、烟灰缸、牙签盒等物品，少量椅子靠场边放置。

④酒会前的分工。宴会厅主管根据酒会规模配备服务人员，一般以一人服务10～15位宾客的比例配员。专人负责送酒水，照顾和托送菜点及调配鸡尾酒，提供各种饮料。

（2）鸡尾酒会服务礼仪。具体包括以下方面。

鸡尾酒会开始后，每个岗位的服务员都应尽自己所能，为宾客提供尽善尽美的服务。

①负责托送酒水的服务员，用托盘托送斟好酒水的杯子，自始至终在宾客中巡回，由宾客自己选择托盘内的酒水或另外点订鸡尾酒。负责收回宾客放在小桌上的空杯、空盘，送至洗涤间洗涤。

②负责菜点的服务员，要保证有足够数量的盘碟、勺、叉，帮助老年宾客取食，添加点心菜肴，必要时用托盘托送特色点心，负责回收小桌上的空盘、废牙签、脏口纸等送往洗涤间。

③吧台服务员，负责斟倒酒水和调配宾客所点的鸡尾酒，在收费标准内保证供应。

（3）鸡尾酒会结束服务礼仪。具体包括以下方面。

宾客结账离去后，服务员负责撤走所有的物品。余下的酒品收回到酒吧存放，脏餐具送洗涤间，干净餐具送工作间，撤下台布，收起桌裙，为下一餐做好准备。

💡 小贴士

**餐厅服务礼貌用语**

您好！欢迎您光临我们餐厅。

请您稍等，我马上给您安排。

请往这边走。请跟我来。请坐。

对不起，现在可以点菜吗？

这是今天的特色菜，欢迎各位品尝！

真对不起，这个菜今天已经卖完了。

您喜欢喝点什么酒？

饭后您想吃点甜品吗？

请问还需要什么？

现在可以上菜了吗？

对不起，让您久等了，这是您的菜。

我可以撤掉这个盘子吗？

对不起，打扰您了。谢谢您的帮忙。

现在可以为您结账吗?
对不起,我们这里不可以签单,请付现款好吗?
希望您吃得满意。谢谢,欢迎您再次光临!

## 第二节 旅游服务礼仪

旅游服务工作的出色完成,是各个旅游相关岗位服务人员互相配合、共同努力的结果。游客对一次旅游活动的满意程度,取决于每个服务环节"零缺陷",而任何一个环节出现失误和闪失,都会引起游客对整个旅游活动的不满及对整个旅游服务工作的否定,甚至会发生投诉。在旅游行业存在一个著名的公式,即100-1=0,这个公式包含三层含义:其一,旅游行业有100项工作,99项工作做得很出色,仅有1项客人不满意,就等于客人都不满意;其二,一项工作,做到了99%,仅有1%没有做到,就等于没有做到位;其三,有100名员工,99位员工都做得很好,只有一位员工没能做好,就等于所有员工工作没有做好。由此可见,旅游服务工作彼此相关,各部门协同工作非常重要。在旅行社服务工作中,遵从一定的服务礼仪规范,是提高游客满意度的重要前提。

### 一、旅行社服务

旅行社是旅游活动的组织者、安排者和联系者,是旅游业的主导力量,在整个旅游活动中处于核心地位。旅行社的这种"龙头"的性质,决定了它具有很强的综合性和协调性。旅行社与酒店、交通、景区等部门良好的沟通、协作关系,对保证旅游活动的圆满成功有着至关重要的作用,而旅行社在与游客和这些部门打交道的过程中,需要遵从一定的礼仪规范。

#### 1. 门店接待礼仪

旅行社门店有两个重要的职能,即提供旅游咨询和销售旅游产品。旅行社门店接待是其日常工作的重要组成部分,门店工作人员最早和旅游者接触,并把产品的详细信息传递给旅游者,取得旅游者的信任,并最终把旅游产品销售给旅游者。可以说门店接待是旅行社与其业务合作伙伴或游客联系的直接途径,接待的好坏直接影响到旅行社的形象以及旅行社与其合作方、服务对象的关系,因此门店接待必须讲究礼仪规范。

(1)环境宜人,赏心悦目。门店是旅行社以销售为主要目的的部门,其实就是市场营销学的终端,是消费者能够和商品直接接触并做出购买行为的场所。门店选址要尽量接近有效消费市场,面积不需要太大,应处于人流量多的街区,有良好的交通通达性,并辅以醒目的街边招牌以及橱窗粘贴画。门店内部由办公桌设计改为柜台设计或休闲式设计,店内设施齐全,尽量增加顾客区域而减少员工区域。可以考虑选择旅行社门店相对集中的区域,这样既有利于借鉴同行的经验,取长补短,又有助于变竞争压力为动力,拓展经营,也符合顾客"货比三家"的购买心理。

门店柜台一般设有写字台、电话、传真机、复印机、办公计算机等物件,其摆放应整齐合理,以美观、方便、高效、安全为原则。门店柜台上不要堆放过多的书包、文件,常用的材料也要摆放整齐。若用玻璃台板,应注意玻璃下的整洁,不要横七竖八的压着各种车票、请柬、发票、文字报告等。应特别重视门店柜台的卫生。试想一下，客户来联系、洽谈业务，门店柜台里满地烟头、果皮，连找个干净点的沙发都难以如愿，这笔业务还能顺利做成吗？门店部的布置，应给人以宁静、整洁的印象。墙上也可挂些各地的风景名胜、地图、旅行社的锦旗牌匾、旅行社徽标等物，显得清新大气。还可贴上工作计划表、经营图表、市场布局等，以示公司的业绩和对员工的勉励。此外，要注意室内空气清新，保持适宜的温度和湿度。

（2）讲究礼仪，主动热情。一个旅行社员工的素质和待人接物的礼仪水平，是从每个员工的言谈举止中体现出来的。门店部虽然不大，但它既是工作的地方，又是社交的场所。门店部工作人员的礼仪如何，往往是客商评价公司的重要依据。

① 注重仪表。旅行社接待人员要仪容得体，服饰整洁大方，仪态端正，体现出良好的精神状态，给顾客端庄文雅、自尊自信的良好形象。

② 遵守制度。遵守旅游公司的管理制度，按时上下班，不迟到，不早退，不能无故不上班。办公室不拨打或接听私人电话，不占用工作时间去上街买菜，逛商店，不在写字间打扑克等。在门店部工作，要注意保持安静。与同事谈工作时，声音不宜太高，不要在过道里、走廊上大声呼唤同事。拨打电话或接听电话时，语调要平和、文明。

③ 礼貌待人。旅游咨询者走进门店部后，门店部工作人员要仔细观察、判断旅游咨询者进入门店的意图，要转向旅游者，用眼神来表达关注和欢迎。注目礼的距离以5步为宜，在距3步的时候就要面带微笑，热情地问候"您好，欢迎光临"，并用手势语言敬请旅游咨询者坐下。门店部服务人员要主动为旅游咨询者提供帮助，可通过接触搭话使旅游咨询者的注意，从无意注意转向有意注意，或者从对旅游产品的注意发展到对该产品的兴趣。而在与旅游咨询者搭话以后，应尽快出示旅游产品，使旅游咨询者有事情可做，有东西可看，有引起兴趣、产生联想的对象。

门店部工作人员应实事求是地说明产品的有用信息，并列举旅游产品的一些卖点，根据旅游咨询者的情况，在旅游咨询者比较、判断的阶段，刺激旅游咨询者购物欲望，促成购买，列举旅游产品的一些卖点或者亮点，向旅游咨询者说明。促进旅游咨询者对打算购买的旅游产品的信任，坚定旅游咨询者的购买决心。当推销成功，旅行社门店部应当依法与旅游咨询者订立书面旅游合同，其目的是维护旅游者和旅游经营者的合法权益。旅游咨询者一旦签好旅游合同后，门店部服务人员就应该收取费用，并为旅游者开好发票。核对钱款时要认真仔细，避免发生错收错付情况。门店部服务人员在为旅游者开好发票、结束销售时，还应询问旅游者是否有亲人或者朋友一起去旅游，告知旅游出发前要注意哪些事项，什么时间、地点和导游或者全陪导游联系，并可以告知旅游途中要注意的事项。这不仅会使旅游者体验到门店部是真心实意地为他们服务的，而且会对门店部留下美好的回忆，起到良好的宣传效果。

（3）散客代办，业务精到。办理散客代办业务要讲究流程，有条不紊地做好各项代办业务，不同的散客代办业务要区别对待。

① 当门店工作人员在接到办理散客来本地的委托代办业务时。首先要了解对方旅游者的有关情况，详细记录对方（委托方）旅行社名称、委托人姓名及通话时间等，以便有据可查，根据实际情况认真填写好任务通知书并立即按内容进行预订，若客人需提供导游服务，应及时落实导游人员。委托的某些项目无法提供，应在24小时内通知委

托者，以便委托方做其他准备。

② 代办散客赴外地的委托业务。当门店工作人员在接受和办理赴外地旅游的委托时，应热情周到，耐心询问客人的要求并记录。认真检查其证件，并有礼貌地请旅游者本人填写委托书等表格，对客人不明白的注意事项耐心解释。如果委托书中有我方不能办到的事情，应事先向旅游者说明，请其自行划除，并向其道歉。

③ 受理散客在本地的单项旅游委托业务。热情主动询问旅游者的要求，微笑、耐心说明旅行社所能提供的各种服务项目和收费标准，拿出委托书请旅游者自行填写，当旅游者办妥单项委托服务手续后，礼貌地与旅游者道别，并及时通知有关部门。

（4）特殊团队，特别对待。特殊团队就是指有别于一般旅游观光并具有其自身特点的旅游团队。在组织接待安排时，不能等同于一般观光团的操作，应根据他们的自身特点，有针对性地组织操作和接待。

① 新闻记者或旅游代理商接待礼仪。旅行社组织代理商或新闻记者旅游，目的是介绍自己设计的旅游线路，使其通过观察了解本社的业务和旅游目的地的情况，并借此宣传本社的旅游业务。旅行社组织旅游代理商或新闻记者旅游时需注意以下几点：一是精心设计最佳的旅游线路。旅行社应派专人预先按线路仔细走一遍，并检查各地的准备工作。每个地方突出什么，活动、交通、住宿、膳食怎样安排等，要反复检查确认。二是要做到前后一致。在组织代理商或新闻记者考察过程中，交通、食宿、参观游览、文娱活动等方面应与将来旅行社组团的活动基本一致。三是配备最佳导游。选择好导游是邀请团活动成功与否的关键。要选择有经验而又学识丰富的导游，讲解既深入浅出，又诙谐动听、妙趣横生，让代理商或记者感到这是一次很好的艺术享受，有助于更好地宣传，起到扩大影响、吸引游客的作用。

② 大型团队接待礼仪。接待大型团队的旅游活动，其难度及要求比一般旅游团队都要高。接待人员必须同时具备较高的业务水平、宏观的控制能力与严密的工作作风，才能够圆满完成接待任务。应注意与各有关单位确认活动日程和确切的时间，检查接待人员的精神准备和物质准备，通知每人车号、客人数、房号；部门经理亲临机场或码头察看迎接团队的场地、乐队站立的位置、停车点；事先安排专人下榻饭店，与饭店客房部经理等共同检查房间内各种设施是否完好可用；与车队联系好出车顺序，车上贴好醒目车号和标志。

③ 残疾人团队接待礼仪。接待残疾人旅游团队，最重要的是要有满腔热忱，随时注意其自尊心。在生活服务方面，一定要细心周到，想方设法为他们提供方便；在导游工作方面，应尽量满足他们的要求；在日程安排方面，要考虑到他们的身体条件和特殊需要，时间应宽松些，所去景点应便于残疾人活动。

**2. 旅游产品推销礼仪**

同其他产品一样，旅游产品这种特殊的商品也需要宣传和推销。旅游产品推销礼仪，是指销售人员在推销过程中应遵循的行为规范与准则。它指导着销售人员的言行举止，是促成良好旅游商务关系的润滑剂。

（1）约见客户礼仪。约见客户是指推销人员事先征得客户同意，面对面协调接触的活动。总的来说，销售员约见客户时，要事先联系好客户，征求对方同意后会面。约见时，应从对方利益出发，多为客户着想，最好由客户决定约见的时间、地点等相关事宜。销售人员应视客户的具体情况，选择天气良好、对方时间宽裕、情绪好的时候进行约见，可以主动提出几种建议由客户定夺。约见时间一旦确定，销售人员就应按时到达，绝不可失约。约见地点的选择，最好尊重客户的意见，选择客户熟悉的地方，或者选择安全、轻松，无外界干扰，交通较为便利的场所。总之，由客户选择约见地点比较礼貌。约见的形式可以多种多样，如电话预约、信函预约，也可以当面约见等。无论口头预约还是书面预约，都要注意措辞的礼貌、得体。

(2) 拜访客户的礼仪。旅游产品的销售人员拜访客户要注意以下礼仪。

① 重视给顾客的第一印象。心理学调查表明，人们接触的最初两分钟，彼此印象最为深刻。因此，推销人员首先要特别注意自己的外貌，这是第一印象产生的最初原因，要热情开朗，诚恳自信，争取为顾客接纳而不产生排斥。其次要选择合适的服装。据研究，初次见面给人印象的90%产生于服装。当然，并不是说服装要多么高档和华丽，但干净整洁、职业化是应当做到的。国外流行的TPO服装术，值得推销人员借鉴。只有在顾客心目中留下并保持良好的第一印象，才能为推销工作的进一步开展打下基础，赢得先机。

② 讲究见面礼节。旅行社的商务接洽人员，要时时保持精神饱满和面带微笑，并持关心对方的态度。称呼对方要用尊称。与对方握手时姿势要端正，正视对方的眼睛，体现出礼貌和真诚。问候、说话要谦和亲切。

③ 讲究洽谈的礼仪。在旅行社的商务洽谈中，融洽友好的气氛是洽谈得以顺利进行的重要条件。旅行社业务人员，必须使自己的语言表达文明礼貌、分寸得当，使洽谈双方始终处于一种尽可能的友好气氛中。出言不逊、恶语伤人，会引起对方的反感和不满，往往会给谈判制造障碍，甚至导致洽谈的破裂。要仔细倾听对方的发言，注意观察对方的举止、神情、仪态，以捕捉对方的思想脉络，追踪对方动机，还可以通过适当的语言表达投石问路，探视对方的想法，获得必要的信息，这是更为直接有效的方法。在洽谈中，说话一定要注意分寸，留有余地，不能说"满口话"，要使说话具有一定的弹性，给自己留下可以进退的余地。洽谈中，对某些复杂的事情或意料之外的事情，不可能一下子做出准确的判断，可以运用模糊语言避其锋芒，做出有弹性的回答，以争取时间做必要的研究和制订应对方法。对一些很难一下子做出回答的要求和问题，可以说"我们将尽快给您答复""我们再考虑一下""最近几天给您回音"等。这样留有余地的说法，可使自己避免盲目地做出反应而陷入被动的局面。洽谈中，不要急于求成，始终保持一种平和心态，耐心等待；洽谈工作较为顺利时不要喜形于色；遇到客户推辞拒绝时，也不要垂头丧气。有涵养风度的接待人员，往往是先推销形象，再推销产品。

拜访结束，别忘记要礼貌地告别。

(3) 售后服务的礼仪。对旅行社而言，售后服务主要包括处理顾客投诉和回访旅游者两个方面。

① 处理投诉礼仪。当接到旅游者投诉后，无论投诉对象是谁，都要认真听取旅游者投诉，要头脑冷静，面带微笑，对宾客遇到的不快表示理解，并致歉意。接受客人投诉时，应尽量避开人群较多的地方，避免影响其他客人。无论旅游者投诉态度如何，投诉与事实有多大出入都要虚心接受。对旅游者的投诉，旅行社是否有过错都不要申

辩，尤其是对火气正大、脾气暴躁的旅游者先不要解释，可以先向客人说"对不起"表示安慰，如事态较严重要立即上报主管经理。售后服务人员要迅速了解旅游者投诉的具体内容、投诉对象，立即将旅游者的投诉反映给被投诉对象的所在部门，请他们迅速调查、核实处理，并将调查处理结果尽快反馈给游客，若一时难以处理，也应将有关情况及时反馈给旅游者。如投诉对象是所在旅行社或者就是导游人员本人，导游人员更应微笑接待，认真倾听，最好当着旅游者的面认真做好记录，不可边听边反驳旅游者的投诉。对一些简单、易解决的投诉，要及时解决并征求旅游者对处理投诉的意见。对一些不易解决的投诉，首先要向旅游者道歉，并感谢旅游者对导游工作提出宝贵意见，向旅游者说明并及时向相关部门经理汇报。及时将处理结果通告旅游者，并再次道歉，以消除旅游者所遇到的不快。对于重大投诉或重要旅游者的投诉，要立即上报，及时处理，不得延误。一桩投诉处理完后，要注意详细记录投诉并写明处理结果，上报批示后归档。

②旅游者回访礼仪。高度重视旅游者的意见和建议，及时沟通、解释、感谢或补救。旅行社可以设立奖励制度，对提出合理化建议和意见者，给予适当的奖励。旅行社网址和游客意见箱，应该长期设置，并专人负责，及时查看，及时回复和处理，并且长期实施。旅游者意见表由客人填写，可由导游人员直接带回并交给门店。电话访问必须及时，应在行程结束后的两天之内完成。要简洁明了，主题突出，有针对性。回访旅游者只针对重要客户，应在行程结束后3天之内完成。以不打扰旅游者为前提，要耐心、虚心听取他们的建议和意见。

### ⭐ 小案例

#### 某旅行社门店接待案例

以下是某旅行社门店接待案例。案例中，A表示接待人员；B表示顾客。

A：您好，欢迎光临，请问我可以为您做点什么？（温文尔雅，又不硬性推销。）

B：我想趁暑假出去旅游，放松一下。

A：您是和您的家里人一起去享受快乐的假期吧？（委婉地了解出游人数。）

B：对，我们三口人一块去。

A：看起来先生一家经常外出旅游。都去过哪些地方呢？（了解游客的旅游经历。）

B：本省我们都已经去遍了，另外还去过北京、上海等许多国内的大城市。现在我对都市旅游已经不太感兴趣了。

A：现在是夏天，天气炎热。去亲近山水是个不错的选择，您说呢？就像我们这个门店布置得一样，清凉舒畅。（有针对性地试探游客的旅游偏好。并充分利用门店为夏季促销而特别进行的布置。）

B：有道理。

A：那您看，我们这里有几条适合夏季旅游的线路，距离较远的有四川九寨沟、内蒙古的草原之旅、江西的庐山等线路；距离较近的有湖南的张家界、福建武夷山等。价钱适中，行程也都比较轻松，适合家人一起出游。您可以具体了解一下这几条线路的具体情况，这里有线路介绍的小册子和精美的图片。（有针对性地提供不同选择，及时为游客提供直观的资料、图片，便于游客决策。）

B：那增城的白水寨怎么样？

A：非常漂亮，而且是消夏避暑的好选择。这里有我们的旅游团队在白水寨旅游的录像资料，我给您播放一下。（在较简单直观的图片等资料的基础上，对有强烈意向的潜在游客播放时间更长、效果更直观的录像，推动其做出正确选择。）

B：真的非常漂亮。

A：您还可以用这台计算机上网，登录白水寨的网址，仔细浏览一下该景点的详细情况。（通过游客上网进行自行浏览，促使其最终做出决策。）

B：没问题，就是白水寨了。既清凉避暑，距离又近，不至于让孩子感觉疲惫。

【点评】本案例中的接待员讲究接待服务推销技巧，处处从游客角度考虑问题，想游客所想、急游客所急，接待员先了解游客准备出游的形式、人数，拥有的旅游经验以及旅游线路、旅游偏好等，再运用景点图片、录像资料、计算机上网等手段，应有针对性地进行促销。由于接待人员每一步都占据着主动，促销取得了成功。可见，旅行社门店接待中讲究礼仪，有针对性地做好服务和推销工作，对旅行社经济效益和社会效益的提升都具有重要而深远的意义。

## 二、导游服务

导游是整个旅游活动的灵魂，在旅游团的参观游览过程中，导游服务是旅游服务的关键环节。一次旅游活动的成败取决于导游的服务质量。导游是旅游业最具代表性的工作者，是旅游服务接待工作的支柱力量。导游是旅游从业人员中与旅游者接触最多、接触时间最长的人，他给旅游者留下的印象也最为深刻，正如旅游专家所言："一名好的导游会带来一次愉快的旅游体验，反之，肯定是不成功的旅游体验。"国际导游界也给予导游充分的地位肯定，认为导游是"旅游业的灵魂""旅行社的支柱"及"参观游览活动的导演"。可见，导游服务在整个旅游活动过程中具有至关重要的地位，而导游服务礼仪对提高导游服务质量进而提升整个旅游活动的水平具有重要作用。

### 1.导游准备工作礼仪

（1）着装礼仪。在着装方面，导游员要遵循职业工作者的基本服饰礼仪规范要求，以朴素、整洁、大方且便于行动的服装为宜。带团时，导游员的服装穿着不可过于时尚、怪异或花哨，以免喧宾夺主，使游客产生不必要的反感。在夏季时，男士导游员不可穿无领汗衫、短裤和赤脚穿凉鞋参加外事接待活动，女士导游员不宜穿过长和过短的裙子，且穿裙子时袜口不可露在裙边之外。

（2）接团基本装备。导游员在接团准备中，要注意领取和备齐身份证、工作证、导游证、导游图、导游胸卡、个人名片、通信录、记事本、喇叭、导游旗、接站牌等物质性工具。

（3）了解基本情况。全陪导游要熟知团队的整个旅游计划，掌握团队的游览日程和行程计划，包括抵、离旅游线路各站的时间以及交通工具类型和航班、车次、接站地点等，同时了解旅游团团员的性别构成、职业类型、文化程度、民族、宗教信仰及餐饮习惯等各个方面的信息。准备好对全团旅游者第一次讲话的内容，包括旅游计划、风土人情、时间安排和注意事项等，尽量给旅游者留下良好的第一印象，初步树立自己旅游专家的形象。

地陪导游要适时核对接待车辆、就餐安排、交通购票等落实情况，要确定与接待车辆司机的接头时间和地点。了解全陪的性别、性格等相关信息以备与全陪导游做好沟通配合。同时，要熟悉景点介绍，熟悉旅游团途经的各城市和旅游点的情况，包括历史、地理、人口、风俗、民情等。

**2. 导游迎送礼仪**

旅游团队的迎接和送别是导游人员的一项十分重要的工作，注意迎送礼仪对做好导游服务工作至关重要。

（1）导游迎客礼仪。具体包括以下方面。

① 接站服务礼仪。导游员应佩戴导游胸卡、打社旗及持接站牌，至少提前30分钟到达机场、车站或码头迎接游客。客人抵达后，导游员要主动持接站牌上前迎接，先自我介绍，再确认对方身份，寒暄问候，核对团号、实际抵达人数、名单及特殊要求等。导游应协助游客将行李集中放在指定位置，进行清点和检查，如果发现有丢失、损坏等现象，应积极向航空公司或其他相关部门报告、登记，如行李没有丢失或损坏，则移交给行李员，办好交接手续。

② 乘车礼仪。导游员要站在车门旁边引导客人乘车，要尊重老人和女性，爱护儿童，导游协助客人上车就座后，自己再上车；上车后清点人数，清点人数时要注意礼貌，待一切无误后请司机开车；下车时，导游员自己先下车，在车门口协助游客下车。

### 小案例

**错误的数数方法**

这天小王精神饱满地奔赴酒店，准备当天的旅游接待工作。小王笑容可掬地站在车门旁边迎候游客们上车，接着小王按惯例开始清点人数，"1、2、3、4……"小王轻轻地念着，同时用手指点数游客。游客很准时，没有迟到的。在旅游过程中，小王的旅游知识尽管很丰富，服务也很周到，但是他发现游客们还是有点不对劲。小王百思不得其解。随后，小王向经验丰富的导游员进行请教，才茅塞顿开。

【点评】在导游讲解服务过程中，最忌讳导游员用手指点游客，这是对游客的极大的不尊敬。在清点人数时，可以采用默数的形式，即用目光进行清点，心里默记。

③ 致欢迎词。在途中，应代表组团社或地接社及个人致欢迎词。致辞应包括热情的欢迎、诚恳的介绍（导游和司机）、提供服务的真诚愿望以及预祝旅途愉快等内容。并向游客介绍日程安排、活动项目、注意事项，以及将要入住的酒店的基本情况和住房、食宿安排等。如果游客精神状态良好，还可以向游客介绍沿途风景。

### 小贴士

**地陪欢迎词一例**

各位团友：

大家好，欢迎大家来到延边朝鲜族自治州！

首先，我代表××旅行社的老总欢迎大家的到来。我是您此行的导游员，我叫×××，未来的几天，我们将深度体验朝鲜民族的文化特色，我们的行程一定是最愉快的，因为我相信，民族的才是世界的！同时，这里也送上一份朝鲜族人民的祝愿，祝愿我们的行程开开心心、顺顺利利！

我身边的这位就是我们的司机师傅，接下来的几天里就由我们两人协同为大家服务,无论旅途中您有任何疑难,都可以随时向我们提出来,我们会尽最大的努力,为您排忧解难。

最后,预祝大家旅途愉快!

(2)导游送客礼仪。具体包括以下方面。

① 送客安排。旅游团离开之前,导游员应根据客人离去的时间,提前预订好下一站旅游或返回的机(车、船)票。客人乘坐的车厢、船舱尽量集中安排,以利于团队活动的统一协调。按导游工作程序规定的时间要求,到达机场(车站、码头),送国内航班,应提前90分钟到达机场;送国际航班,应提前2小时抵达机场;送火车或轮船应提前60分钟到达车站或码头。送客前安排好结算、赠送礼品、摄影留念、欢送宴会等事宜。赠送礼品应方便携带、突出地方特色、具有保存价值。

② 致欢送词。在送行途中要致欢送词,使游客感受到自己的热情、诚恳、礼貌和教养,并预祝大家生活愉快,向游客表达希望再次为其服务的愿望。即使在旅游活动中,出现过导游员与游客之间的某种摩擦或误会,在送别游客时,导游员也要表现出应有的礼貌、礼节和礼仪,尽量做到旅游活动的善始善终,尽一切努力让游客满意。

💡 小贴士

**令人难忘的欢送词**

重庆一位导游在送别一个日本东京汉诗研究所旅游团时所致的欢送词如下:

两天来,由于各位的盛情和通力合作,我们在重庆的游览就要结束了。在此,谨向各位表示深深的谢意!重庆和东京相距几千公里,但只不过是一水之隔。"我在长江头,君住长江之尾",中国和日本是一衣带水的友好邻邦。我唯一的遗憾是,不能按照日本古老的风俗,给你们一束古老的纸带,一头牵在你们手里,一头系在我们手里。船开了,纸带一分两半,但却留下不尽的思念。虽然没有这条有形的纸带,但却有一条无形的彩带,那就是友谊的纽带⋯⋯

中国有句古话说:"物唯求新,人唯求旧。"东西是新的好,朋友还是老的好。这次我们是新知,下次各位有机会再来重庆,我们就是故交了。祝各位诸事如意、健康幸福、一路顺风!谢谢各位。

③ 离别礼仪。火车、轮船开动或飞机起飞后,应向游客挥手致意,祝客人一路顺风,然后再离开。若自己确有其他事情不得不提前离开,一定要向游客说明缘由并真诚地向游客致歉。若客人乘坐的车、船、飞机晚点,应主动关心游客,必要时需留下与领队共同处理有关事宜。

**3. 导游待客游览礼仪**

游览服务是整个旅游活动的重头戏,导游人员高水平的服务可以使游客在游览过程中获得舒适愉悦的体验,高水平的服务除了要求导游员具有一定的文化修养、服务技巧等外,还要求导游员遵从一定的服务礼仪规范。

(1)导游员带客游览的礼仪规范要求。具体包括以下方面。

① 守时守信。遵守时间是导游员应遵循的最为重要的礼仪规范。由于旅游者参观游览活动都有一定的行程安排并有较强的时间约束,因此为了确保团队活动的顺利进行,导游员必须尽早将每天的日程安排明白无误地告知给每位游客,并且随时提醒。同

时，应按照规定的时间提前到达集合地点，按约定的时间与客人会面。如有特殊情况，必须耐心地向游客解释，以取得谅解。此外，导游员还应该做到诚实守信，答应游客办理的事情，必须尽力帮助处理并及时告知处理结果。

② 尊重游客。导游员在带团过程中，应尊重旅游者的宗教信仰、风俗习惯，特别注意他们的宗教习惯和禁忌。对游客应一视同仁，不厚此薄彼，但对于旅游团中的长者、女士、幼童及残疾游客等特殊人员应给予更多的关照，做到体贴有加而非同情、怜悯。对重要客人的接待服务应把握好分寸，做到不卑不亢。对随团的其他工作人员（如领队或全陪）也应给予应有的尊重，遇事多沟通，多主动听取意见，以礼待人。

（2）途中服务礼仪。抵达景点前，应向客人简要介绍景点的概况，尤其是景点的历史、价值和特色。还可根据客人特点、兴趣、要求穿插一些历史典故和社会风貌等，以增加客人的游览兴趣。到达景点时，应告诉客人该景点停留的时间、集合的时间和地点以及有关注意事项，如卫生间位置、旅游车车号以及保管好钱物等。

（3）游览服务礼仪。带客游览过程中，导游员要认真组织好客人活动。应保证在计划的时间与费用内让客人充分地游览、观赏，做到讲解与引导游览相结合、适当集中与分散相结合、劳逸适度，并特别照顾老、弱、病、残客人。游览途中，导游员要特别注意游客的安全，要自始至终与游客在一起并随时清点人数，以防客人走失。要提醒游客看管好所带财物，防止发生丢失、被盗现象。对于行走困难的地方，要陪伴照顾好年老体弱者，以防发生意外。游客提出要求需要帮助时，应尽可能地给予满足，实在不能满足的要及时向游客解释并致歉。

**4. 导游讲解礼仪**

（1）讲解时控制好声音、语速，选择好地点。在导游过程中，导游员要熟悉业务，知识面广。讲解内容健康、规范、热情介绍、答复游客的提问或咨询，耐心细致；对游客的提问，尽量做到有问必答，有问能答；对回答不了的问题，致以歉意，表示下次再来时给予满意回答；与游客进行沟通时，说话态度诚恳谦逊，表达得体，例如："请您随我参观""请您抓紧时间，闭馆时间到了""欢迎您下次再来"等。同时，导游讲解时声量过高会变成噪声，音量过大令人讨厌，说出外行话更让人瞧不起。音量过小，游客又听不清楚，"讲话的艺术在于适中"。导游在讲解时音量不可过高或过低，要以游客听清为准。因此，导游讲解的时间、位置都要注意选择。一般来说，导游要站在游客围成的扇面中心，这样有利于声音传播，使客人都能听到导游的讲解，导游也能听清客人的议论和问题。导游讲解如果讲得过快，游客听不清楚，精神高度紧张，容易引起疲劳；如果讲得过慢，又会耽误时间，影响游客观赏景物，让人感到不舒服。一般说来，需要特别强调的事情、容易招致疑惑误解的事情、重要的地名人名数字等应放慢语速；众所周知的事情、不太重要的事情、故事进入高潮时要加快语速。当然，导游语言要讲究变化。"所应遵循的原则，就是随时注意变化"。要根据讲解内容，做到宜徐则徐，宜疾则疾，徐疾有致、快慢相宜。

（2）导游语言表达富有艺术型。具体包括以下方面。

① 准确流畅。根据语言学的研究，导游语言是一种线性语言，讲解一定要流畅。一旦中断，就会影响意思表达，游客无法领会你想要表达的意思和感情，会产生诸如你准备不充分等其他不好想法，伴随而来的是对导游的怀疑、不信任心理。因此，导游语

言表达准确流畅,对导游人员来说至关重要。同一导游材料,不同导游去讲解,收到的效果会有所差别,甚至有天壤之别。我们在讲解之前,一定要把有关景点材料准备得滚瓜烂熟,并反复加以操练。同时,还要避免使用不良的习惯语,也就是我们平常所说的口头禅,诸如"这个……这个……这个……""嗯……嗯……嗯……"之类,最影响讲解内容的连贯性。只有这样,才能达到"黄河之水天上来,奔流到海不复回"的境界,取得庐山瀑布"飞流直下三千尺"的效果。

②生动自然。导游员在讲解内容准确的前提下,应以生动、有趣且具感染力的语言活跃气氛,增添游客的游兴,以趣逗人。如果讲解过度使用书面语言,照本宣科、死板老套不可取,"黄色幽默"和低级趣味的笑话更应杜绝。例如,在介绍千佛山公园概况时有位导游是这样讲的:"千佛山山脉来自岱麓,它翠峰连绵,树木蓊郁,松柏满谷,楼台高耸,殿宇错落,为济南天然屏障。"这段讲解由于玩弄美丽辞藻,过多使用书面语言而让人感到不自然,不能给游客以生动易懂、赏心悦目的感觉,无法实现导游讲解的目的。正确的办法是将其修改为通俗、生动的口头语言。我们可以尝试着将上面一段文字修改如下:

"千佛山属于泰山的余脉,海拔258米。你看它东西横列,翠峰连绵,盘亘于济南市区的南面,被人形象地称为泉城的南部屏风。清朝著名文学家刘鹗在他的小说《老残游记》中,就有一段描述千佛山的话,他说从大明湖向南望千佛山,'仿佛宋人赵千里的一幅大画,做了一架数十里长的屏风',形容得非常的贴切"。

导游这样的讲解让游客如身临其境、回味无穷。

要做到讲解生动,导游仅具备丰富的景观知识和语言词汇是远远不够的,还必须善用精彩描写,使语言生动形象,耐人寻味,如《迪庆香格里拉导游词》:

在雪山环绕之间,分布着许多大大小小的草甸和坝子,这是迪庆各族人民生息繁衍的地方。这里土地肥沃,水草丰美,牛羊骏马成群,特别是香格里拉县的大小中甸,真有"天苍苍,野茫茫,风吹草低见牛羊"的风光。五月的中甸草原,碧绿的草地和山坡上的杜鹃花、格桑花和数不尽的各种小花争相怒放,姹紫嫣红,争奇斗艳,宛如一块块色彩斑斓的大地毯,骏马奔驰,牛羊滚滚,雄鹰翱翔,牧人在白云蓝天下唱起牧歌,挥动长鞭,这就是人间仙境的生活,一幅活生生的美丽图画。

这段讲解把人带入诗画般的意境,获得一种远离尘世的超脱之感。

③条理清楚。这是导游与游客沟通的根本。特别是对于内容丰富、复杂的景点,讲解必须有条理,善于运用富于逻辑的讲解顺序,先讲什么,后讲什么,中间穿插什么,都要事先组织好,否则会让人不知所云。良好的讲解顺序,将会帮助游客清晰地理解后面景点和导游的工作。讲解的时候,特别是在讲解建筑物时,可采用空间逻辑的顺序来讲解。如在讲解席子巷时,可以这样来给游客讲解:

"好了,朋友们,现在我们所在的位置就是席子巷。席子巷是因为当年加工销售草席而闻名的。大家可以看一下,席子巷全长约60米,两边的房屋均为一楼一底的木式结构房屋……(在这里给游客介绍一下川南民居的建筑风格和特色。)好了,朋友们,大家可以看一下席子巷房屋的门有何特点?(游客一般会回答两扇,这时可以直接给他们介绍一下腰门和中国的封建等级制度。)这扇门叫作腰门……(然后开始介绍,完了以后,就可以给大家介绍一下脚底下的特殊的青石路面。)好了,朋友们,大家欣赏完了咱们的房屋以后，可曾留心脚下的特别之处？（然后，导游可以给游客介绍一下这脚下的99块大青石铺就的路以及中国特殊的九五之数文化。）"

这样一段导游词，就很有逻辑性，先房屋后地面；房屋介绍时，先整体，后局部。这样，游客在理解方面就很容易。

条理清楚还要求导游克服一些不良的口语习惯。有的导游用语暧昧、含糊不清，有的解说反复啰唆、拖泥带水，这些不良习惯都会影响导游的表达能力，应当想方设法克服。导游言语运用要妥当，有分寸，以做到真正体现对游客的尊重为前提。

④ 灵活多变。导游讲解的灵活多变是指在景点基本内容的基础上，用多种不同表达方式因人、因地、因时制宜，力求讲解生动、风趣、幽默。导游员在讲解时必须充分考虑游客的文化背景、认知水平、兴趣爱好及职业特点等异同，并据此有针对性地决定内容的取舍和表达方式的选择，以提高游客的接受和理解能力。如在讲解中穿插一些"边角料"——历史典故、神话传说、轶事野史，就是灵活多变的语言艺术手法的集中反映。如某导游员带领游客来到故宫九龙壁前，游客们自然会被这面瑰丽的工艺品上那龙腾云的图案吸引。导游员对游客是这样说的：

大家的鉴赏力都值得钦佩，但视力不一定都好。请你们仔细找个破绽：这里龙身上的某一块瓦不是玻璃，而是木头仿制的。乾隆年间，一次皇帝巡视园内看到墙壁上脱落一块瓦，命工匠补上。而炼制这种瓦需要数天时间，工匠急不择料，用木头雕制成一块瓦样，漆上逼真的色彩镶嵌上去以假乱真，骗过了皇帝的眼睛。今天谁能最先找到，谁的眼力一定第一！

游客听说，兴趣高涨。当他们找到这块传奇的木瓦时雀跃之余，相信这个传说真实可信。

⑤ 巧妙引用。这是指向游客引用叙述有关历史人物、事件、神话故事、轶闻典故等，以丰富游客的历史知识，使他们运用形象思维更好地了解眼前的景观。请看实例：

清乾隆年间，秦大士居住秦淮河畔，每日攻书苦读。因家境贫寒，其母用黄豆加上红糯米、红枣煮好，用小碗把豆装好，上面加一粒红枣，给他夜间读书时充饥。因黄豆酥烂，颗粒完整，汁味浓香，甜咸适度，富于营养。乾隆十七年（1752），秦大士考中状元，人们就将他所食的煮黄豆称为（状元豆），并成了秦淮小吃之一。

游客们纷纷被导游员引用的逸闻故事所打动，再吃状元豆时，感受就不一样了。又如：

看看这幅神奇的巨大的瀑布，它左边呈银白色，右边呈金黄色，在这两道彩色瀑布中间还奇迹般地开启了一道天然的门，关于这道神奇的门，还有一个美丽的传说：燕子姑娘成仙后，专门跟为富不仁的坏人作对。当地有个郭财主，家里的金银堆成了山，还拼命压榨老百姓，穷人们恨透了他。燕子仙姑知道后，便乔装成一个乞丐，来到郭财主的家，郭财主一见，就喝令手下将燕子仙姑棒打出去。只见燕子仙姑念念有词，忽见祥光一闪，郭财主家里的金山和银山便不见了，郭财主顿时气了个半死。燕子仙姑把郭财主的金山和银山搬到洞里后，这边堆金子，成了金山；那边堆银子，成了银山，她还特意在中间开了一道神奇的门，好人和穷人来了，门就自动打开，并送给穷人一些金银，让他们过上好日子。要是坏人来了，这门就自动关闭，坏人只得"望宝兴叹"。因此当地人至今还把它叫作"金山银山"。

美丽的传说,深深打动了游客,逗得游客乐此不疲,游兴顿增。

导游讲解还可以引用古代诗词、名人名言或客人本国本土的谚语、俗语、俚语、格言、顺口溜等进行讲解。例如:

大家请看,这里叫作细腰涧,左右两侧分别有一个大肚皮!对此,当地有这么一个顺口溜:说稀奇,道稀奇,细腰涧旁大肚皮。大肚皮,真滑稽,生男生女在一起。左生男,右生女,生男生女靠自己。男成龙,女成凤,生龙生凤皆欢喜。(《泰宁世界地质公园·上清溪》)

这里引用流传在当地的顺口溜,使景点讲解轻松俏皮、幽默诙谐,让游客在游览中兴味盎然。

⑥幽默风趣,轻松愉快。导游员在讲解的过程中,适当运用幽默,会令游客感到趣味盎然,轻松愉快。值得注意的是幽默要适度,内容要健康,安排要有间隔。如果总是幽默不注意知识性、科学性,也就收不到良好的效果,如果弄成了贫嘴笑料,搬出来哗众取宠,就必然适得其反。在运用幽默方法的时候要注意适度超出常人正常思维范围,这样使人觉得既在意料外,又在情理中,做到语言艺术上的"柳暗花明又一村",让游客在乐趣中得到精神享受。例如:

苏州西园的五百罗汉堂里,导游指着那尊"疯僧"塑像逗趣地说:"朋友们,这个疯和尚有个雅号叫'九不全',就是说,有九样毛病:歪嘴、驼背、斗鸡眼、烧脚、鸡胸、瘌痢头、斜肩脚、招风耳朵,外加一个歪鼻头。大家别看他相貌不完美,但残而不丑,从正面、左面、右面看,你会找到喜、怒、哀、乐等多种表情。另外,那边还有五百罗汉,大家不妨去找找看,也许能发现酷似自己的'光辉形象'"。

又如,导游员为了让游客注意集合时间,避免游客走散,没有简单地反复提醒,而是幽默地说:

"故宫南北长一公里,面积为京都皇宫的七倍,参观的人很多,诸位都是来自五湖四海,千万不可走散,淹没在人流里,到了晚上被关在这里。据说西太后有夜游紫禁城之说,一旦撞上了西太后会语言不通,大家都着急。所以请在某时某分于某地集合。拜托了!"

这样的表述,以新颖的刺激使时间和地点的概念得到强化,又显得导游员说话风趣,游客也轻松愉快,感觉不到压力,自然收到了较为理想的效果。

在导游实践中可以运用如下修辞手法,达到幽默的讲解效果。

第一,比喻。比喻就是用相似的事物来打比方。导游用旅游者熟悉的事物,来介绍比喻参观的事物,能够很快使旅游者对陌生的事物产生理解和亲切感。如《中国茶叶博物馆导游词》对绿茶的介绍:

"一般说来,绿茶芽叶越嫩越佳,一芽为莲蕊,如含蕊未放;二芽为骑枪,如矛端又增一缨;三芽称雀舌,如鸟儿初启嘴巴。冲泡后,呈青翠欲滴的绿色。"

通过贴切的比喻,绿茶芽叶优美的姿态具体可感,给人以视觉的美感。

第二,排比。排比是将几个内容相关、结构相同或相似、语气连贯的词语或句子组合在一起,以增加语势的一种辞格。导游讲解中运用得当,可产生朗朗上口,一气呵成的效果,增添感人力量。如上海南浦大桥的一段导游词:

"大桥的建成已成为上海又一重要的标志,她仿佛一把钥匙,打开上海与世界的大门。她仿佛一面镜子，反映着中国最先进生产力水平的大都市的现代文明。她仿佛一部史册，叙述着中国的未来。她仿佛一部资质证书，充分证明中国完全可以参与和完成世界上的任何工程项目。她仿佛一曲优美的交响乐，奏出时代的最强音。"

第三，拟人。拟人是导游语言艺术中常用的把物当成人的一种手法，本体与拟体的交融，有助于渲染气氛，将感情与形象融为一体，使讲解变得更为生动和幽默。雁荡三绝中的灵峰，月色下，那些变幻多姿的石头，人们通过拟人化的想象赋予了它生命——"牛眠灵峰静，情侣月下恋，牧童偷偷看，婆婆羞转脸。"这是一幅多么神奇浪漫的爱情造像啊！

第四，夸张。夸张就是"言过其实"，指在客观真实的基础上，对事物进行夸大或缩小的描述。在导游语言艺术中，夸张可以强调事物的特征，表达感情，引起共鸣。如上海国旅的刘明在讲解青岛时说："你们即将离开青岛，青岛留给你们一样难忘的东西，它不在你的拎包里和口袋中，而在你们身上。它就是你们被青岛的阳光晒黑了的皮肤，你们留下了友情，而把青岛的夏天带走了！"导游故意强调"被阳光晒黑了的皮肤"，并把这一事物特征夸张为"把夏天带走了"，生动而幽默。

第五，类比。类比是指导游人员用旅游者熟悉的事物与眼前景物比较，以达到触类旁通的目的。这能使来自不同社会、历史、文化背景下的游客，较好地领悟景观内容。关于王府井，导游对日本人讲可把它与东京银座比，对美国人讲可把它与纽约第五大街比，对法国人讲可把它与巴黎的香榭丽舍大街比；称苏州为"东方威尼斯"，称上海为"中国的悉尼"。向外国人介绍康熙，可说康熙与法国的路易十四、俄国的彼得大帝同时代。恰当的类比，不仅使旅游者易于理解，还能使其产生一种虽在异国他乡却又犹如置身故里的感受，满足其自豪感。

### 小训练

由教师预先设计数个景点，写在纸上，学生抽取，对景点进行讲解。

### 小贴士

**导游幽默四例**

例1：用幽默调动情绪，提高游兴。一批游客在游览青岛小鱼山公园时，有人指着一个用48000个青岛啤酒空瓶制成的龙问："这里叫小鱼山，可为什么只有'龙'而不见'鱼'呢？"导游员幽默地说："为什么不见鱼，主要原因是因为鱼喝青岛啤酒过多而变成了龙。"

这位导游员故意将"鱼"和"龙"这两个没有联系的事物，用"喝青岛啤酒太多"的原因捏在一起，在这种因果关系的错位和逻辑矛盾中就产生了幽默感。

例2：用幽默摆脱尴尬，解除困境。一位导游员在向游客讲解此次旅游的注意事项时，事先声明只讲两句，可不知不觉讲了十来分钟。一位客人半开玩笑地说："导游先生，你说只讲两句，怎么讲了这么久？"导游员觉得很尴尬，但马上说："开头一句，结尾一句，中间忽略不计，一共不是两句吗？"幽默机智的回答一下子就把自己从尴尬中解脱出来，客人们也都开怀大笑。

例3：用幽默缓和气愤，消除怒气。一位旅客很气愤地问导游："我怎么在潜水时，看不到很多热带鱼呢？"当时导游如果向客人解释海洋状况近期由于受到特殊因素影响等，客人可能还是不信服或不满意。然而，懂得幽默的导游蹦出了机智之言："不好意思,今天大多数鱼儿去参加一对帅哥美女的婚礼去了,剩下只有少数看家的了。"客人听了,一笑了之,还会佩服导游的机智幽默。

例4:用幽默寓教于乐,易于接受。导游在接到客人时,需要提醒的事很多,早上出发之前一定提醒客人:"拍拍脑袋,摸摸口袋,看看还有什么没带。""动一动,摆一摆,自己在不在;摸一摸,甩一甩,东西带没带。"当游客听了这样的幽默语言,便会在轻松愉悦中接受导游的提醒。①

### 5. 导游沟通协调礼仪

导游工作的性质与任务,不仅仅是景点介绍、讲解,还包括许多其他的工作,涵盖了旅游6要素中吃、住、行、游、购、娱的方方面面。游客中的兴趣、爱好、要求各不相同,素质参差不齐,要使每个团员满意确实相当不易。对于导游人员来说,要做好以下沟通协调工作。

(1)善于回答疑难问题。回答疑难问题可以运用下列礼仪技巧:

① 原则问题是非分明。游客提出的某些问题涉及一定的原则立场,一定要给予明确的回答。这些问题有些涉及民族尊严,有些涉及中国的国际形象,如中国香港的"一国两制"等,要是非分明、毫不隐讳,并力求用正确的回答澄清对方的误解和模糊认识。

② 诱导否定。游客的性格各异,要求五花八门,有些合理要求作为导游人员应当尽量予以满足,而有些要求却不尽合理,按照礼貌服务的要求,导游不要轻易对客人说"不"。对方提出问题以后,不马上回答,而是想一下理由,提出一些条件或反问一个问题,诱使对方自我否定,自我放弃原来提出的问题。

③ 曲语回避。有些游客提出的问题很刁钻,使导游在回答问题时肯定和否定都有漏洞,左右为难,还不如以静制动,或以曲折含蓄的语言予以回避。

④ 微笑不语。遭人拒绝是最令人尴尬难堪的事,为了避免遭遇这种难堪,一般人通常选择不轻易求人。所以不论是何种情况,导游人员都不应直截了当地拒绝游客的要求。但有时游客提出的一些要求,我们又不得不拒绝,此时,微笑不语可谓是最佳选择。满怀歉意地微笑不语,本身就向游客表达了一种"我真的想帮你,但是我无能为力"的信号。微笑不语有时含有不置可否的意味。

⑤ 先是后非。在必须就某个问题向游客表示拒绝时,可采取先肯定对方的动机,或表明自己与对方主观一致的愿望,然后再以无可奈何的客观理由为借口予以回绝。例如:

在故宫博物院,一批外国游客看到中国皇宫建筑的雄伟壮观,纷纷要求摄影拍照,而故宫的有些景点是不允许拍照的,此时导游员诚恳地对客人说:"以感情上讲,我真想帮助大家,但这里有规定不许拍照,所以我无能为力。"

这种先"是"后"非"的拒绝法,可以缓解对方的紧张情绪,使对方感到你并没有从情感上拒绝他的愿望,而是出于无奈,这样在心理上他们容易接受。

⑥ 婉言谢绝。婉言谢绝,是指以诚恳的态度、委婉的方式,回避他人所提出要求或问题的技巧。即运用模糊语言暗示游客,或从侧面提示客人,其要求虽然可以理解,但却由于某些客观原因不便答复。为此只能表示遗憾和歉意,感谢大家的理解和支持。

---

① 侯甜甜.幽默在旅游服务工作中的运用[J].全国商情,2012(3).

拒绝游客的方法还有不少，如顺水推舟法，即拒绝对方时，以对方言语中的某一点作为拒绝的理由，顺其逻辑得出拒绝的结果。顺水推舟式的拒绝，显得极为涵养，既能达到断然拒绝的目的，又不至于伤害对方的面子。

(2) 善于激发游客兴趣。游客游兴如何是导游工作成败的关键。游客的游兴可以激发导游的灵感，使导游在整个旅游过程中和游客心灵相融，一路欢声笑语；相反，如果游客兴味索然，表情冷漠，尽管导游竭尽所能，也会毫无成效。激发游客游兴的礼仪包括两个方面：一是利用景观本身的吸引力；二是导游借助语言功能调动和引导的礼仪。

导游的景点介绍，一定要注意讲解的针对性、科学性和语言表达主动性的完美结合，应根据不同的景点（人文景观，如故宫、颐和园；自然景观，如桂林山水）进行详略不同介绍的礼仪；有的具体详尽，有的活泼流畅，有的构思严谨，有的通俗易懂。总之，景点介绍的风格特点和内容取舍，始终应以游客的兴趣为前提。

另外，在游客过程中，要善于变换游客感兴趣的话题，可根据不同游客的心理特点，选择满足求知欲的话题，刺激好奇心理的话题，决定行动的话题，满足优越感的话题，娱乐性话题。

(3) 善于调节游客情绪。情绪是人对于客观事物是否符合本身需要而产生的一种态度和体验。旅游活动中，由于有相当多的不确定因素和不可控制因素，随时都会导致计划的改变。例如，有时由于客观原因游览景点要减少，游客感兴趣的景点停留时间要缩短；预订好的中餐因为某些不可控制的因素，临时改变吃西餐；订好的机票因大风、大雾停飞，只得临时改乘火车。类似事件在接团和陪团时会经常发生。这些都会直接或间接影响到游客的情绪。例如，一个旅游团因订不到火车卧铺票而改乘轮船，游客十分不满，在情绪上与导游形成了强烈的对立。导游面带微笑，一方面向游客道歉，请大家谅解，由于旅游旺季火车的紧张状况导致了计划的临时改变；另一方面，耐心开导游客，乘轮船虽然速度慢一些，但提前一天上船，并未影响整个游程，并且在船上能够欣赏到两岸的风光，相当于增加了一个旅游项目。导游成功地运用不同的分析方法，以诚恳、冷静的态度，幽默、风趣的语言，很快化解了游客的不满情绪。调节游客情绪要注意以下几点。

① 避免以自我为话题中心。调解游客情绪时，最忌讳一方自以为是、夸夸其谈、炫耀自己，完全忽视他人。如果听者始终找不到机会参与谈话，心理上就会产生抵触情绪。为了促进双方情绪的沟通，在谈话中应尽量使对方多开口，借以了解对方，挖掘双方的共同点，找出双方共同的话题，不能一个人垄断话题，也不要放弃调节情绪的机会。

② 谈论游客感兴趣的内容。在交谈中，应随时注意游客的反应，观察游客的表情、体姿，判断其对谈话的关注程度，并经常征询游客的意见，给予对方谈话的机会。如果一旦发现游客对话题不感兴趣，应立即停住并转移话题，调整谈话的内容和方式。交谈中不要涉及个人隐私、敏感问题，否则谈话会陷入难堪的局面。

③ 谈话内容应以友好为原则。在调节游客的情绪中，双方可能会因对问题的不同看法而发生争论。有时争论是有益的，但争论也容易导致友谊破裂、关系中断。因此，应防止或避免无意义的争论，尤其是不冷静的争论。一旦争执起来，如果对方无礼，不要以牙还牙、出言不逊、恶语伤人，也不要旁敲侧击、冷嘲热讽；应宽容克制，尽可能地好言相劝，再寻找新的话题。

☆ **小案例**

不能说"不"

某年秋季的一天，北京的导游员郭先生，陪同一个十多人的美国旅游团去八达岭长城游览。大家在长城玩得很开心。下午参观完定陵后，有些客人提出要继续参观长陵。郭先生告诉他们旅游计划上没有安排，况且时间也不够用，所以不能满足他们的要求。那些客人听后，不以为然，仍坚持要去长陵，并讲自己另付门票也愿意去。经与司机商议后，郭先生同意了客人的要求。由于去长陵游览了，晚饭很晚才吃上，但那些客人没有怨言，仍要求在适当的时候再去慕田峪长城游览。这回郭先生没有像上一次那样直接拒绝他们的要求，而是对他们说，可以去与旅行社联系一下，尽量满足大家的要求。第二天，他对客人讲，已经与旅行社联系过了，由于旅游日程安排太紧，无法抽出时间去慕田峪长城游览，希望大家谅解。客人见他确实为此事尽了心，便没有坚持去慕田峪长城。

【点评】在接待过程中，经常会遇到客人提出某些难以办到的要求，遇到此类情况导游员应该注意：①不能直接说"不"字，因为那很容易伤害客人的自尊心，会使他们感到你对工作不负责任；②要表现出尽心的姿态，并通过行动让客人看到，你确实是在为他们提出的要求而努力；③不能马上说不行，也不要急于解释办不到的原因，因为这样客人不但不会接受，甚至还会引起反感。案例中的郭先生在客人第一次提出要求时，就是因为急于向客人解释不能去长陵的原因而没能得到客人的理解。第二次客人要求去慕田峪时，他采取了积极的态度，让客人感到他确实为此事尽了力，终于得到了客人的理解。可见，只要通过努力，尽管事情没有办成，客人是会理解你的。经过努力后的解释，不但不会引起客人的不满，还会赢得游客对你的信任。当然，对于客人提出的合理要求应尽力去帮助解决，而对于不合理的要求应说明原因或向旅行社汇报。无论如何，导游员都要重视游客的要求，并对此做出积极的反应[①]。

### 6. 处理突发事件的礼仪

由于旅游活动有较多的不确定因素，加之涉及需要协调、衔接的部门和环节较多，很难预料在组织游览过程中会发生怎样的突发事件。只有在服务的全过程中，具有预测和分析突发事件的能力，充分做好防范的准备，才能减少和杜绝那些影响服务正常运作的突发事件。导游员如何对突发事件做到防患于未然？常见的突发事件及其处置原则：

（1）尽量在带团出游前对游览计划、线路设计、要搭乘的交通工具、景点停留的时间、沿途用餐地点等做出周密细致的安排，并根据以往的带团经验，充分考虑容易出现问题的环节，准备好万一出现问题时所采取的对策及应急措施。

（2）应准备一些常用的药品、针线及日常必需品，将应付突发事件需要联系的电话号码（如急救、报警、交通票务服务、旅行社负责人、车队调度等）随时带在身上。

（3）出发前应亲切询问团队客人的身体健康状况，对老年团队成员尤其要细心。

（4）游览有危险因素的景点或进行有危险的活动，如爬山、攀岩、游泳等，一定要特别强调安全问题，并备有应急措施。

（5）事件发生以后要沉着冷静，既要安抚客人、稳定客人情绪，又要快速做出周密的处理方案和步骤，尽量减少事件带来的负面影响。

---

① 孙艳红.旅游服务礼仪[M].北京：电子工业出版社，2016.

在具备了上述的基本条件后，可针对突发事件的性质和种类，采取补救、协调、缓和、赔偿、行政手段、法律手段等相应的对策。一旦突发事件发生，导游应该如何面对呢？

（1）路线与日程变更。一个旅游团，因订不到火车卧铺票而改乘轮船，游客十分不满，在情绪上与导游形成了强烈的对立。导游面带微笑，一方面向游客道歉，请大家谅解，由于旅游旺季火车的紧张状况，导致了计划的临时改变；另一方面，耐心开导游客，乘轮船虽然速度慢一些，但提前一天上船，并未影响整个行程，并且在船上能够欣赏到两岸的风光，相当于增加了一个旅游项目……游客这才渐渐与导游缓和了关系。因此，路线与日程变更一定要讲究处理程序，具体要从以下方面着手。

① 如果遇到特殊情况需要改变旅游路线，包括增减或变更参观景点，增减旅行的天数或改变交通工具等，必须由领队提出，经与接团社研究认为有可能变更，并提出意见请示组团社后，导游才可实施新的旅游计划。

② 如个别游客要求中途离团或全团旅行结束后延长在旅游地时间，必须请示接团社、组团社后，可同意延长。

③ 如遇上接团社没有订上规定的航班、车次的票，而更改了航班车次或日期，应向游客做好解释，并提醒接团社，及时通知下一站做好准备。

④ 如遇到天气或其他不可抗力的原因临时取消航班，不能离开所在城市时，应注意争取领队、全陪的合作，稳定游客情绪，并立即与内勤联系，配合民航安排好游客当天的食宿。

（2）行李丢失和损坏。其处理程序如下。

① 在机场发生行李丢失，应凭机票及行李牌在机场行李查询处挂失，并保存好挂失单和行李单，与机场密切联系追查。

② 抵达饭店时才发现行李丢失，应按行李交接手续从最近环节查起。

③ 行李损坏，应掌握谁损坏谁赔偿的原则。一旦查不清责任，应答应给受损失者修理赔偿，费用掌握在规定的标准内，请客人留下书面说明，发票由地陪签字，以便向保险公司办理索赔。

（3）游客病危或死亡。其处理程序如下。

① 游客发生病危时，全陪要及时向接团社汇报，积极组织抢救。如遇游客在乘火车途中发生急症，应及时与乘务员联系，进行抢救或通知前方站准备抢救。

② 如遇游客死亡，应立即报告接团社、组团社和保险公司，按照程序规定进行处理。

（4）游客财物损失被盗。其处理程序如下。

① 游客丢失护照，导游应首先详细了解丢失情况，找出有关线索，努力寻找。如确实找不到，应尽快报告当地旅行社开具证明，并陪同协助游客速照快相，拿着照片去其护照国使领馆办理临时护照，没有使领馆的地区，到当地公安机关开具出境证明。

② 导游迅速了解物品丢失前后经过，做出正确判断，是失主不慎丢失，还是被盗？并迅速报告公安部门，请求协助查找。

（5）交通事故。如果在旅途中发生交通事故，导游不要惊慌，而要稳定游客情绪，并在第一时间通知旅行社和当地交通部门。导游要采取如下措施。

① 要立即将伤员送往距出事地点最近的医院抢救。全陪应立即向组团社和接团社汇报，并请示事后处理意见。

② 保护现场，并尽快报告交通警察和治安部门。

③ 做好全团人员的安全工作，事故发生后，除有关人员留在医院外，应尽可能使其他团员按原定日程继续活动。

④ 做好事故善后工作。交通事故处理就绪或该团接待工作结束后，导游应立即写出事故发生及处理的书面报告。

⭐ **小案例**

**把顺利圆满带回家**

我国某个赴新马泰旅游的团队，愉快地结束了旅行，即将返程回国。在新加坡机场的礼品商店里，有一种很漂亮的狮身鱼尾水果叉，非常具有新加坡特色，很多游客都购买了一些，希望回国后作为礼物送给亲朋好友。可是，在经过一道安检门时，安检人员要求游客打开背包，欲没收背包里的水果叉，并礼貌地解释说："对不起，按照规定，手提行李中不能携带水果刀、叉等物品，您的水果叉属于受管制物品，禁止携带，希望您能谅解。"正在游客们纷纷感到遗憾的时候，随团导游迅速组织大家，将他们购买的水果叉拿出来，集中在一个旅行包内，又办理了一次托运手续，保证了游客们按时顺利登机。

【点评】导游的热心送团服务让游客不留遗憾，把顺利和圆满带回了家，旅游导游服务工作做到了善始善终。同时，这里也反映出导游面对突发问题善于应变的品格。

🔔 **小训练**

由教师预先设计数个旅游"突发事件"，写在纸上，学生抽取，说出如何预防或处理该情况的发生。

## 第三节　老年服务礼仪

老年服务礼仪是老年服务工作者在工作过程中所应遵守的职业服务规范和原则。它是指老年服务工作者在为老年人提供服务的过程中，为表达对被服务老年人的关注、关心与尊重而采取的律己敬人的方式与方法。①

老年服务礼仪是根据老年服务工作过程中的实践总结提炼出来的，具有重要的指导意义和实际意义。它要求老年服务从业者不但要遵从礼仪的普遍规律，还要遵从老年服务行业中本身应具有的特点。②

### 一、老年生活照料

老年生活照料是老年服务的一项十分重要的基础工作。通常情况下，在为老年人提供生活服务的过程中，养老服务人员应该懂得并掌握的礼仪要点主要有以下方面。

**1. 语言表达得体**

老年服务从业人员在生活照料中与服务对象进行语言交流时，应当力求语言表达得

---

① 周淑英，化长河.老年服务伦理与礼仪[M].北京：北京师范大学出版社，2015.
② 孟令军，贾丽彬.老年服务伦理与礼仪[M].北京：北京大学出版社，2013.

体,为此要准确掌握并运用好口头语言在情感表达和信息传递方面的特殊性和优越性,尽可能地避免使用有争议或是容易引起歧义的表达方式,解释和说明性的语言要尽量具体细致,不要轻易否定他人,也不要急于证明自己,应学会理解与尊重,这样才能提高人际沟通与交流的效果,让老年人满意。

### 小案例

#### 物品的摆放

服务人员小桃在帮助服务对象整理物品时,发觉老人家习惯把一个脚凳放在靠近床尾的地方,而这个地方在老人夜间起床时,可能会绊倒老人成为一个安全隐患,于是想要把角凳移个位置并就此与老人沟通。

表达方式A:"阿姨,我给您把脚凳移个位置吧,放在这里您夜间起床时可能会绊倒您。我给您放在那里,那里不碍事,您也好取用,好不好?"

表达方式B:"阿姨,这个脚凳不能放这儿,我给您放在那边吧。"

【点评】以上两种表达方式中,A优于B。原因在于:每个老年人都会有自己习惯的生活方式,对自己物品的摆放也有着自己的想法和意图。老年服务从业人员应尊重老人的习惯,不要随意挪动屋内的摆设和其他物品,对于老人放置不妥当、不安全的事项应给予提醒。当我们发觉服务对象的某些习惯或是物品的摆设不恰当必须纠正时,则应态度真诚、清楚明了地向对方说明自己的意图及原因。①

### 2. 注意交谈禁忌

### 小贴士

#### 生活中的常见禁忌语

(1) 称谓禁忌。子女禁忌直呼长辈的名字,更不能叫长辈的乳名,与长辈名字相同或者同音的字也要有所避讳。尤其忌讳的是,晚辈的名字绝对不能与长辈的名字相同,或者有谐音字、同音字。否则,认为不尊长。晚辈称呼长辈时,一般应以辈分称谓代替名字称谓,如叫爷爷、奶奶、姥爷、姥姥、爸爸、妈妈等。这类称谓可明示辈分关系,也含有尊敬的意思。不但家族内长幼辈之间是如此,师徒关系长幼辈之间也是如此。俗话说:"子不言父名,徒不言师讳。"

(2) 年龄禁忌。岁数忌言七十三、八十四,据说与孔孟二圣的终年有关。传说孔子是七十三岁去世的,孟子是八十四岁去世的。因此人们认为这两个岁数是人生的一大关口,连圣人都难以逃避的,一般人更不用提,所以都很忌讳。

(3) 凶祸词语禁忌。民间有"说凶即凶,说祸即祸"的畏惧心理,因而禁忌提到凶祸一类的字眼,唯恐因此而致凶祸真正来临。死亡是人们最恐惧、最忌讳的了。所以"死"字是不能提及的,如今在战场上为国家和民族而战死的人,也被称作是捐躯、牺牲、光荣了等。老百姓一般把"死"称作"没了""老了""走了"等。

与老人交谈,除了一般禁忌语需要注意外,还要特别留意老年人的特点。老年人随着年龄的增长、身体机能的衰退,再加上各种疾病的困扰,最终形成老年人特有的心理特征:自尊与自卑并存。因此,我们在与老人交谈时,尤其要注意和了解他们的禁忌,在言语上多加注意,给予老人更多的尊重。

---

① 孟令军,贾丽彬.老年服务伦理与礼仪[M].北京:北京大学出版社,2013.

（1）忌被称"老头儿""老太婆"。很多时候，我们会听到身边的人称呼老年人为"老头儿""老太婆"，而这样的称呼所传递的语言形象就是白发苍苍、步履蹒跚，言语中有无礼、心生嫌弃之意。这对于自尊心极强，渴望得到尊重的老年人来说，是很大的伤害。

（2）忌谈论"死亡"话题。对于身体机能日渐衰退，已经明显感觉处在自己人生夕阳中的老人来说，他们对死亡有着一种本能的畏惧。所以，在与老人交谈中，应当尽量避免死亡话题。

（3）忌说"您不要多管闲事""管好自己就行了"之类的话。这些话在日常生活中经常被我们用来劝慰那些闲不住、爱管闲事的老人。其实，老年人在听到这句话时往往不是怒气反驳就是心中生怨。这是因为，在老年人的内心深处，他们忌讳被当作"废物"。老人年纪大了，退休了，并不意味着他们什么都不能干了，他们最怕别人说他们"没用了"。其实，老人都乐意做一些有意义的事；即便身体真的不好，也愿意以自己的人生阅历为晚辈提供参考意见。而原本希望老人不要太操心、应多多休息的美意，却因为语言不当而带给老人一种被否定的挫败感和失落感。因此，类似这种让老人感觉到无能感、挫败感的话应避免使用。

（4）忌否定他们经历的过去。每个人生活态度和价值观都和自己所处的时代有关。老年人的生活经历和所走过的时代记忆是他们生命中最珍贵的东西。无论是成功的还是失败的，是喜悦的还是忧伤的，老人都对自己经历的一切有着不可割舍的情感。我们应当尊重并保护老人的那种情感，而不是自以为是地去评价。

（5）忌评论家庭纷争与矛盾。在中国传统的观念里，幸福家庭应是父慈子孝，其乐融融。而幸福的家庭是所有老年人的追求和梦想。现实生活中，有许多家庭会有一些纷争和家庭成员之间的矛盾。但在老年人的心目中，这些"家丑"是不足为外人道的。因此，在与老人的接触中，特别是当我们对老人的家庭状况比较了解时，也不能太主动地和老人们聊他们家庭中的事，以免给老人带来不必要的困扰。①

## 小训练

不久前，张爷爷因身体不适紧急住院，经过治疗，身体已无大碍，但需专人护理，小赵受养老机构委托，到医院专职照顾张爷爷。针对张爷爷的具体情况，小赵应该避免说哪些话？

### 3. 面部表情丰富

人的面部表情是人的内心世界的"荧光屏"，人的复杂心理活动无不从面部显现出来。在人际交往中，目光、微笑等表情语言能传递大量信息，是有声语言最好的辅助。因此，在与服务对象进行语言交流的过程中，表情应当与语言表达的内容和情感保持一致，用真挚、亲切与温和向对方展示亲和力与专业感。

（1）注意眼神。俗话说"眼睛是心灵的窗户"，它可以折射出人的真实内心。老年服务从业人员是否真心接纳服务对象并乐于为服务对象提供相应服务，可以通过对其眼神的细致观察看出来。这不仅仅要求老年服务从业人员在为服务对象提供生活照料时发自内心的真诚与尊重，还需要了解和掌握眼神运用的知识。在老年人生活照料过程中，服务人员与老年人进行语言交流时，应做到双眼平视对方，不斜视、不俯视。视线停留的位置大约在服务对象的眉眼额头这一区域。除非以眼神指向语言表述内容相关的物

---

① 周淑英，化长河. 老年服务伦理与礼仪[M]. 北京：北京师范大学出版社，2015.

体，其他情况下一般不随意转换视线。征询对方意见及提示提醒对方某些事项时，须与对方目光相对。

（2）保持笑容。微笑是一种令人愉悦的表情，它可以和有声语言及行动一起互相配合，起到互补作用，在交际中表达深刻的内涵。老年服务从业人员为服务对象提供服务的过程中，尤其是与服务对象对话时，应保持微笑，岗位服务微笑的标准是笑不露齿，眉眼柔和。笑与举止应当协调，以姿助笑，以笑促姿，形成完整、统一、和谐的美，使人感受到愉悦、安详、融洽和温暖。

（3）表情禁忌。老年服务中最忌"面无表情"，这向老年人传递了"我不开心""我有心事"这一类的信息。在为老年人服务时，我们要表现出的是对服务对象的接受和尊重。如果把"我不开心""我有心事"一类的信息传递给服务对象，难免会引起服务对象的猜测，影响服务对象的心情。所以，老年服务人员在服务过程中，要时时提醒自己表情自然，面带微笑。

表情禁忌，除"面无表情"外，厌恶、嫌弃、不满、疲惫、烦躁等表情也是在为服务对象服务的过程中应绝对禁止的。

### 😊 小幽默

一位老大爷骑着单车，车筐里放了一只小狗，见了人就嗷嗷叫，我就去问老大爷，爷爷您带个狗狗干吗啊？

他很淡定地来了句："当喇叭。"

**4. 肢体语言运用**

肢体语言包括手势语和姿态语，它是人的思想感情和文化教养的外在体现。老年服务从业人员在护理工作中应注意运用肢体语言。

（1）手的触摸。在与老年服务对象进行交往的过程中，有一种特殊的手姿，即手的触摸。触摸可以传递安全信息，使接受者有种慰藉感、舒服感、满足感和受保护感。触摸者和被触摸者都承认，触摸传播的信息常常比讲话更重要。老年人在与真心接纳或是信任的人面前，喜欢把对方的手拉到自己身边，边抚触边讲话，而且也喜欢别人这么对待他们。因此，在与老年人交往时，很多时候，我们需要通过抚触来表达对服务对象的关切与爱护。在交往中，根据语言内容的变化，这种触摸除了对手的触摸，还包括对肩部、背部、手肘部的触摸。触摸时，应以温热手心接触服务对象，力度适当，时间适当。

（2）身体姿态。服务人员在为服务对象提供服务时的身体姿态不仅应该是优雅的，令人看着赏心悦目的，还应当是得体的，符合服务对象心理要求的。因此，对老年服务从业人员的身姿要求也有两个方面：一是体态端庄大方，举手投足平稳从容；二是在合适的情况下采用合适的身姿，以适应服务的要求。比如，在与服务对象对话时，应靠近对方并弯下身且不能随意走动；在为服务对象提供生活照料服务时，应尽量让自己的身体位置与服务对象同高。注意，不可以居高临下之姿让服务对象产生压抑感和被轻视感；在为服务对象提供服务的过程中，应尽量避免抓、挠等动作，因为这会表现出你极不舒服或是焦虑的样子。①

---

① 孟令军，贾丽彬．老年服务伦理与礼仪[M]．北京：北京大学出版社，2013．

☺ 小幽默

**养老院的规定**

两个老人想要住进养老院，70岁的老人很顺利地被接收了，90岁的老人却被工作人员拦在了门外。

工作人员耐心解释说："对不起大爷，我们有规定，不接收儿女健在的老人。资料显示，您有一个儿子。"

90岁的老人生气地说："刚刚进去的那个就是我儿子！"

## 二、老年心理健康服务

老年人心理健康服务包括两方面内容：一是心理咨询及心理辅导，二是心理评估与治疗。要做好老年人的心理健康服务，首先要了解老年人的心理特点。一般地，老年人最普遍的心理特点是失落、焦虑、孤独、无能、缺乏安全感，老年人的心理问题多表现为抑郁、焦虑、痴呆及躯体疾病并发症等。在老年心理评估与治疗中，更多是专业能力和治疗技术发生作用，而在心理咨询与心理辅导中，除了心理学知识，服务人员通过良好的礼仪规范体现专业素质和专业态度，也是心理健康服务的重要组成部分。心理服务人员在心理咨询与心理辅导中的礼仪规范主要体现为以下几个方面。

**1. 得体的个人形象**

从事老年心理健康服务的人员应当具有得体的个人形象，即规范的着装、得体的举止和整洁的仪容。

（1）着装规范，符合要求。无论是在机构内接受服务对象的上门咨询，还是到服务对象的家里去做心理跟踪和辅导，服务人员的着装都不能过于随意，但也不能太过正式。过于随意的着装让心理咨询工作像随意的谈话聊天，会失去专业感和权威感。而太过正式的服装则会给人以刻板、严肃的印象，还会使服务对象不自觉地进行自我修饰，不利于心理健康服务活动的顺利开展。

具体来说，适合老年心理健康服务人员的服饰要求是符合自己的年龄段，体现整洁、干净、得体的特点。不能穿过于暴露的服装。上衣要有领、有袖，衣衫平整，男性下身着有皮带的裤装，女性裙装不能短于膝上两寸。鞋面干净。女性首饰以少为佳，避免对咨询起干扰作用。

（2）举止得体，表情自然。一个人的姿态表情是传递信息的重要途径之一，是对言语信息的补充，因此，也被称为第二语言，具有独特的意义。姿态表情无论是在心理咨询接待还是心理咨询疏导中都起着重要作用。从事老年心理健康服务的人员必须具备文明有礼的举止表情，做到得体、悦人，体现出良好的职业素质，增强服务对象对自身的信任感和亲近感。如接待来访的老人时，身体要微微前倾，既体现出心理工作人员的精神风貌，也体现出心理咨询师对来访者的尊重。老年心理健康服务工作中，心理咨询人员的表情十分重要，表情要平和，既不可刻板、严肃，也不要喜笑颜开。目光也很重要，它不仅是咨询态度的传达，也是最细腻情感交流的体现，因而在心理咨询中，如何恰如其分地使用目光，直接关系到咨询的效果。一般来说，目光最好落在来访者的面部，会给人一种舒服、有礼貌的感觉。倘若心理咨询师说我很尊重你，关心你的痛苦，而眼睛却东张西望，游离不定，咨询者就无法感受到你的尊重和关心，这是需要咨询师切记的。当然,眼睛也不能一直盯着对方,这会给人一种压迫感,使咨询者感觉不自在。目光也不能随意扫射,不断游离,这样显得尤其不尊重对方,更不礼貌。

> 💡 **小贴士**
>
> **心理咨询中的距离和角度**
>
> 进行心理咨询时双方的空间距离,要保持正常的社交距离,距离为1米左右为宜。每个人需要跟他人保持一定的距离,来维护心理上的独立、隐私、安全感的需要。如果他人不恰当地闯入,就会引发情绪上的不安、心理上的防御。因而,在心理咨询中,本着彼此适宜的原则,合适的空间距离有助于心理咨询关系的建立、心理咨询的顺利进行。另外,心理咨询的角度最好是直角或者钝角而坐,避免太多的目光接触带来的压力。

(3)仪容整洁,精神饱满。头发清洁整齐,女性工作中不披发,男性前发不盖额、后发不遮颈、侧发不盖耳,双手指甲修剪整齐,不留污垢,精神饱满,眉目有神。在化妆方面不能化浓艳的面妆,应是得体的淡妆,或者整洁干净的面容即可。

### 2. 良好的听觉形象

拥有良好的听觉形象,对心理健康服务人员成功地开展老年心理健康服务尤为重要。在生活中,有的人说话,我们会觉得听着是一种享受,而有的人说话,我们会觉得听起来既逆耳又堵心。其中的区别就在于对方"会不会说话"。老年心理健康服务中最主要的工作方式就是对话与倾听,学会说话是做好服务的前提和基础。

(1)准确称呼。对服务对象的准确称呼是拉近人际距离的重要手段。称呼往往决定着交往双方关系的走向,称呼得体会为接下来的交往与交谈打下良好的基础,也会成为情感交流的重要指标。对老年人的称呼更要符合他们的年龄和身份,以使对方感受到被尊重和重视。

(2)清晰表达。规范的咨询语言、清楚的语言表达、温和悦耳的语调、平和的语速是心理健康服务良好职业规范的体现。由于心理咨询是涉及"听"与"说"的工作形式,所以咨询中的语言表达、语气、语调是情感交流和沟通的重要因素。尤其面对特定的心理服务的对象——老年群体时,悦耳的声音刺激、温和的语气、优美的语言节律、适中的音调都会让老年人在咨询中获得舒适感、放松感;同时,得体的咨询用语、恰当的词汇选择、清楚的表达能够让老年人感受到心理咨询的力量。

(3)讲普通话。标准的普通话具有用语规范、节律优美、音调和谐的特点,因此,我们鼓励服务人员把普通话当作工作语言。但是,语言的使用很多时候会受到地域和人们不同语言习惯的影响,所以在一定的情境和语境中,有时候普通话的使用可能会在拉近距离及增强亲切感等方面起到不可替代的作用。

> 💡 **小贴士**
>
> **优秀心理健康服务人员的语言表达规范**
>
> 优秀的心理健康服务人员要思维清晰、善于表述,要从心理学视野出发,并使用生活化的语言。通俗地说,就是要用专家的视野说老百姓的话,要多举例子,少空谈道理。
>
> 优秀心理健康服务人员要有很强的感染力,要和来访者平等对话,语言简洁,富于

智慧，让对方深受启发，备受鼓舞。

### 3. 舒适的服务环境

心理健康服务是一项需要专业知识和专业技术支撑的服务活动。它不仅要求服务人员具备良好的专业能力和职业素养，而且在服务活动中，对于服务环境等外在要素也有一定的要求。一般来说，心理健康服务环境应布局合理、舒适安静、干净整洁，并易于保密。

（1）房间的设置。心理健康服务以服务者和服务对象全方位的信息交流为主。除了直接的言语和体语交流之外，房间的布置、家具的颜色、画像的摆挂、阳光的投射等，都在传达着无声的信息。心理学家指出，心理健康服务场所里的任何一样东西都具有象征意义。因此，在建立心理工作室时，必须认真对待室内的结构、布局及风格。工作场所空间不宜太大，否则会阻碍咨询关系的建立；也不可过小，否则容易产生压迫感。如果有多间房，心理咨询与辅导场所不宜设在进门的第一间，而要选在稍微隐蔽和安静一些的房间。来访者的位置应避开门窗方向，避免让来访者与突然到来的外人照面，避免在门窗外就能清楚地看见来访者。

（2）气氛的营造。在总体布局上，应该注意气氛的营造，要营造一种让来访者感到温馨、平静、放松、舒适和注意力集中的环境。室内应光线柔和，灯光不要太刺眼或太昏暗；色调和谐，以淡黄、淡绿为好，不要大量使用太鲜艳的颜色，如红色、明黄，也不要大量使用暗淡的颜色，如黑色、灰色、褐色等。地板、窗帘、桌椅、沙发、装饰品整体上要协调，使人赏心悦目，心情愉快。适当点缀鲜花和绿色植物，让房间充满生机。墙壁上可以挂上一些有象征意义的画，也可以挂上与服务内容和岗位职责相关的内容，以增强来访者的信任感。

（3）安静与保密。心理健康服务人员有责任为来访者创造安静、保密的服务环境。安静的环境可以保证服务人员和来访者都集中注意力去讨论来访者的问题和可能的解决办法。为此，开始心理健康服务时，心理服务人员与来访者就要自觉关掉手机或者将手机调至无声状态。

在心理健康服务过程中，可能涉及采访者的个人隐私，因此需要保密的环境，并保证服务过程无人打扰。

（4）座椅的位置。在一对一的心理健康服务过程中，服务人员与来访者可以坐在沙发上，也可以坐在椅子上。两张沙发或椅子的位置必须摆好。座位之间的距离要恰当，以1米左右为宜。一般来说，双方应呈90°角而坐，这样既可以正视对方，又可以自然地移开视线，不至于使来访者感到很大的压力。切不可正面对正面，形成相互对峙的格局。如果双方坐在同一水平线上，则目光难以交流，也是不妥当的。两个人之间可以摆放茶几，这样可以使来访者有安全、缓冲的人际空间，也可以充当来访者脆弱无力时的支柱依靠。当然，茶几不能太大或是在茶几上放太多的东西，这样拉长了双方的距离，阻碍了双方的信息交流，不利于双方良好关系的建立。[①]

小幽默

一对年轻的小夫妻傍晚散步，看到一位老奶奶蹲在地上找什么，遂问："老人家，天黑了，找什么呢，我们帮您。"

---

① 孟令军，贾丽彬.老年服务伦理与礼仪[M].北京：北京大学出版社，2013.

老奶奶说:"找口香糖。"
"都掉地上了,还找它干吗?"
"我假牙还在上面呢!"

#### 4. 专业的服务水准

在为老年人进行心理健康服务的过程中,心理健康服务人员要恪守职业道德,遵守职业规范,体现出高超专业的服务水准。

**⭐ 小案例**

**心理咨询**

秦阿姨,64岁,退休教师,老伴很早就去世了。近两年,单身的李叔叔一直追求秦阿姨。尽管秦阿姨也觉得李叔叔不错,但是儿子并不赞同母亲再婚。秦阿姨为此焦虑、矛盾,晚上还经常失眠。社区工作人员小赵在社区心理咨询室对秦阿姨进行了心理疏导。以下是小赵和秦阿姨的对话片段。

小赵:"秦阿姨,您好!您有什么心理问题就请说吧,我多年从事心理咨询方面的工作,您看墙上挂的都是我的证书,您放心吧,我会帮助您的!"

秦阿姨:"嗯,你是心理专家吧,我觉得我没有心理问题,就是心情不好。况且,自己的事,我也不想让别人知道。"

小赵:"心情不好就是心理问题的表现,您应该说出来让我帮您解决。"

……没过几分钟,秦阿姨就逃跑似的离开了心理咨询室。

**请问:**

(1)秦阿姨为什么会离开心理咨询室?

(2)小赵应该用什么样的态度给秦阿姨进行心理疏导?①

心理健康服务人员具体应做到以下几方面。

(1)尊重服务对象,礼貌待人。对服务对象的尊重是服务人员基本的职业道德和行为准则,为此要始终做到礼貌待人。如当与服务对象初识时,心理健康服务人员要先做自我介绍,并根据实际情况请教对方如何称呼。服务人员的自我介绍可以让防备心重的老年服务对象明确对方身份和角色,并通过服务人员的自我介绍形成对其的第一印象。这样可以有效消减老年人的不安全感与猜疑心,为后续交流打下基础。除此之外,还可以递上名片,以加深印象。递名片时,应把文字正对服务对象,双手递出。在这一过程中,有的时候还会需要握手。如果是老年人上门寻求服务,则应由服务人员首先主动伸手与对方相握。如果是上门为老年人提供服务,则需对方先伸手自己才可伸手。在机构中进行服务时,还可以为服务对象送上茶水,体现热情的同时有利于让其放松心情。

(2)接纳服务对象,真诚待人。遵循接纳、非批判性的心理健康服务原则,以真诚的态度对待服务对象,是心理健康服务人员专业服务水准的又一体现,关系到咨询双方的关系和咨询的效果。

带着非批判性、中立的态度来接纳各种各样的来访者是心理健康服务中的重要礼仪规范。无论来访者是因为怎样的心理问题而来,无论来访者的心理问题是多么的难以启齿或者违背道德伦理,无论来访者有着什么样的金钱地位,无论来访者有着多么丑陋的

---

① 周淑英,化长河.老年服务伦理与礼仪[M].北京:北京师范大学出版社,2015.

外貌，心理咨询人员都要真诚地接纳来访者，不能为这些条件的不同而歧视来访者。对来访者的问题、文化水平、地位等不做价值、道德、对错的评判，不把自己的价值判断强加到咨询中。保持中立、非批判、接纳的原则对待来访者，比如有位老年人因为孩子们不同意自己再婚前来求助，这时，服务人员绝不能把自己对再婚的看法强加给老人，而是应用真诚的态度接纳老人，去理解老人的心情和处境。

服务人员一定要做到真诚待人，这要求服务人员始终是以"真实的我""诚恳的我"来接纳服务对象，怀着真诚的心、诚挚的情感，没有伪装，表里如一，不把自己隐藏在角色背后，不是戴着心理咨询师的"权威面具"来对待服务对象。

（3）建立良性互动，提高效果。要想让老年人打开心灵之门，作为心理服务人员要和老年人建立良好的互动关系。有了稳定的关系基础，才能更好地给服务对象实施心理影响。

① 倾听。倾听是心理健康服务中一项重要的基本功，是心理服务的第一步。倾听不仅是心理服务理念的体现，心理健康服务技能的展示，更是和服务对象建立良好沟通关系的基础。倾听也是一门心理服务的艺术。倾听是在尊重、真诚、接纳的基础上，认真、积极、主动、专注地听来访者的言语，细读来访者的非言语信息，并在适当的时候恰当地反应和参与。跟生活中的听是不一样的，倾听更是用心在听，对服务对象赋予了更多的积极关注和思考。倾听不仅表达了对服务对象的尊重，同时也给服务对象创造了一种安全、宽松、信任和关注的氛围，积极鼓励他们说出自己的困惑，宣泄情绪，发现问题。倾听是一种互动，不是来访者的独角戏，心理咨询师要时刻关注着来访者，也不是不言不语，毫无反应，是用理解、接纳的姿态适度地反应，比如"嗯，我一直在听，请继续说""对，是的""请说下去""然后呢"等简单的语言反应，或者用点头、目光接触等表示，鼓励让来访者继续话题。

② 共情。共情也称同感、同理心，指的是一种能深入他人主观世界，了解其感受的能力。共情是心理健康服务的一项很重要的技能，是每个心理健康服务人员的一项基本功，因为只有被他人理解了，才能真正地打开心扉，信任心理健康服务人员和心理健康服务。作为一种态度，它表现为对他人的关切、接受、理解和尊重；作为一种能力，它表现为能进入对方的精神境界，感受到对方的内心世界，能将心比心地体验对方的感受，并对对方的感情做出恰当的反应。能够充分理解对方的心事，并把这种理解以关切、温暖与尊重的方式表达出来。

③ 澄清。澄清也称具体化，是指心理服务人员帮助服务对象清楚、准确地表达他们的观点，他们所经历的事情，并弄清楚他们背后的情感体验。服务对象由于文化背景、受教育程度、逻辑分析能力等不同，尤其是老年群体。很多情况下，他们的问题是很混乱的、不确定的、模糊的、过度概括的、抽象的，所以服务人员应该运用具体化技巧，帮助服务对象理清真正的问题还有原因，让对方领悟事实的本来面目。

④ 自我暴露。自我暴露也叫自我开放或者自我表露，是指心理咨询人员诚恳地拿出自己的感受、情感、体验、经历，跟服务对象分享。恰当的自我暴露不仅促进双方形成信任、稳定的互动关系，更重要的是，会让服务对象觉得有人分担了困惑，觉得心理咨询人员也是有血有肉的普通人，同时，也给来访者树立榜样让对方更多地打开心扉。所以，在心理健康服务中，自我暴露也是一项比较重要的技巧。自我暴露的形式有两种：一是向服务对象表明自己当下在心理服务中的一些体验、感受和情绪；二是为了让

服务对象理解当前的问题而告诉对方自己人生中与此有关的体验、经历和体会。值得注意的是，自我暴露不是为了抒发自己的情绪、谈论自己，而是借助自己的开放让对方有更多的思考和探索，重点始终是围绕服务对象的。

😊 **小幽默**

一小偷将偷来的货车从车库里倒出来，被一个农村老大爷拦住，马上给警察打电话报警。

小偷不解，问大爷："你怎么知道这车是偷的？"

大爷答："你一上车，车就自动报警了。"

警察问："怎么报的？！"

大爷答："请注意，盗车！请注意，盗车！"

（4）遵守保密制度，保护隐私。采用适当的措施为服务对象保守秘密，保护其个人隐私，是心理健康服务人员的一项非常重要的责任，所有从业者均应遵守保密制度。心理健康服务人员在服务工作开始时就应向服务对象说明心理咨询与治疗工作的保密原则，以及这一原则在应用时的限度。

心理健康服务人员在工作中收集的个人资料，包括个案记录、测验资料、信件、录音、录像和其他资料，均属于专业信息，应在严格保密的情况下进行保存，除司法机关凭介绍信可以借用外，不得向任何单位和个人泄露。只有在服务对象同意的情况下才能对治疗或咨询过程进行录音、录像。在因专业需要进行案例讨论或进行教学、科研、写作等工作要引用案例时，均需隐去那些可能会据此辨认出咨询者有关信息的资料。

💡 **小贴士**

**老年心理健康服务礼仪的五"心"**

①爱心：对老年服务对象表现出充分的尊重与爱护，并对其处境表现出真诚的理解与关注。

②耐心：在心理健康服务中，对待老年人一定要有耐心，不着急、不急躁，慢慢来，让老年人体会你的耐心。

③诚心：在老年人面前要真实诚恳地展现自我，不矫揉造作，不装腔作势，不摆架子，要将心比心地理解老年人的处境。

④虚心：老年人有着丰富的人生阅历，在心理服务中，不但要充分尊重、接纳老年人，更要用虚心的态度向老年人澄清所遇到的问题，以及问题背后的情绪。

⑤细心：心理健康服务人员在心理咨询过程中不但要留意老年人的言语，对非言语举止也要细心察觉，关注咨询中的每一个细节。

🏋 **小训练**

刘阿姨，61岁，退休职工。退休之前，她性格开朗，乐于助人。但是自从退休后，就变得闷闷不乐，觉得自己没用了，加上其子女常年不在身边，更觉得孤独苦闷，久而久之，患上了严重失眠。了解到刘阿姨的情况后，社区老年服务中心派小王对刘阿姨进行心理健康方面的护理。如果你是小王，你打算怎么做？

## 三、祝寿

寿，是年龄久长之称。古时候，人有上中下寿之分，100岁称上寿，80岁称中寿，

60岁称下寿。为老人祝寿是最具有中国特色的社交礼仪之一。中国人祝寿一般从60岁或66岁开始,无论是60岁或66岁都是按虚岁计算,即按实际年龄提前一年。祝寿,也惯称"过生日"。老年人一旦开始"过生日",以后就须年年过,不能间断。平常为小庆,逢10如70岁、80岁、90岁等,为大寿,要大庆。按照我国的传统礼俗,大庆时不但设宴待客,还唱大戏、放电影,或请唢呐班子演奏助兴。给老人贺寿的人有族内子侄辈和儿孙辈、女儿和女婿、侄女儿和女婿、干女儿和女婿、徒弟、学生、亲戚中的晚辈及朋友等,70岁以上的高寿老人过生日时,街坊邻居也常备礼庆贺。随着时代的发展和观念的更新,除了农村仍然保持着传统的寿庆习俗和方式外,在城市里,酒店寿庆成了寿庆的主要形式。因为筹备事项烦琐,许多人在过寿时希望有人能够帮助承担各项事务,这就推动了专业人士的出现。因为寿庆是现代文化对传统文化的传承,故老年寿庆服务人员必须同时学习和掌握关于寿庆的传统礼俗及现代礼仪要求。一般来说,祝寿礼仪包括以下几个方面。

### 1. 充分准备

传统的祝寿准备是比较繁杂的,农村现在还遗留着传统的祝寿礼仪规范。比如给老人祝寿,儿子们(已经出嫁的女儿一般不需要参与准备)要提前做好各项准备工作,第一是预备招待宾朋的馒头、菜肴和酒水。第二是准备寿面、寿桃、寿糕等。寿面多为挂面,没挂面可用自擀的细面条,称为"长寿面",是祝寿时的必备主食。寿桃一般都是先用白面做成桃形,蒸熟后再涂上红绿食色。寿糕一般是指用白面和红枣蒸制的多层枣馍,城镇特别是大城市现在一般都以买生日蛋糕代替。第三是布置寿堂。寿堂一般设在堂屋正厅,屋内张灯结彩,正面墙壁中间悬挂中堂图画,男寿多为南极仙翁,女寿多为瑶池王母,或八仙庆寿,或百寿图,或红纸书一大金色寿字。中堂两边为"福如东海长流水,寿比南山不老松"等祝福语句的对联。墙下方礼桌,桌上陈寿桃、寿糕、寿酒等,两边摆一支或两支红蜡烛。桌前地上铺设红毡或花席,以备后辈人行拜寿礼。

中国人给老人庆寿并无严格的仪式程序,但却有约定俗成的大致章法。一般是,寿辰之日,先把祖宗的神主牌位请于神案之上,点燃香烛,鸣放鞭炮,寿诞老人穿戴一新,率全家拜祭。之后,老寿星端坐寿堂椅子上,一般是男坐寿堂左边,女坐寿堂右边,晚辈们衣冠整齐,恭恭敬敬依次磕头祝寿,并献上贺寿礼品。祝寿磕头为"寿头","寿头"是必定要磕的,现在很多年轻人不会磕头,可变通为三鞠躬。

祝寿完毕,寿宴要开始,众人给寿星敬酒,寿星把寿糕、寿蛋、寿果等吃食分给众人,众人踊跃嚼食,据说这是替老人"嚼灾"。吃长寿面时,儿女们要把自己碗中的面条拨向老人碗中一些,此谓给老人"添寿"。

寿宴后稍事休息,大家陪老寿星看戏,看电影。晚上请执事人等喝酒答谢,寿礼便圆满落幕。

### 2. 精选礼物

为老人祝寿,一定要表现出足够的诚意,祝寿时绝不可空手上门。一般来说,关系亲密的,礼品的纪念性一定要更加突出才好,因为这容易让老人在寿礼过后睹物思人。如果是关系一般的,礼品的实用性和习俗性就成为必须认真加以考虑的因素,因为如果你送的礼品不实用,老人会感到很没有意思,甚至会怀疑你的诚意;如果你送的礼品违反了受礼人的习俗,比如老人忌讳人家给他送钟,这伞,如果你送了这些东西,会让老人的精神受到伤害。给老人祝寿的亲朋邻里都要拿祝寿礼品，祝寿礼品也多种多样，除了一些日用品外，还可以送写有祝寿字句的寿幛、寿联、寿屏和寿图。

### 3. 彬彬有礼

祝寿时要表现得彬彬有礼。在向老人祝寿的场所，成年人不可大声喧哗，除非老人已经耳背，否则会让老人觉得不清静而反感，即使是老人耳背，也只能是和老人讲话时提高音量，而在贺客之间的交谈仍然应保持彬彬有礼的形象。祝寿时一定要多用敬语。老人年纪再大，只要能够做寿的，一般而言都是身心比较健康的人，他们对贺客的要求也就会比较高，贺客表现自己敬意的最好方式是必须对老人使用敬语。

同时，祝寿时贺客应有足够的耐心。这种耐心首先体现在贺客在祝寿过程中决不能表现出心不在焉、心神不安的样子。所以贺客有天大的事，在为老人祝寿时都不应当表现或流露出来，以免扫了老人和其他贺客的兴致。特别需要注意的是，贺客必须既来之则安之，不要很快离开，因为老人一般都喜欢和晚辈多待一会儿。要哄好无法自制的小孩，因为童言无忌，小孩不高兴了，就会吵着要走，这样就会扫大家的兴致，所以要想方设法哄小孩开心，尽可能地把祝寿的时间延长一点。

### 4. 不要缺席

祝寿时亲朋和晚辈一般不要缺席。老人做寿，至少是盼了一年甚至是数年的事情，这种场合，老人希望看到自己亲人、朋友，特别是晚辈，所以应到场之人最好不要缺席，否则会让老人非常扫兴，而且多疑的老人会在情绪上受到很大影响，所以在这种大喜的场合，应到之人是不能缺席的。如果因故不能准时到场，可通过各种方式事先向老人说明，然后再采取或先行到场，或随后到场的方式加以补救。

### 5. 服饰得当

祝寿的寿星和贺客的服饰是很讲究的，必须做到服饰得当，特别是对那些比较迷信、比较传统、比较保守的老人来说，贺客的服饰就更应该讲究一些。

一般而言，应该穿得喜庆一点、热闹一点、明亮一点。千万不能穿制服，如医院的医生、护士穿工作服来祝寿，会让老人，甚至也会让其他贺客产生反感，祝寿的良好气氛也就会遭到破坏。祝寿时也不能穿深色服装，这样容易给寿宴增加压抑感、沉重感，因此需要特别注意。

### 6. 举止文明

祝寿时的举止要文明高雅。在整个祝寿过程中，贺客们都应当表现出足够的文明优雅，这样有助于提升祝寿的人文档次，让人感觉到寿星和贺客都是一群有教养、有品位、有知识、有地位的人，这样一来，祝寿的气氛就会比较和谐、喜庆、高雅，给人留下难忘的印象。

💡 小贴士

**长寿面最早出现在唐代**

过生日最普遍的习俗是吃长寿面，这种习俗最早出现在唐代。宋代朱翌《猗觉寮杂记》卷上有："唐人生日多具汤饼。"汤饼就是面条。宋代马永卿《懒真子》卷三有："必食汤饼者，则世所谓长命面者也。"《新唐书·后妃传上·王皇后传》载有：唐玄宗移情别宠，想把发妻王皇后废了，王皇后惴惴不安。有一天，她哭泣着对玄宗说："陛下独不念阿忠脱紫半臂易斗面，为生日汤饼邪？"玄宗未得势时，曾与王皇后度过一段艰难的日子，艰难到无钱过生日的程度。有一年玄宗生日，王皇后的父亲阿忠脱下身上穿的紫色短袖上衣换了一斗面为玄宗做生日面条。这一事例告诉我们，过生日时吃长寿面的习俗唐代已经流行。

如今人们过生日时，吃长寿面的现象已不是很普遍了，其地位已被生日蛋糕所取代。

### 小训练

王阿姨是某社区的孤寡老人，今年正赶上老人家80岁生日。作为社区工作人员，小李要负责为老人办一次有意义的寿宴。如果你是小李，你如何为老人祝寿？

## 第四节 快递服务礼仪

快递作为服务行业之一，为群众提供送货的服务。如今很多人都会比较在意服务体验，为了能让收货人得到更加满意的服务，快递服务人员应该注重礼貌礼节，对收货人表示尊重与友好，表现快递服务人员的良好风度和修养，为快递企业树立良好的形象和口碑。

### 一、揽收服务

揽收服务礼仪主要包括揽收人员受理业务礼仪和上门揽收礼仪两个方面。揽收员只要做好充分准备，以专业的职业形象、严谨的工作态度，认真了解客户需求，妥善揽收客户快件，就一定能够赢得客户的满意。

**1. 受理业务的礼仪**

揽收人员受理业务礼仪主要应体现在以下方面。

（1）规范而专业化的形象。揽收人员规范而专业化的形象是一种广告宣传，是一种服务手段，对客户长期提供服务具有无形的经济价值，是赢得客户信赖的重要基础。为此，揽收员面见客户前一定要着本公司统一的工作服装，并检查个人仪容仪表是否符合职场形象规范，如是否按照公司要求梳理职业发型，佩戴标志饰物；出车前是否保持了口腔清新；工作制服、工作包、工作帽是否干净整洁，工号牌是否按要求佩戴正确。

（2）做好揽收准备。充分的准备，体现了对客户高度负责的精神。为此要做到以下两点。

① 要全面了解信息。接到揽收业务后，出发前揽收人员要电话联系客户。首先问清客户将要寄出的是大宗物品还是小件，有无包装上的特殊需求，如是否要求带上包装物和运单，是否需要提供专用单式、封装、填充材料以及数量等。其次确认联系电话及地址，认真记录客户名称、委托人姓名、联系方式、街道号、楼号、楼层、房门号等。再次问清到达目的地的线路，对于不熟悉的路线要询问到达目的地的方法，并通知客户提前准备，以节省揽收时间。最后，约定上门具体时间。

② 备足揽收用具、用品。揽收人员按约定的时间上门，出发前检查揽收用具、用品是否备足，具体包括：收费规定相关说明资料、书写用笔、各式单证、包装材料、填充物、封装计量器具、零钱等。

**2. 上门揽收的礼仪**

揽收员要按照承诺准时提供上门收寄服务，同时注意以下服务礼仪的要求。

（1）耐心等待客户。当到达揽收地点时，揽收人员宜站立等待，不要左顾右盼，不能大声催叫或者鸣笛催促。在办公场合应保持安静，勿大声喧哗。需要入室时，应轻按门铃或者轻轻叩门3下，主动通报身份、出示证件，未经允许不应进入。当等待超过3分钟时，可以礼貌性地提醒一下客户；若实在赶时间，应告知客户待货款或者货物准备好后再过来拿。

（2）与客户礼貌相见。与客户初次相见时，应主动做自我介绍，并展示工号牌或工作证，双手递送名片。若进入居室，应穿着自备的清洁鞋套。未经允许不能翻看客户的资料和客户私人物品。应尊重客户的民族习惯和宗教信仰以及家庭的生活习惯。当客户在整理邮寄的物品时，要耐心等待，不能四处张望。交接钱物时，应做到唱收唱付，轻拿轻放，不抛不扔。电话应改为震动，如需接听电话要经客户同意。与客户谈话时，应保持适当的身体距离，对熟悉的客户保持在70~80厘米，对不熟悉的客户应保持在100~120厘米。不介入客户之间的谈话，不与客户开玩笑。不在客户处吸烟，不喝客户的饮品，做到长话短说，不耽误客户的时间。服务结束时，应将工作现场产生的垃圾清理干净并带走。

### 小案例

#### "小天鹅"的"12345"服务承诺

小天鹅公司人员上门为客户服务的"12345"服务承诺如下。

一双鞋：上门服务自带专用鞋。

两块布：一块垫机布，一块擦机布。

三句话：进门服务第一句话——"我是小天鹅服务人员×××，前来为您服务"；第二句话——"非常感谢您对小天鹅的信任"；最后一句话——"今后有问题，随时听候您的召唤。"

四不准：不准顶撞用户，不准吃喝用户，不准拿用户礼品，不准乱收费。

五大件：免费保修三年（含国家规定外的五大件：盛水桶、脱水桶、悬挂系统、排水阀、连接盘）。

小天鹅公司的"12345"服务承诺中处处体现了"为客户着想，从细节体现关爱"的理念，反映了小天鹅的企业文化，是一个非常典型的上门拜访客户的案例。[①]

### 小幽默

在网上买了几本书和几件衣服，接到快递电话下楼去拿，看到快递员我就问："书是吧？"

他愣了一下："啊，别客气。"

"谁跟你客气，我问的是'书'不是'叔'！"

（3）规范揽收操作。揽收人员规范揽收操作，要按照以下步骤完成揽收作业。

① 认真执行快件收寄验视制度。对寄件人交寄的信件，必要时可要求寄件人拆开进行验视，但不得检查信件内容。寄件人拒绝拆开，揽收员不予收寄。对信件以外的快件，应当场验视内件，检查是否属于国家禁止或限制寄递的物品。寄件人拒绝验视的，不予收寄。依照国家规定需要寄件人出具书面证明的，应当礼貌要求寄件人出示证明原

---

① 佚名.客户服务与商务礼仪[EB/OL].[2018-03-06].https://max.book118.com/html/2018/0305/155948800.shtm.

件，核对无误后，方可收寄。如发现限寄或禁寄物品时，要耐心解释，并告知寄件人处理的方法，不能生硬拒接。

② 与客户共同安全封装邮件。快件封装时，尽量与客户共同进行，并应当使用符合国家标准和行业标准的快递封装用品，充分考虑安全因素，防止快件变形、破裂、损坏、变质，防止快件伤害用户、快递业务员或其他人，防止快件污染或损毁其他快件。信件封装应当使用专用封套，不得打包后作为包裹寄递。包裹封装应当综合考虑寄递物品的性质、状态、体积、重量、路程和运输方式等因素，选用适当的材料作为包装。印刷品应当平直封装，不得卷寄。

③ 正确计量计费并完成运单填写。揽收员应当使用符合国家、行业标准的秤、卷尺等计量用具，确定正确的计费重量，并根据计费重量、服务种类等确定服务费用。揽收人员应当在提供服务前告知寄件人收费的依据、标准或服务费用。揽收人员要及时提醒寄件人阅读快递业务合同条款，提示寄件人详细、准确地记录待寄邮件的类别、名称、数量、邮件尺寸和重量，清楚填写寄件人和收件人的姓名、地址、电话等信息。提醒寄件人在确认阅读合同条款处签字。对于协议客户，应事先签署邮件自封协议，允许自行封装，加盖"自封免验"戳记，快递企业按比例抽检。快递运单填写完成后，应当牢固粘贴在快件外包装上，并保持快递运单的完整性。

④ 礼貌地告别。揽收作业完毕，揽收人员要礼貌告别，告别时表示谢意后，先退两步伸右手做出"再见"手势，说"祝您愉快，再见！"示意对方留步，将门轻轻关好，再转身离开。

☆ **小案例**

**积极履职尽责的揽收员小李**

作为一名合格的揽收人员，就要对自己的工作负责，对自己的客户负责。一天晚上7:00，某经营网店的商户临时接到一位新客户传真，索要货样订单，并且要求第二天到货，否则将与其他供货商洽谈。此时的揽收员小李刚刚结束一天的工作，正准备回家，接到商户的求助电话后，不顾疲劳，立即驾车赶到，及时为其办理好了物品收寄手续，并连夜赶发"全夜航"。小王高度敬业的态度和雷厉风行的工作作风，得到了客户的高度称赞。①

【点评】快递服务人员这种以客户为本，想客户之所想，急客户之所急，积极履职尽责的精神，是"践行服务礼仪，满足客户需求"服务理念的真实写照，必将树立起快递企业良好的形象，赢得客户的青睐。

**小训练**

模拟上门揽收快件的主要服务环节，重点训练叩门、自我介绍、办理寄件程序、告退客户等礼仪。

## 二、投递服务

投递服务与揽收服务有很多相同的礼仪规范，但又有着更为细致的礼仪要求，即投递服务除了要求投递人员准备充分、形象专业、工作细心外，还要确保投递的物件准确安全、高效快捷地送到客户手中，令客户满意。

---

① 秦保红.职场礼仪教程[M].北京：中国人民大学出版社，2016.

### 1. 联系客户，确认投递信息准确

作为快递人员，每天做得最多的事情就是给收货人打电话，因此需要了解和注重电话礼仪。快递员应该时刻保持手机畅通，及时接听收货人的电话。

投递快件时，投递人员一定要提前电话联系客户，确认投递信息。电话接通时，首先要立即告知对方自己的身份，要用恰当的称呼、礼貌的问候、悦耳的声音给对方留下好的印象，并确认物件投递的地点和到达的时间，尤其是遇到陌生投递环境时更要与客户详细沟通具体地址与到达路线。如果遇到特殊情况，比如客户的面见接收时间与自己的派送行程时间不吻合，可用商量的口吻电话告知另改时间或按照客户要求的时间，或者共同商定一个双方都方便的时间将物品送到目的地。通话中要音量适中，语调热情，说话清晰，表达清楚，大方自然，简明扼要，多使用礼貌用语，多用请示、商量的语气，严禁简单粗暴地使用"喂""快来拿"等命令式的语言来催促对方。

💡 **小贴士**

**快递服务忌语**

（1）我不会：在快递服务的语言里没有"我不会"，正确的回答是"我们能为您做的是……"

（2）我不能：在快递服务的语言里没有"我不能"，正确的回答是"看看我能够为您做什么"。

（3）我不知道：在快递服务的语言里没有"我不知道"，正确的回答是"我请示之后回答您……"

（4）我不负责：在快递服务的语言里没有"我不负责"，正确的回答是"我很愿意为您做……"

（5）我只是送货的：在快递服务的语言里没有"我只是送货的"，正确的回答是告诉客户你能做什么，并且很愿意帮助他们。

### 2. 检查快件，确保完好

投递人员在接到投递任务后，要做的第一项工作就是仔细检查要派送的快件外包装是否破损，是否被污染。若非完好，则要进行修整清洁，并要认真检查一票多件的货品是否全部到齐。若不齐，则应该进行相关的处理工作。对于有问题的快件，一定要如实地将后果告知客户，不要因为贪图妥投率而造成不必要的麻烦。对注明"加急"的快递给予一定的照顾与优先处理。

### 3. 确保运输畅通、安全

运输顺畅并安全送达是投递成功的关键。投递人员检查完快件后，要将各类快件做好登记，封装在邮袋内，按顺序放置于运输车辆内的恰当位置。如果所投递的邮件体积较大，数量较多，或投递路程较远，就必须对邮件捆扎绑牢，以确保邮件的安全，同时要备好雨具，防止雨水淋湿邮件。到达投递目的地时，应主动出示工作牌，配合门卫做好相关的登记等手续，并安全停放车辆，注意保管邮件，做到邮件不离身（车），确保邮件按时、准确到达，绝不能丢失。车辆不可停放在公司或住宅区的大门口或是妨碍交通的地方，要按照该单位或小区停车规范停放在要求的停车线以内。如果快递是大宗物品，最好准备一辆手推车来完成该邮件的装车或派送任务。到大厦或街边店铺派送要根据交通管理部门的停车要求严格执行停车规范，以免受到处罚。摩托车、电动车等交通

工具要停在离取件地或投递地点最近的允许范围内，最好要在视线范围之内或者是有人看守的地方，尤其是车上有贵重物品的时候。

#### 4. 面见客户，讲究行为礼仪

投递人员面见客户时，应遵守以下行为礼仪规范。

礼貌地敲门或按门铃，敲门要控制好力度，不能对着门猛拍，按门铃时要有时间间隔，不能频繁连续按铃；客人开门取件时，快递员应该面带微笑，礼貌地打招呼并主动做自我介绍，同时展示工号牌或工作证，并向客户复述收件人姓名、地址。贵重物品的投递要请客户出示有效证件，验视完毕交还证件时，应向客户表示感谢。物品类邮件要用手夹在腰间或双手捧在手心，单手拿或顶在头上或在地上拖是不可取的。文件类邮件文件可以放在挎包或背包里，但在见到客户前应从包里取出，放在手中，以方便及时地递交签字，不要当面临时在背包里找邮件。投递邮件时应做到"投收相见"，邮件要双手送上，同时递上签字笔，请客户在快件详情单收件人存根联或快递企业存根联上的指定位置签名（盖章）。大件物品派送时，需待客户允许后方能进入居室，进入居室宜换上自备的清洁鞋套。

有些地方由于物业小区的限制，快递员没办法进入小区为收货人送货上门，这种情况应该先打电话向对方确认，按照对方的意见把快件放置到指定的快件收发处，或者在原地等待对方亲自过来签收；需要向收件人另外收取费用时，应耐心向客户说明收费原因、名目、金额，并出具相应的收费凭据。在遇到多次拨打收货人电话打不通时，可以发一个短信通知客户，下一个时间点再进行派送；当收货方由于其他原因需要拒收快递时，应该帮助对方办理退货，任何情况下都不能与收货人发生口角和冲突。

#### 😊 小幽默

##### 哪家店

阿健的快递到了，受疫情影响，快递员打来电话："我把东西放在便利店了，您记得去拿。"

阿健忙问："是哪家店啊？"

快递员大声说："最脏的那家！那家老板娘最胖！"

话音刚落，就听到一个女人吼道："赶紧给我走人，放别家去！"

与客户告别时应先退两步伸右手做出"再见"手势，再转身离开。如果客户要开门送投递员离开时，投递员要表示谢意并示意客户留步。[1]

#### ⭐ 小案例

##### 快递延迟谁之过？

一次，一位客户用快递给自己的某位朋友邮寄了一份文件，通知对方第二天早晨就能收到。收件的朋友第二天等了一上午也未收到，于是打电话到快递公司询问，得知由于快递员找不到投递单上的地址，拨打投递单上的联系电话是一位老人接的，说没有这回事，所以没有送到。收件的朋友说："我现在告知你详细地址，麻烦你在下午2点之前把邮件送过来。"快递员的回复是："我要吃中午饭，要休息，最早只能在下午3点送到。如果等不及，你可以自己到公司把邮件拿走。"如此答复怎能让人满意，下次客户

---

[1] 秦保红.职场礼仪教程[M].北京：中国人民大学出版社，2016.

是不会再选择这家快递公司了。

【点评】这种情况的发生，有客观原因，但是在主观上，是快递员缺乏敬业精神，职业道德水平不高，不遵守快递服务礼仪规范，不能与客户有效沟通等原因造成的。

## 小训练

模拟投递快件的主要服务环节，重点训练叩门，自我介绍，递送邮件，告退客户等礼仪。

## 案例讨论

### 1. 亲身经历

一位作家以自己的亲身经历，详细谈了希尔顿饭店先进的管理情况。他说，他在饭店早上起床，一打开门，走廊尽头站着的漂亮服务员就走过来说："早上好，凯普先生。"叫我早上好很正常，知道我叫凯普也不难。我马上问她，"你怎么知道我叫凯普？""先生，昨天晚上你们睡觉的时候，我们要记住每个房间客人的名字。"后来，我从四楼坐电梯下去，到了一楼，电梯门一开，有一个服务员站在那里微笑着对我说："早上好，凯普先生！""你知道我叫凯普？怎么可能？""先生，上面有电话下来，说您下来了。"然后，我去吃早点，吃早餐的时候，服务员送来了一个点心。我就问，这中间红色的是什么？服务员看了一眼，后退一步说，那是××××。旁边那个黑色的是什么？她又看了一眼，后退一步说，那只是××××。她为什么后退一步？原来，她为了避免她的唾沫碰到我的菜。或许大家都有过这样的经历，只是觉得很正常而忽略过去了。但我觉得这些看起来是很小的事，却体现出很深刻的道理。

（资料来源：佚名.细节决定成败[EB/OL].[2017-11-18]. http://m.sohu.com/a/205126205_120055.）

思考题：

（1）这些小事体现出了什么深刻的道理？

（2）这个案例给了你什么启示？

### 2. 退房

南方某星级饭店，客人李先生急着赶飞机，提着旅行包从房间匆匆走出，他来到服务台，对值班服务员说："小姐，房间钥匙交给您，我这就下楼去总台结账。"却不料服务员小王不冷不热地说："先生，请您稍等，等查完您的房后再走。"一面即拨电话召唤同伴。李先生顿时很尴尬，心里很不高兴，只得无可奈何地说："那就请便吧。"这时，另一位服务员小张从工作间出来，走到李先生跟前，将他上下打量一番，又扫视一下那只旅行包，李先生觉得受到了侮辱，气得脸色都变了，大声嚷道："你们太不尊重人了！"小张也不搭理，拿了钥匙，径直往房间走去。她打开房门，走进去仔细地搜查：从床上用品到立柜内的衣架，从储物柜里的食品到盥洗室的毛巾，一一清查，还打开电视机开关看了看屏幕。然后，她来到服务台前，对李先生说："先生，您现在可以走了。"李先生早就等得不耐烦了，听到了她让走的"关照"，非常气恼地离开了酒店。

（资料来源：佚名.酒店服务案例[EB/OL].[2019-01-29]. https://www.doc88.com/p-6836186695201.html.）

思考题：

（1）服务员小王、小张按程序办事，为何惹恼了客人？

（2）本案例对你有何启示？

### 3. 细微服务暖人心

山东导游李小姐接待了某师范学院的离退休教师团。在游览过程中，她不仅用心讲解，还在生活上为老人们提供耐心、细致的服务。在浏览曲阜孔府时，地面上有许多的青苔，由于刚刚下过雨，路面很滑。导游不时提醒老人们当心路滑，小心脚下。每过一个门槛，都要提醒老人们门槛太高，高抬腿，并亲自搀扶他们迈过门槛。考虑到老人们对饭菜的特殊要求，小李提前通知餐厅一定要把肉炒熟炖透，把饭菜做得适合老人口味。老人又提出是否有面条吃，他又找到餐厅经理，好言相求加了清汤面，老人们十分感激。整个旅程小李跑前跑后，热情地为老人服务。送团前，好多老人都拉着小李的手不愿意松开，虽然他们相处了不到两天，但已经有了很深的感情。

（资料来源：孔永生.导游细节服务[M].北京：中国旅游出版社，2007.）

**思考题：**

（1）导游员如何对特别需要照顾的游客提供优质服务？

（2）本案例对你有何启示？

### 4. 少说一句话惹出大麻烦

地陪小刘带团在一个饭店用午餐，小刘急忙吃完饭后，看到游客还在用餐，便与饭店结账。由于账务的问题耽搁了一会儿，等他从饭店出来，游客已经在车上等着他了。小刘一看时间不早了，急忙让司机开车赶往下一个景点。正走在半路途中，一名游客突然喊道："坏了，我的皮包忘在饭店的椅子上了。"汽车赶紧掉头，结果皮包早已不翼而飞，里面有手机和大量的现金。游客在懊恼之余，竟埋怨起小刘来，说作为导游应该提醒游客餐后带好随身物品，结果小刘没有提醒，应该赔偿一部分损失。最后在旅行社参与下，此事才妥善解决。

（资料来源：孔永生.导游细节服务[M].北京：中国旅游出版社，2007.）

**思考题：**

（1）导游如何避免案例中提到的类似事件的发生？

（2）本案例对你有何启示？

### 5. 情绪失常的张大爷

张大爷的3个儿子都在外地工作，与他相依为伴的老伴去世后，张大爷对老伴的思念及独自生活的孤独交织成了焦虑，日夜困扰着老人。前些日子，张大爷坐在小区角落的石凳上发呆，社区工作人员小李看到老人家精神委顿，目光呆滞，就走上前去问张大爷："张大爷，好久没看见您了，您怎么了？看上去气色不太好呀。"张大爷头也没抬，低低地回了一句："没睡好，现在就回去睡。"看着老人孤寂的身影慢慢走远，小李想到以前的张大爷对自己开朗热情的样子，不禁有点不安。他回到办公室，就向其他的同事们说了这件事。不料，大家七嘴八舌地说："我早发现他不对劲了。""他老伴走了之后，他就一直这样，估计是伤心过度吧。""想想也挺可怜的，孤身一个人，连个说话的人都没有。""他以前可是很活跃啊，不是有什么心理问题了吧？"……

同事的话提醒了小李。"是的，张大爷这种情绪可是不对，得帮帮他。"小李向社区专门做心理健康服务的咨询师说了张大爷的情况，咨询师建议小李说服张大爷来看，并和自己聊一聊。

张大爷对小李的提议表现出了明显的抵触。小李几经劝说，请张大爷找个人好好说说心里的不愉快，就当发泄，反正也没人知道。这样，张大爷才勉强在小李的指引下来到心理咨询中心。可是，刚走到大门口，看到门上的牌匾，张大爷就落荒而逃了……

（资料来源：孟令军，贾丽彬.老年服务伦理与礼仪[M].北京：北京大学出版社，2013.）

**思考题：**

（1）请分别指出社区工作人员小李在对待张大爷情绪失常这件事上的是与非。

（2）张大爷为什么会从心理咨询中心门口落荒而逃？

（3）像张大爷这样的老年人，最需要什么样的心理健康服务？

**6. 谁之过**

（1）关于签收。2017年3月21日，消费者张女士将一个价值1200余元的单肩包和一件100克重的银饰交由某快递公司寄回其老家，支付了运费12元。3月24日，快递物品到达其老家。由于快递单上的收件人王先生并不在家，快递员与他进行了电话联系。在确认王先生不在家的情况下，快递员擅自将快件放到了当时并没有人看管的小区物管处，后包裹不知其踪。

（2）关于代签。2017年4月11日，消费者通过快递公司寄送一台美容仪器到北京，到付433元。12日下午4点由同事代为签收，并未当面验收。后发现快递包装虽然完好，但内件已在运输途中损坏。4点30分左右投诉，但快递公司以包装完好已签收为由拒绝赔偿损失，并说这不是快递公司的责任。如果要求赔偿，消费者需出具第三方证明是在途中受损。

（3）关于送达。2016年5月初，辽宁消费者李女士在某网站购买了一台小家电。5月22日，投递员通知李女士收货，由于当天工作繁忙，无暇接收快递。该投递员便将快件送交李女士所在单位的门卫，但是门卫拒绝在送货单上签字，投递员仍然坚持将小家电放在门卫处。等李女士到门卫处领取时，小家电已丢失。李女士联系到该快递公司，该公司称快件由门卫代为签收，如果有问题应由门卫负责。李女士又找到门卫，门卫则称自己从未代收过快件，自己没有保管快件的义务，不负任何责任。

（资料来源：佚名.有关快递服务的典型案例[EB/OL].[2017-08-29]. http://www.heb315.org.cn/wap/index.php? /news/view? id=1026.）

**思考题：**

请针对以上事例，结合所学的"投递服务礼仪"知识，谈谈投递员如何确保邮件的安全送达。

# 实训项目

**1. 门厅迎送服务训练**

**实训目标：** 熟练掌握门厅迎送服务的礼仪和流程。

**实训学时：** 1学时。

**实训地点：** 大教室或实训室。

**实训准备：** 模拟汽车、前台、行李等。

**实训方法：** 每5个学生一组，分别扮演2位迎宾员和3位客人，轮换角色操作门厅迎送客人服务的流程，按照教师要求和示范，掌握散客、团队客人和重要客人的门厅迎送服务的礼仪，评出"最佳迎宾员"。

### 2. 入住接待服务训练

实训目标：在入住接待服务中根据客人的不同要求，合理分配客房，快速高效地为客人办理入住登记手续。

实训学时：1学时。

实训地点：实训室。

实训准备：计算机、入住登记单、有效证件、标牌、模拟大堂等。

实训方法：每7个学生一组，分别扮演前台服务员、散客、VIP客人、团队客人等，轮换角色操作入住登记手续服务的流程。评出"最佳前台服务员"。

### 3. 楼层迎宾服务训练

实训目标：熟练掌握楼层迎宾服务的礼仪流程。

实训学时：1学时。

实训地点：大教室或实训室。

实训准备：模拟电梯门、住宿凭证、行李等。

实训方法：每3个学生一组，分别扮演1位楼层服务员和2位客人，轮换角色操作楼层接待服务的流程，按照教师要求和示范，掌握散客、团队客人和重要客人的楼层迎宾服务的礼仪，评出"最佳楼层服务员"。

### 4. 针对特殊客人的服务训练

实训目标：设置情景，锻炼学生临场应变以及解决问题的能力。

实训学时：1学时。

实训地点：模拟客房。

实训准备：课前针对不同课题上网查询相关资料，并分组排练服务小品。

实训方法：把全班学生分成A、B、C三组，每组分配一个课题，A组负责醉酒客人的服务；B组负责残疾客人的服务；C组负责生病客人的服务，先分组讨论服务措施及应对技巧，把解决方案整理成文，再派代表现场表演服务小品，表演完后进行总结，并写出实训报告。

### 5. 餐厅领位服务训练

实训目标：熟练掌握餐厅领位服务的礼仪流程。

实训学时：1学时。

实训地点：大教室或实训室。

实训准备：模拟服务台。

实训方法：每5个学生一组，分别扮演1位领位服务员和4位客人，轮换角色操作领位服务的流程，评出"最具亲和力领位服务员"。

### 6. 中餐值台服务训练

实训目标：熟练掌握点菜、斟酒、上菜、撤盘、结账等服务技巧。

实训学时：1学时。

实训地点：实训室或餐厅。

实训准备：菜单、餐具、托盘、酒瓶等。

实训方法：每9个学生一组，分别扮演餐厅服务员与客人，轮换角色操作餐饮服务的各个环节，评出"最受欢迎服务员"。

**7. 西餐服务训练**

实训目标：掌握西餐服务技巧。

实训学时：1学时。

实训地点：实训室或西餐厅。

实训准备：西餐餐具等。

实训方法：先参观西餐厅，再把学生分成若干小组，在酒店资深西餐服务员的带领下进行西餐服务技能训练。

**8. 旅游门市接待模拟训练**

实训目标：掌握旅游门市接待的礼仪规范。

实训课时：1学时。

实训地点：教室。

实训准备：布置旅游门市接待现场，准备必要的办公用品。

实训方法：学生分成若干小组，分角色模拟练习，分别扮演旅游门市接待人员和旅游者。最后，师生共同讲评。

**9. 地接服务中的礼仪活动**

实训目标：通过接站服务中的程序、礼仪训练，让学生熟练操作接站服务程序。

实训学时：2学时。

实训地点：多功能餐厅、教室或者流动教室——校园汽车大巴上。

实训准备：接站旗、接站牌、游客资料、数码摄像机或照相机等。

实训方法：角色扮演：将全班学生分为3个组，12人为一个合作单位，团体分工合作，接站程序和接站礼仪训练：确认团队—核对人数—集中清点行李—集合登车—致欢迎词—入住酒店。

训练活动程序：

（1）手拿接站牌和旅行社旗，模拟一个团队：如北京第三中学师生20人团队。

（2）地接与全陪相互介绍确认。

（3）核对人数，确认与接待计划有没有变化。

（4）行李物品清点。

（5）引导游客上车，地陪站在车门，微笑提示：晕车靠前坐。

（6）车上致欢迎词。

（7）教师注意提示学生训练程序、礼仪要点。

然后，用数码摄像机（或数码照相机）记录整个过程，再用大屏幕回放，学生自我评价，授课教师总结点评学生存在的个性和共性问题。最后评选"最佳设计团队"。

**10. 模拟导游讲解服务中的礼仪活动训练**

实训目标：通过定点导游讲解的训练，学生在接老年团和学生团后，能灵活且有针对性地进行礼仪服务。

讲解景点：大连星海广场

情景模拟：

模拟一个老年旅游团队，让学生练习讲解针对老年团的星海广场的导游词。注意提醒学生训练时，第一，在语速、语调上注意适合老年人接受的特点；第二，在内容的选取上，要以历史沿革为主要线索，能够引起老年人的回忆、共鸣。

模拟一个学生团队,让学生结合自身的特点,讲解星海广场的导游词。注意提醒学生,讲解时注意时尚、超前和各种刺激性的游乐项目内容,要引起学生的广泛兴趣。

实训学时:2学时。

实训地点:多媒体教室。

实训方法:播放星海广场的影像资料,让学生对照影像进行训练讲解。

内容与时间:包括星海广场景点内容、特色、周边的交通环境。每位学生3~5分钟。

然后,用数码摄像机(或数码照相机)记录整个过程,再用大屏幕回放,学生自我评价,授课教师总结点评学生存在的个性和共性问题。最后评选"最佳讲解员"。

### 11. 快递服务礼仪训练

实训目标:掌握快递行业揽收和投递两个核心岗位礼仪服务规范,明确快递服务的礼仪要求,巩固与客户服务过程中的礼仪技能,培养爱岗敬业、勤奋工作的职业心态。

实训学时:1学时。

实训地点:教室或者实训室。

实训情境:通过情景演练揽收人员和投递人员面见客户时如何将服务礼仪和服务技能规范地体现在终端服务上。

实训要求:

(1)小组设定客户的职业、年龄、服务需求及业务背景等内容。

(2)小组自由分配角色,根据情景模拟内容的要求进行演练。

(3)参演的每一个角色都要体现标准的服务礼仪与规范,展现高质量的服务水平。

(4)每场演练时间控制在10~15分钟以内。

(5)小组相互点评提出问题和建议,教师做总结点评。

不同小组的情景模拟中设置不同的客户需求,通过大家对优质服务的演绎和来自方的点评总结实战方法。

### 12. 测试:你的心理是否老化

以下是心理老化测试的16个问题(表5-1),请以"是"或者"否"作答。

表 5-1

| 心理老化测试题 | |
| --- | --- |
| 1.是否变得很健忘 | 9.是否经常束手无策 |
| 2.是否总把心思集中在以自己为中心的事上 | 10.是否觉得生活枯燥无味,没有意义 |
| 3.是否喜欢谈起往事 | 11.是否渐渐喜好收集不实用的东西 |
| 4.是否总是爱发牢骚 | 12.是否经常很冲动 |
| 5.是否对发生在眼前的事漠不关心 | 13.是否常会莫名其妙地伤感 |
| 6.是否对亲人产生疏离感,甚至想独自生活 | 14.是否不愿与人交往 |
| 7.是否对接受新事物感到非常困难 | 15.是否经常无缘无故地生气 |
| 8.是否对与自己有关的事过于敏感 | 16.是否觉得自己已经跟不上时代 |

温馨提示:如果你的答案有7条以上是肯定的,那么你的心理就出现老化的危机了,要小心保护自己的心灵了。

## 课后练习

**1. 简答题**

（1）酒店服务礼仪包括哪些方面？
（2）旅游服务礼仪包括哪些方面？
（3）老年人对生活照料服务方面的要求主要有哪些？
（4）为老年人提供生活照料方面的服务应注意些什么问题？
（5）快递服务礼仪包括哪些方面？

**2. 实践训练**

（1）以酒店的某一个服务岗位为例，谈谈如何让客人产生"宾至如归"的感受。
（2）下面是某星级酒店对客房服务员的工作要求，对照各条自查一下，看你能否做到。

① "三轻"：即要求客房服务员工作时，要说话轻、走路轻、操作轻。

② "六无"：即客房卫生要做到无虫害、无灰尘、无碎屑、无水迹、无锈蚀、无异味。

③ "五声"：宾客来店有欢迎声，宾客离店有告别声，宾客表扬有致谢声，工作不足有道歉声，宾客欠安有慰问声。

④ "五个服务"：包括主动服务、站立服务、微笑服务、敬语服务、灵活服务。

⑤ "八字"：要求客房服务员从宾客进店到离店，从始至终要做到迎、问、勤、洁、灵、静、听、送8个字。

迎：客人到达时要以礼当先、热情迎客。

问：见到客人要主动、热情问候。

勤：服务员在工作中要勤快、迅速稳妥地为宾客提供快速敏捷、准确无误的服务，不图省事，不怕麻烦。

洁：房间要清洁并勤整理，做到每日3次进房检查整理房间。坚持茶具消毒，保证宾客身体健康。

灵：办事要认真、机动灵活，眼观六路、耳听八方，应变能力强。

静：在工作中要做到说话轻、走路轻、操作轻，保持楼层环境的安静。

听：在工作中要善于听取客人意见，不断改进工作，把服务工作做在客人提出之前。

送：客人离店送行，表示祝愿，欢迎再次光临。

（3）以下是酒店楼面服务基本的礼貌用语，请模拟进行分组练习。

迎客——"您好，欢迎光临！"
拉椅请坐——"先生/小姐，请坐！"
开位问茶——"请问先生/小姐喜欢喝什么茶呢？"
送餐巾——"先生/小姐，请用毛巾。"
斟茶——"先生/小姐，请用茶。"
问酒水——"先生/小姐，请问喜欢喝些什么酒水呢？"
斟酒水——"先生/小姐，帮您斟上××酒水好吗？"

收茶杯——"先生/小姐，帮您把茶杯收走好吗？"
上汤——"这是××汤，请慢用。"
上菜——"这是××菜，请各位慢用。"
更换骨碟——"先生/小姐，帮您换骨碟好吗？"
撤换茶碟——"请问，这个茶碟可以收走吗？"
上水果——"这盘水果是我们酒楼××经理送的，是本酒楼的小小心意，请慢用。"
饭后茶——"请用热茶。"
结账——"感谢您的用餐，请这边结账。"
送客——"多谢光临，欢迎下次再来，拜拜！"

（4）酒店服务礼仪操作中需打"请"的手势有如下方面，请组织学生进行分组训练。

带位手势—拉椅手势—开位手势—斟茶手势—斟酒水手势—收茶杯手势—撤换骨碟手势—换烟灰缸手势—上汤手势—分汤手势—加汤手势—上菜手势—撤换菜碟手势—上茶手势—上水果手势—送客手势

（5）请根据以下情境，组织学生分组训练规范礼貌用语及操作程序。

① 当客人进入餐厅时，咨客应主动上前，热情地招呼客人："先生/小姐，您好！欢迎光临，请问您几位？"当客人回答后，便问："请问先生/小姐贵姓？"

② 把客人带到座位后，拉椅请坐（并做请的手势）。双手把菜谱递给客人并说道："××先生，这是我们的菜牌。"然后询问客人："您好，请问喝什么茶？我们这有普洱、香片、铁观音等。"客人选定茶叶后，应把客人所点的茶告知看台的服务员。

要求：语言亲切，保持微笑，使客人有得到特别受尊重的感觉。迅速把客人的尊姓告知上前拉椅问茶的服务员，以及该区域的领班、部长，并把姓名写在菜卡上。

③ 服务员在分管的岗位上站岗，笑脸迎接客人，协助咨客安排客人入座，稍鞠躬讲："先生/小姐，您好，欢迎光临！"

④ 拉椅请坐，先将女性坐的椅子拉出，在她坐下前，徐徐将椅子靠近餐桌，说："先生/小姐，请坐。"并做请的手势，向咨客了解客人尊姓。

（6）阅读以下内容，然后回答问题。

### 温情服务的经典内涵

日本学者武田哲男在《顾客满意经营》一书中，对"温情服务"作了一段精彩的论述。他从组成SERVICE的字母中挖掘"温情服务"的内涵，令人深受启发。

S—Sincerity，Speed & Smile：即诚意、迅速、微笑，就是所谓的销售3S。

E—Energy：精神振奋、活泼有力的样子。

R—Revolutionary：创新与突破，要经常加入新鲜且革新的要素。

V—Valuable：服务必须是"有价值之物"。

I—Impressive：服务必须是"令人感动"的东西。如果对方没有喜悦或感动，服务就会显得无力。

C—Communicate：服务必须以彼此的沟通为原则。

E—Entertainment：服务必须以亲切的态度对待。

问题：

请谈谈你对温情服务的理解，并说明怎样在服务中体现"温情服务"。

（7）某烹饪协会理事认为：餐饮服务员不仅要懂服务，还要懂菜肴，要弄懂不同菜肴的原材料、价格、营养成分、制作程序及其色、形、味等特点。你是否赞同这个观点？说说你的看法。

（8）中国是一个餐饮文化大国，长期以来在某一地区由于地理环境、气候物产、文化传统以及民族习俗等因素的影响，形成有一定亲缘承袭关系，菜点风味相近，知名度较高，并为部分群众喜爱的地方风味著名流派。其中，粤菜、川菜、鲁菜、淮扬菜、浙菜、闽菜、湘菜、徽菜被称为"八大菜系"。你了解"八大菜系"的特点吗？请把你掌握的信息跟同学们分享一下。

（9）走访本地的几家旅行社，了解它们的规模、经营的业务范围、包括的旅游产品或旅游线路等，感受旅行社的氛围。

（10）设定几个消费群体，为他们设计旅游线路或旅游产品，并向他们模拟推销这些旅游线路和旅游产品。

（11）如果你是旅行社前台接待人员，你接待一对想去西藏蜜月旅行的新婚夫妇，请演示此服务情境。

（12）作为旅行社的接待员，你接到一个咨询旅游线路的电话，共有15位超过60岁的老人想去长白山旅游，请你制订一份独立成团的旅游计划。

（13）请你以家乡的某一自然风景或名胜古迹为介绍对象，运用有关导游讲解技巧，编写一则1000字左右的导游词。

（14）一个旅行团在某名胜古迹参观的途中，一位游客随手将一个空易拉罐扔出窗外。请设计一段话对游客进行善意批评。

（15）在网上搜集泰山的资料，向即将上泰山的游客做一番游前讲解，以激发游客的游览热情。

（16）以下是导游员向游客进行自我介绍的3种方式，请对其分别予以评价。

——"我叫×××，上个月刚刚从旅游学院毕业，导游经验不足，请各位多多关照。"

——"我是××旅行社的导游员×××，十分荣幸能够为各位导游，只是我的长相有点不太符合合格导游的标准。因为有人说过，导游是一个国家的脸面。大家看我这张脸，能够代表我们美丽的国家吗？"

——"我是××旅行社的导游员小曲，曲是弯弯曲曲的"曲"，但大家不要误会，我不是一个弯弯曲曲的人，而是一个正直的人。"

（17）请对以下老年生活照料过程中服务人员的A、B两种表达方式进行评价，并说明原因。

事例1：正准备为服务对象进行按摩服务的服务人员小芹对服务对象说的话。

表达方式A："张大爷，我准备给您按摩了。您想要力道轻点还是重点？"

表达方式B："张大爷，我来给您按摩，您看我现在这个力道合不合适？"

（分析提示：以上两种表达方式相比，B明显较A好。原因在于力道的轻重通常是因人而异的，A的问话显然没有一个衡量与选择的参照物，服务对象很难回答，也容易造成信息传递的失误；B的问话方式则给予服务对象一个参照标准，以此来征求服务对象的意见，会得到相对准确与有效的沟通结果。）

事例2：服务人员与服务对象意见相左，但希望达成共识时。

表达方式A："我不同意您的意见，我觉得××××，不信你可以试一试。"

表达方式B："您的意思是××××对吧，现在我想和您说说我的想法……希望能给您提供一些建议和帮助，如果愿意，您可以进一步了解一下。"

（分析提示：更妥当的表达方式应当是B。通常情况下，最好不要直接地表达对别人意见的否定。与他人意见相左时，首先应当是对对方的意见和想法给予充分尊重，其次才是在合适的时间用合适的方式表达自己的意见。当意见相左的双方不能达成一致时，要学会求同存异。）[①]

（18）退休干部王先生，今年72岁，他的两个孩子都在外地工作，3个月前，他的老伴突然患病去世，王先生备受打击。老伴去世后，性格一向开朗的王先生变得沉默寡言，社区工作人员小李负责对王先生进行专业的心理疏导，在为王先生服务时，小李应该如何为老人进行心理健康服务？

（19）深入物流快递实训基地，以正式工作人员的身份进行实习实践，要严格遵守实习企业的有关规章、制度和纪律，尽快适应环境，努力转变角色，熟悉不同岗位的工作流程，并在各个岗位中正确运用规范化服务礼仪，工作态度积极，服务热情周到，不断提高实际工作能力。通过体验揽收及投递工作，写出一份"快递服务礼仪在实际工作中的运用"的实践报告。

---

[①] 孟令军，贾丽彬.老年服务伦理与礼仪[M].北京：北京大学出版社，2013.

# 参 考 文 献

[1] 王允，刘晓燕.人际沟通实训教程[M].2版.大连：东北财经大学出版社，2020.
[2] 张鹏.商务礼仪与职业形象[M].北京：清华大学出版社，2019.
[3] 杨丽彬.沟通技巧[M].2版.北京：机械工业出版社，2019.
[4] 刘长凤.实用服务礼仪培训教程[M].北京：化学工业出版社，2007.
[5] 张铭.大学生社交礼仪[M].2版.北京：清华大学出版社，2018.
[6] 高琳.人际沟通与礼仪[M].北京：人民邮电出版社，2017.
[7] 伍新蕾.服务礼仪与形体训练[M].大连：东北财经大学出版社，2016.
[8] 孙艳红.旅游服务礼仪[M].北京：电子工业出版社，2016.
[9] 秦保红.职场礼仪教程[M].北京：中国人民大学出版社.2016.
[10] 龙璇.人际关系与沟通技巧[M].2版.北京：人民邮电出版社，2016.
[11] 吕书梅.管理沟通技能[M].3版.大连：东北财经大学出版社，2015.
[12] 谢红霞.沟通技巧[M].2版.北京：中国人民大学出版社，2015.
[13] 周璇璇，张彦.人际沟通[M].厦门：厦门大学出版社，2015.
[14] 陶莉.职场口才技能实训[M].北京：中国人民大学出版社，2015.
[15] 蒋红梅，张晶，罗纯.演讲与口才实用教程[M].2版.北京：人民邮电出版社，2015.
[16] 邹翃燕，丁永玲.现代服务礼仪[M].武汉：武汉大学出版社，2007.
[17] 何浩然.中外礼仪[M].3版.大连：东北财经大学出版社，2015.
[18] 周淑英，化长河.老年服务伦理与礼仪[M].北京：北京师范大学出版社，2015.
[19] 徐静，陶莉.有效沟通技能实训[M].北京：中国人民大学出版社，2014.
[20] 王小静.酒店服务礼仪[M].北京：北京交通大学出版社，2014.
[21] 舒静庐.服务礼仪[M].上海：上海三联书店，2014.
[22] 李元授.人际沟通训练[M].武汉：华中理工大学出版社，2014.
[23] 刘恋.沟通技巧[M].西安：西安电子科技大学出版社，2014.
[24] 吴雨潼.人际沟通实务教程[M].2版.大连：大连理工大学出版社，2014.
[25] 徐光寿.旅游服务礼仪[M].北京：北京大学出版社，2013.
[26] 金常德.大学生社交口才实践教程[M].北京：北京大学出版社，2013.
[27] 惠亚爱.沟通技巧[M].2版.北京：人民邮电出版社，2013.
[28] 孟令军，贾丽彬.老年服务伦理与礼仪[M].北京：北京大学出版社，2013.
[29] 谢彦波，冯玥.旅游服务礼仪[M].哈尔滨：哈尔滨工程大学出版社，2012.
[30] 李丽.旅游礼仪[M].北京：中国轻工业出版社，2012.
[31] 程庆珊.商务沟通[M].大连：东北财经大学出版社，2012.
[32] 洪美玉.旅游接待礼仪[M].北京：人民邮电出版社，2006.
[33] 傅春丹.演讲与口才案例教程[M].北京：中国水利电力出版社，2011.
[34] 屈海英.新编演讲与口才[M].杭州：浙江大学出版社，2011.
[35] 汪彤彤.职场礼仪[M].大连：大连理工大学出版社，2010.
[36] 伍海琳.旅游礼仪[M].长沙：湖南大学出版社，2009.
[37] 王琦.旅游礼仪服务实训教程[M].北京：机械工业出版社，2009.
[38] 舒伯阳，刘名俭.旅游实用礼貌礼仪[M].天津：南开大学出版社，2008.
[39] 关小燕.礼仪：规范行为的学问[M].北京：清华大学出版社，2008.